Caroline Fritsche · Peter Rahn · Christian Reutlinger

Quartier macht Schule

Sozialraumforschung und Sozialraumarbeit
Band 5

Herausgegeben von
Fabian Kessl
Christian Reutlinger

Sozialraumforschung und Sozialraumarbeit finden ihren Ausgangspunkt in der konstitutiven Gleichzeitigkeit von sozialer Konstruktion und Wirkmächtigkeit (vor)herrschender Raumordnungen. Letztere prägen Prozesse der Raumkonstitution ohne soziale Praktiken vollständig zu determinieren. Raumordnungen sind wiederum das Ergebnis dieser sozialen Praktiken und insofern nicht über-historisch, das heißt keine natürlich bereits vorgegebenen Handlungseinheiten. Räume sind immer Sozial-Räume.

In der Sozialraumforschung steht die Analyse dieser Sozialräume im Zentrum des Interesses. Studien zur Sozialraumforschung untersuchen die spezifischen historischen Ordnungen des Räumlichen als Ergebnis politischer Kämpfe, die diese wiederum prägen. Sozialraumarbeit ist die professionelle Arbeit an und mit diesen Sozialräumen. Ihren Ausgangspunkt sucht die Sozialraumarbeit deshalb nicht innerhalb spezifischer Territorien, sondern an den konkreten, aber heterogenen und dynamischen Orten und dem Zusammenspiel der unterschiedlichen Aktivitäten, die Räume (re-)konstruieren.

Caroline Fritsche · Peter Rahn
Christian Reutlinger

Quartier macht Schule

Die Perspektive der Kinder

VS VERLAG

Bibliografische Information der Deutschen Nationalbibliothek
Die Deutsche Nationalbibliothek verzeichnet diese Publikation in der
Deutschen Nationalbibliografie; detaillierte bibliografische Daten sind im Internet über
<http://dnb.d-nb.de> abrufbar.

1. Auflage 2011

Lektorat: Stefanie Laux

VS Verlag für Sozialwissenschaften ist eine Marke von Springer Fachmedien.
Springer Fachmedien ist Teil der Fachverlagsgruppe Springer Science+Business Media.
www.vs-verlag.de

Umschlaggestaltung: KünkelLopka Medienentwicklung, Heidelberg
Umschlagbild: Subjektive Landkarte, Mädchen, 3. Klasse, Schulhaus B.
Gedruckt auf säurefreiem und chlorfrei gebleichtem Papier
Printed in Germany

ISBN 978-3-531-17697-0

Inhalt

5

Die ambivalente Bedeutung von Schule in städtischen Quartieren – Ausgangslage und Hintergrund des Projektes „Sozialraum Schule"

Aktuelle wissenschaftliche Debatten verweisen auf die zentrale Bedeutung von Schule für die (soziale) Quartierentwicklung und damit für die gesellschaftliche Integration von Kindern und Jugendlichen: In der Grund- oder Primarschule[1] scheinen sich die sozialen Verhältnisse des Quartiers zu spiegeln, worauf bspw. die aktuellen Stadtentwicklungsdebatten verweisen. Um die Zukunft ihrer Kinder zu sichern, ziehen einheimische Mittelschichtseltern deshalb möglichst noch vor Beginn der obligatorischen Schulzeit aus sozial belasteten Stadtteilen, die bspw. einen hohen Migranten- bzw. Migrantinnenanteil oder eine besondere sozial-strukturelle Belastung aufweisen, weg, da sich am Ort Schule – solange der Schuleinzugsbereich für die Grundschule wohnungsnah festgelegt ist – „Zwangskontakte ergeben" und sich „die unterschiedlichen ethnischen und sozialen Gruppen der Kommunikation und Begegnung nicht ausweichen können" (Häußermann 2009, S. 243). Durch die damit verbundenen sozialen Entmischungs- und Homogenisierungstendenzen verstärkt sich dieser (negative) Zusammenhang von Quartier und Schule, was insbesondere in den Migrations- und Bildungsdiskussionen problematisiert wird (Gestring/Janssen/Polat 2006; Trenkler 2010). Gleichzeitig bildet aber die Schule eine wichtige Infrastruktur und Ressource – gerade für als benachteiligt beschriebene Stadtteile. Oftmals stellen die Schule und ihr Gelände die einzigen Flächen für Spiel und Sport in der Freizeit und einen zentralen Treffpunkt für Quartieraktivitäten (Nachbarschaftstreff, Kurse, Versammlungen u.ä.) dar. Neben dieser informellen Bedeutung ist Schule aber auch als formeller Bildungsort zentral. Darüber hinaus gelingt es von der Schule aus verschiedene Bildungsorte miteinander zu verknüpfen, indem bspw. über die Elternarbeit in der Schule insbesondere die Mütter erreicht werden (Fürstenau/ Gomolla 2009b). Deshalb verweist die soziale Stadtentwicklungsdiskussion darauf, dass die Schule einen zentralen Stellenwert in der Quartieraufwertung innehat, indem bspw. darüber das „soziale Miteinander" (diskutiert als Soziales Kapital oder Bürgerschaftliches Engagement) gestärkt werden kann. Dies

---

[1] In vielen schweizerischen Kantonen ist die Schulzuteilung in der Primarschule (Grundstufe, d.h. die Klassen 1 bis 5 oder 6) über das Prinzip „Wohnungsnähe" geregelt („Prinzip der wohnungsnahen Grundschule", vgl. Berg 1998, S. 287).

scheint jedoch nur dann zu gelingen, wenn sich Schule zum Quartier hin öffnet und mit anderen Akteurinnen (bspw. der Sozialen Arbeit) im Sinne eines Netzwerkes oder einer „Bildungslandschaft" agiert, wie bildungs- und erziehungswissenschaftlichen Diskussionen dies jüngst unterstreichen (Bollweg/ Otto 2011). Betonen die unterschiedlichen Fachdebatten, die meist parallel laufen und sich wenig aufeinander beziehen, jeweils unterschiedliche Aspekte des *Quartier-Schul-Zusammenhangs* (zu den unterschiedlichen Diskussionen des Quartier-Schul-Zusammenhangs siehe ausführlich Kapitel 2), so scheint man sich erstmal einig zu sein: Schule nimmt eine zentrale Rolle sowohl bei der Quartierentwicklung wie auch bei Integrationsfragen insbesondere für benachteiligte junge Menschen ein.

> „In der Schule bereiten sich Kinder einerseits durch Bildung auf die Anforderungen einer Integration in die Gesellschaft vor, andererseits eignen sie sich verbindliche Verhaltensnormen an, die innerhalb ihres unmittelbaren sozialen Nahraums oft fehlen" (Sauer 2007, S. 208f.).

Die Forderung an Schule als zentrale Integrationsagentur lässt sich in konkreten Quartiersentwicklungsprojekten nicht bruchlos umsetzen – Anmerkungen zum praktischen Ausgangspunkt des Projektes.

Entgegen dieser durchaus ambivalenten und hinsichtlich des Integrations- und Entwicklungsanspruchs erst einmal als strategisch-programmatisch zu bezeichnenden Rede über die Bedeutung von Schule im und für das Quartier (bzw. für seine insbesondere jungen Bewohnerinnen und Bewohner) waren die konkreten Erfahrungen des Praxispartners, d.h. des städtischen Referats „Soziales" einer mittelgroßen schweizerischen Stadt, ganz andere: In der konkreten Quartierentwicklung ist man beim Einbezug von Schule auf unterschiedliche Schwierigkeiten gestoßen. In der Evaluation des vorangegangenen dreijährigen Pilotprojektes der Quartierarbeit in einem städtischen Entwicklungsgebiet[2] dieser Stadt wurde insbesondere deutlich, dass

---

2 In den Jahren 2003 bis 2005 fand in einem Entwicklungsgebiet der untersuchten Stadt ein durch ein schweizerisches Bundesamt finanziertes Pilotprojekt zu den Themen „Soziale Integration und Quartierentwicklung" statt. Nach Abschluss der externen Finanzierung stand die Frage im Vordergrund, welches die kurz-, mittel- und langfristigen Auswirkungen dieser Quartierentwicklungsprozesse für die verschiedenen Akteurinnen und Akteure (Bewohnerinnen- und Bewohner-, Professions- und Verwaltungsebene) seien und insbesondere, ob und wenn ja mit welchen Maßnahmen die positiven Veränderungen nachhaltig gesichert werden könnten. Vor diesem Hintergrund wurde das Institut für Soziale Arbeit (IFSA) der FHS, Hochschule für Angewandte Wissenschaften St. Gallen in Rorschach damit beauftragt, den dreijährigen Quartierentwicklungsprozess unter dem Nachhaltigkeitsaspekt zu rekonstruieren. Auf dieser Grundlage wurden strategische und strukturelle Konsequenzen für ein gesamtstädtisches Quartierentwicklungskonzept als Planungsgrundlage herausgearbeitet. Als eine Konsequenz wurde ein städtisches Gesamtkonzept für eine quartierbezogene Schulsozialarbeit

- Lehrerinnen und Lehrer oftmals zu beschäftigt mit den „eigenen" Herausforderungen einer modernen Schule sind;
- sich Lehrerinnen und Lehrer vielfach lediglich für einen guten Unterricht, nicht aber für das Umfeld (verstanden einerseits als räumliches Umfeld von Schülerinnen und Schülern, d.h. der Stadtteil mit den für Kinder relevanten Orten, andererseits als soziales Umfeld, im Sinne von wichtigen Bezugspersonen für Kinder) interessieren;
- dass es aufgrund rigider Regeln baulicher, gestalterischer oder nutzungstechnischer Art beinahe unmöglich ist, das Schulgelände mit seiner Infrastruktur für Freizeitaktivitäten zu nutzen;
- die Grenze zwischen Schule und Quartier- bzw. Kinder- und Jugendarbeit unüberwindbar ist, und dass deshalb
- die möglichen Potentiale von Schule für die Entwicklung des Quartiers gar nicht genutzt werden können.

Der skizzierte Widerspruch zwischen programmatischem Anspruch und konkreten lokalen Gegebenheiten verdeutlicht, dass zwar viel über den Zusammenhang zwischen Quartier und Schule geschrieben wird. Gleichzeitig wird aber auch klar, dass noch wenig Wissen vorhanden ist, wie sich Schule konkret in einem bestimmten Quartier auszeichnet, worauf sich diese Eigenheit zurückführen lässt und welche Gemeinsamkeiten und Unterschiede es mit und zu anderen Quartieren gibt.

Ähnlich vielfältig, manchmal gar widersprüchlich, wie in den erwähnten wissenschaftlichen Diskursen scheint dieser Bedeutungszusammenhang auch für die verschiedenen lokalen Akteurinnen und Akteure und ihre (professionellen) Perspektiven zu sein: Aus der Perspektive der Quartierentwicklung und/ oder Sozialen Arbeit kann das konkrete Schulhaus sowohl als Teil des Quartiers, und damit als wichtige Ressource, oder als eine nicht dazugehörige Insel, und damit als Fremdkörper begriffen werden. Aus der schulpolitischen Optik ist es in der Regel nahe liegend sich eher als Teil eines Bildungssystems und einer lokalen Bildungslandschaft zu verstehen denn als Teil eines lokalen Territoriums[3]. Aus der Perspektive der Wohnbevölkerung bzw. der Nutzerinnen und Nutzer des konkreten Schulhauses, also der jeweiligen Schülerinnen und Schüler bzw. der Elternschaft, kann dieses Verhältnis noch mal anders aussehen, indem für sie das konkrete Schulhaus und die Klasse mit der Lehrerin bzw.

---

erarbeitet. Gleichzeitig wurde deutlich, dass die Quartierarbeit und die Schule (Lehrerinnen und Lehrer) in der konkreten Zusammenarbeit nur sehr schwer zusammen kommen.

3 Voraussetzung ist hierfür, dass unter einer „lokalen Bildungslandschaft" nicht nur ein Gebietsbezug verstanden wird, sondern von einem sozialräumlich sensiblen „Landschaftsbegriff" ausgegangen wird (vgl. Fritsche/Lingg/Reutlinger 2010; Reutlinger 2011).

dem Lehrer über lange Jahre einen wesentlichen Bezugs- und Lebenspunkt bildet, eine übergreifende Perspektive jedoch kaum relevant ist. Man kann weiter davon ausgehen, dass innerhalb jeder einzelnen Perspektive die Wahrnehmungen, Vorstellungen und Wünsche über dieses Verhältnis heterogen sein können. Vor diesem Hintergrund kann von einer *ambivalenten Bedeutung von Schule in städtischen Quartieren* gesprochen werden. Diese Ambivalenz und aufgezeigten Schwierigkeiten im Zusammenkommen der beiden Systeme Schule und Soziales bildeten den Ausgangspunkt des in der vorliegenden Publikation dargestellten Forschungsprojektes *„Rekonstruktion des Sozialraums Schule im Kontext von Quartierentwicklung am Beispiel zweier Quartiere einer mittelgroßen schweizerischen Stadt"*[4] (kurz „Sozialraum Schule").

Sozialraum Schule – Projekt und theoretische Konzeption
Die aus unterschiedlich begründeten programmatischen Kontexten stammenden aber zum Teil widersprüchlichen Anforderungen an Schule im Kontext von Quartierentwicklung stehen in Kontrast zu dem mangelnden Wissen über den *Sozialraum* Schule. Daher müssen, so die Überlegungen weiter, zunächst einmal die unterschiedlichen Bedeutungsgehalte des Sozialraums entschlüsselt werden, die die jeweilige Schule in einem konkreten Quartier aufweist. Gleichzeitig ist der Frage nachzugehen, wie die Bedingungen des Quartiers spezifische Rahmenbedingungen setzen, die über die Handlungen der (jungen) Menschen wiederum in die Konstitutionsprozesse von Schule als Sozialraum einfließen. Mit diesem Sozialraumverständnis wird an aktuellen Diskussionen zu Sozialraumforschung und Sozialraumarbeit (Kessl/Reutlinger 2010) angesetzt, welche sich gegen materialistische Perspektiven von Sozialraum als physisch-materielle Welt, d.h. eine absolutistische Raumvorstellung, wenden. Sozialräume stellen „weder gegebene oder gar absolute Einheiten, noch ausschließlich voluntaristische Momente menschlichen Handelns dar, sondern ständig (re)produzierte Gewebe sozialer Praktiken. Dabei sprechen wir bewusst von einem Gewebe, also einem heterogen-zellulären Verbund, denn in

---

4 Das Forschungsprojekt wurde vom Schweizerischen Nationalfonds im Rahmen von DoRe gefördert. DoRe, die Abkürzung von „do research", ist eine Förderlinie des Schweizerischen Nationalfonds, welche auf die spezifischen Rahmenbedingungen von schweizerischen Fachhochschulen und ihre Finanzierungslogik zielt. Ziel dieser Förderung ist die Bearbeitung grundlegender Erkenntnisse und Themen, welche sich aus konkreten Fragestellungen im Rahmen von Auftragsforschungsprojekten ergeben.
Hintergrund des Projektes war ein Auftrag zur Evaluation der Quartier- und Jugendarbeit, welche vom Institut für Soziale Arbeit der FHS St. Gallen für das Referat Soziales und Sicherheit der besagten Stadt durchgeführt wurde. Das Projekt wurde von Caroline Fritsche, Peter Rahn und Christian Reutlinger zwischen 2007 und 2010 am Kompetenzzentrum Soziale Räume des Instituts für Soziale Arbeit/FHS St. Gallen bearbeitet (www.fhsg.ch/sozialräume).

Sozialräumen sind heterogene historische Entwicklungen, kulturelle Prägungen und politische Entscheidungen eingeschrieben und bilden dabei zugleich einen relativ stabilen und damit soziale Handlungsmuster prägenden Verbund" (Kessl/Reutlinger 2008, S. 14). Genau hierauf baut das Forschungsprojekt auf: Schule wird als Teil eines Bildungssystems und als konkreter Ort in einem lokalen Kontext und damit als gelebte Praxis betrachtet, an der sich verschiedene Akteursgruppen beteiligen. Es sind die verschiedenen interagierenden Akteursgruppen, z.b. verschiedene Schüler-, Schülerinnengruppen, Eltern, Lehrkräfte, Schulgremien und verschiedene Gruppierungen wie Gewerbetreibende, Freizeitgruppen, Nachbarschaften etc., die den Sozialraum konstituieren. Als Sozialraum fassen wir die aus verschiedenen Interaktionsgeflechten entstehende Bedeutungsstruktur Schule, die als solche in einem bestimmten Quartier wirkt, und gleichzeitig von spezifischen Bedingungen vor Ort als auch von strukturellen Rahmenbedingungen durchdrungen ist. Der Sozialraum Schule stellt letztlich einen Sinnzusammenhang dar, der in seinen verschiedenen Facetten von der Gesamtheit aller relevanten Akteursgruppen gebildet wird. Auf theoretischer Ebene gehen wir dabei von einem relationalen Raumverständnis aus und versuchen dadurch Ort und Materialität, Handlung und Habitus sowie Strukturen und Steuerungsprozesse im Blick zu behalten (Reutlinger/Wigger 2010). Für die empirische Ebene bedeutet das, Sozialraum Schule wird unter Einbezug des konkreten Ortes, der geltenden Strukturen und der beteiligten Akteure subjektiv hergestellt. Wir haben uns dabei für eine kindzentrierte Perspektive entschieden, um das Leben der Kinder, ihren Alltag, ihren Blick auf die Welt – aber auch ihre Partizipationsrechte in den Mittelpunkt sowohl der Rekonstruktion als auch der Entwicklungsüberlegungen zu stellen.

Während in den Handlungskontexten der Sozialraum Schule, im Sinne eines *„Gewebes sozialer Praktiken"* ständig (re)produziert wird (Kessl/Reutlinger 2010, S. 21), lassen sich seine Gehalte in erster Linie über die den Akteursgruppen eigenen Deutungsmuster von Schule erschließen. Deutungsmuster sind in Anlehnung an Claudia Honegger zu verstehen als kollektive Orientierungen, die einerseits für Gruppierungen handlungsleitend sind und andererseits selbst das Ergebnis einer bestimmen Lebenspraxis darstellen. Versteht man „Deutungsmuster als eine sozialem Handeln zugrunde liegende, genauer: soziales Handeln erzeugende Regelstruktur (...), mit deren Hilfe Akteure ihren Alltag deuten, ordnen, organisieren bzw. ihre Deutungs- und Handlungsprobleme lösen" (Lüders/Meuser 1997, S. 60), gelingt es über die Analyse der Deutungsmuster, den „kollektiven Sinngehalt" (Meuser/Sackmann 1992b, S. 19) bzw. „kollektive Bewusstseinsformationen" (Oevermann 2001, S. 35) der jeweiligen Akteursgruppe von Schule herauszuarbeiten.

Dabei kann man von einer Wechselwirkung zwischen den Charakteristika eines Quartiers und den spezifischen Bedeutungsgehalten, die den Sozialraum Schule kennzeichnen, ausgehen.

Mit dem Forschungsprojekt „Sozialraum Schule" wurde daher – auf einer generellen Ebene – das Ziel verfolgt, Schule als Sozialraum theoretisch und empirisch zu konzeptionieren. Über diese Zugangsweise kann es gelingen, verschiedenen Handlungsfeldern wie der Quartierarbeit und im weiteren Sinn der sich sozialräumlich verstehenden Sozialarbeit bzw. Sozialpädagogik, aber auch der Schulentwicklung neue methodische Zugänge für ihre Arbeit zu eröffnen. Auf einer konkreten Ebene – speziell auch für die untersuchte Stadt als Praxispartnerin – werden durch diesen Zugang zwei Schulhäuser in zwei Quartieren der Stadt als Sozialräume rekonstruiert. Aus diesem verstehenden Zugang zum Sozialraum lassen sich in einem nächsten Schritt Ansatzpunkte für die Zusammenarbeit zwischen Quartier und Schulhaus identifizieren. Zudem können aus dem Vergleich Schlussfolgerungen für die Ausrichtung der Zusammenarbeit für eine (gesamt)städtische Entwicklung gezogen werden.

Ambivalente Bedeutung von Schule in städtischen Quartieren
Konsultiert man die aktuellen Publikationen der relevanten Diskussionskontexte von Schul- und Stadtentwicklung (siehe Kapitel 2), so wird deutlich, dass es auch in den jeweiligen parallel laufenden Debatten wenig gesichertes Wissen über das Verhältnis von Schule und Quartier gibt. Noch weniger Wissen gibt es über die Betroffenen, d.h. welchen Einfluss dieses Verhältnis auf Eltern, Lehrerinnen und Lehrer, aber insbesondere auch auf Kinder hat. Wie nehmen Kinder ihre Schule und ihr Quartier wahr und welche Beziehungen bestehen zwischen diesen zwei Welten? Was bedeutet Schule als Bildungssystem und konkreter Ort in einem bestimmten territorialen Kontext für Kinder? Wie zeichnet sich Schule aus der Kinderperspektive als Sozialraum aus?

Die mit diesen Fragen markierte Wissenslücke bildete den Ausgangspunkt für das vorliegende DoRe-Forschungsprojekt „Sozialraum Schule". Aus einer kindzentrierten Perspektive werden im Folgenden die Projektergebnisse dargestellt, indem die *Bedeutung des Sozialraums Schule* am Beispiel zweier Quartiere in einer mittelgroßen Stadt der Schweiz rekonstruiert wird. Mit dem Erkenntnisinteresse am Zusammenspiel von Quartier als räumlicher und sozialer Zusammenhang und Schule reiht sich die Untersuchung in die Tradition der sozialräumlichen Kindheitsforschung ein. Diese theoretische Perspektive wird zuerst dargestellt (Kapitel 1), bevor der derzeitige Diskussionsstand aus Stadtsoziologie bzw. Schul- und Bildungsdebatten aufgenommen wird (Kapitel 2). Darauf folgen die Darstellung der methodischen Vorgehensweise (Kapitel 3) sowie zentrale Ergebnisse (Kapitel 4) des Projekts. Abschließend werden die empirischen Projektergebnisse zu den theoretischen Diskussionen kritisch ins Verhältnis gesetzt.

1 Kinder, Stadt und Raum – zur Entwicklung der Perspektive von Kindern als Akteurinnen und Akteure

Indem im Forschungsprojekt „Sozialraum Schule" die Perspektive der Betroffenen, d.h. der in bestimmten städtischen Gebieten lebenden, dort wohnenden, spielenden und natürlich auch zur Schule gehenden, kurz die räumliche und soziale Welt entdeckenden und sich diese zu eigen machenden Kinder rekonstruiert wird, verortet sich die theoretische Basis in der Diskussion zur Sozialisation in räumlichen Umwelten bzw. im Diskurszusammenhang *Kinder, Stadt und Raum* (Reutlinger 2003, 2007, 2008a). Dieser Diskussionszusammenhang zur Mensch-Umwelt-Dynamik im Kindesalter hat in den westlich-industrialisierten Ländern mittlerweile eine über 100-jährige Geschichte. Für das Verständnis der im vorliegenden Projekt gewählten spezifischen Perspektive von Kindern als Akteurinnen und Akteuren, die sich ihre soziale und räumliche Umwelt aktiv und eigentätig aneignen, sollen die *zentralen Etappen und Paradigmen der insbesondere deutschsprachigen sozialräumlichen Kinderforschung* dargestellt werden.

Bei den dargestellten vier Phasen handelt es sich um Geistesströmungen, die sich zu einer bestimmten Zeit als dominierend durchgesetzt haben und sich unter einem leitenden Paradigma beschreiben lassen. Neben dieser Verortung in den allgemeinen Zeitgeist bzw. dem daraus resultierenden Verständnis von Kindern und ihrer räumlichen Umwelt und der darauf bezogenen Forschung werden in der Folge die entsprechenden Perspektiven beispielhaft anhand eines prominenten Denkansatzes ausführlicher illustriert[1].

---

1 Die hier dargestellte Systematik der sozialräumlichen Kindheitsgeschichte wurde bereits an einer anderen Stelle ausführlich rekonstruiert – die entsprechenden Veröffentlichungen dazu siehe Reutlinger 2008a, 2009a.

1.1 Die Entdeckung von Kindheit als eigenständige Lebensphase – Zentrale Aspekte zur ersten Phase im Thematisierungsverhältnis von Kindern, Stadt und Raum

„Man stellt nun fest, dass das Kind für das Leben nicht reif ist, dass man es einer speziellen Einflussnahme, einer Quarantäne unterwerfen muss, *ehe* man es in die Welt der Erwachsenen entlässt". (Ariès 1979: S. 561, Hervorhebung im Original)

Kindheit in der vorbürgerlichen Gesellschaft
Die Sicht auf Kindheit als eigenständige Lebensphase entwickelte sich erst in den vergangenen 250 bis 300 Jahren. Noch bis zum Ende des Mittelalters lebten Kinder als kleine oder kurze Erwachsene mit großen Erwachsenen zusammen und die Bezeichnung Kind beschrieb in erster Linie ein Verwandtschaftsverhältnis. Eine bewusste Wahrnehmung der kindlichen Besonderheiten, die Kinder von Erwachsenen kategorial unterschieden hätte, fehlte (Ariès 1979). In den vorwiegend landwirtschaftlich geprägten Familienstrukturen erlebten Kinder eine Tagesorganisation, welche mit der der Erwachsenen vereinheitlicht war. Nach einer ersten, durch lebensnotwendige Versorgungsbedürfnisse geprägten, kleinkindlichen Lebensphase, nahmen bereits 7-Jährige ihren Platz unter den Erwachsenen ein und teilten in der Folge einen großen Teil des Tagesablaufes mit ihnen. Es existierte zu dieser Zeit keine räumliche oder soziale Abgrenzung der Lebensphase Kindheit von der des Erwachsenenalters (Andresen/Hurrelmann 2010, S. 13).

Ende des 18. Jahrhunderts veröffentlichte der französische Philosoph und Schriftsteller Jean Jacques Rousseau seinen Erziehungsroman „Emile oder Über die Erziehung" (vgl. Rousseau 2009 [1762]). In „Emile" stellt Rousseau das einzelne Individuum ins Zentrum des pädagogischen Interesses und erstellt damit eine Basis, Kindheit und Jugend als eigenständige Lebensabschnitte zu sehen (vgl. Bamler/Werner/Wustmann 2010). Die Rolle von Kindern veränderte sich erst allmählich und es entwickelte sich ein Interesse an Kindern und ihrer Persönlichkeitsentwicklung. Dabei spielte das aufkeimende wirtschaftliche Interesse an Erziehung und Bildung eine wichtige Rolle. Kinder wurden nicht mehr nur als kleine Erwachsene gesehen, sondern als entwicklungsbedürftige und -fähige Menschen (vgl. Andresen 2003). Auch hat sich der Familienbegriff zu dieser Zeit verändert. Wurde die Aufgabe der Familie lange Zeit lediglich darin gesehen, für den Fortbestand des Lebens, die Weiterführung der Besitztümer und die Weitervererbung der Namen zu sorgen, wurde Familie ab dem 18. Jahrhundert auch als „privater Ort des Gefühls- und Geisteslebens" wahrgenommen (vgl. Andresen/Hurrelmann 2010, S. 14).

Zur bürgerlichen Vorstellung von Kind als Individuum
Das aufkommende Interesse in Bezug auf die Persönlichkeitsentwicklung führte dazu, dass Kindern mehr Beachtung geschenkt wurde. Es waren vorerst die
bürgerlichen Familien, welche begannen, sich auf das Kind zu konzentrieren
und ihre Aufgabe darin zu sehen, es auf das Leben in der Gesellschaft vorzubereiten (Ariès 1979, S. 560ff). Diese Vorbereitungen bezogen sich darauf, die
Entwicklung zu leistungsfähigen Erwachsenen für Industrie und Militärdienst
zu gewährleisten. Aus der Vorstellung der Unvollkommenheit des Menschen
und seiner Entwicklungsfähigkeit entstanden Forderungen nach Bildung und
Erziehung, was schließlich auch zur Entstehung des Begriffs „Kindheit" führte
(Andresen/Hurrelmann 2010). Diese Entflechtung von Kinder- und Erwachsenenleben fand zu dieser Zeit in erster Linie im bürgerlichen Milieu statt.
Kinder von Armen lebten im Gegensatz dazu noch bis ins 20. Jahrhundert in
einer durch harte Arbeit und Krankheit resp. frühen Tod gekennzeichneten
Welt. Dies veränderte sich erst allmählich mit dem Verbot der Kinderarbeit
und der Einführung der Schulpflicht Ende des 19. Jahrhunderts (vgl. Andresen/
Hurrelmann 2010).

Kindheitsforschung und die Mensch-Umwelt-Dynamik
Rousseaus Arbeit kann als ein möglicher Ansatzpunkt früher biographisch-ori-
entierter Kindheitsforschung bezeichnet werden. Weiter können aber auch Arbeiten des französischen Arztes Jean Itard, welcher Ende des 18. Jahrhunderts
die Entwicklung sozialer Verhaltensformen eines „wilden Kindes" im Prozess
einer Zivilisierung beobachtete und dokumentierte (vgl. Itard 1972 [1801-
1807]), herangezogen werden. Auch die systematischen Beobachtungen seines
eigenen Sohnes durch den deutschen Philosophen Dietrich Tiedemann, die er
in einem Tagebuch niederschrieb, markierten Ende des 18. Jahrhunderts einen
wichtigen Schritt aus Sicht der Kleinkindforschung (vgl. Tiedemann 1897).
Mit seinem Werk gilt er als Vorreiter und Begründer der Kinderpsychologie
(vgl. Bamler/Werner/Wustmann 2010). In diesen Anfängen der Kindheitsforschung wurden Schwerpunkte hauptsächlich auf Methoden der Beobachtung
von Kindern in unterschiedlichen Situationen gelegt. Es standen vor allem
Spiel- und Lernsituationen im Fokus der Forschenden. Diese Beobachtungs-
studien von Kindern (Vätertagebücher) waren zu dieser Zeit weit verbreitet.
So veröffentlichte der in England geborene Physiologe William Preyer im Jahr
1882 das Buch „Die Seele des Kindes", in dem auch er die Beobachtung und
Entwicklung seines eigenen Kindes in Tagebuchform beschreibt und damit einen wesentlichen Ausgangspunkt für die Psychologie der frühen Kindheit darstellt (vgl. Preyer 1882; Bamler/Werner/Wustmann 2010). Auch die Entwick-
lungspsychologen Clara und William Stern nutzten, allerdings war dies erst zu

Beginn des 20. Jahrhunderts, die Methode der Tagebuchaufzeichnungen, um in einer Art Langzeitstudie die Entwicklung ihrer eigenen Kinder zu dokumentieren, um das innerfamiliäre „Kinderstubenleben" zu erforschen und damit noch heute gültige Grundlagen für die Entwicklungspsychologie darzulegen (Stern/ Stern 1907; Stern 1925).

Nicht, dass in diesen Jahren die räumliche und soziale Umwelt für Kinder in ihrer Entwicklung keine Rolle gespielt hätte, jedoch sind keine Studien bekannt, die sich überhaupt mit diesem Aspekt explizit beschäftigt hätten. Vielmehr wurden in diesem Entstehungskontext von Kindheit und Kindheitsforschung wichtige Voraussetzungen geschaffen, um überhaupt eine differenzierte Betrachtung auf Kinder und ihre Handlungen im Kontext der Mensch-Umwelt-Dynamik vorzunehmen. Insofern kann man diese Etappe, in welcher gesellschaftliche Verhältnisse und strukturelle Bedingungen analysiert und thematisiert wurden, durchaus als eine Art „Vorphase" des Forschungszweiges der sozialräumlichen Kindheitsforschung bezeichnen. Auch wenn der Fokus damals weniger auf der Untersuchung der physisch-materiellen Welt für die Entwicklung von Kindern lag, so bildete das Vorhandensein einer Lebensphase Kindheit die Voraussetzung, das Verhältnis von Kindern, Stadt und Raum genauer untersuchen bzw. beschreiben zu können.

1.2 Schaffung einer personalen Welt durch das „Umleben" der räumlichen Welt – Zentrale Aspekte zur zweiten Phase im Thematisierungsverhältnis von Kindern, Stadt und Raum

„Der Lebensraum des Großstadtkindes (als Raum, in dem das Kind lebt) [umfaßt] keineswegs die ganze Großstadt" (Muchow 1998 [1935]: 87). Bei „der vom Großstadtkind ‚gelebten' wie überhaupt bei jeglicher ‚gelebten Welt'" handelt es sich „um ein eigentümliches, zwischen Person und Welt sich realisierendes Leben" (69). Die Lebensräume der Kinder unterscheiden sich nach „Lebensalter, Geschlecht, Begabung und Bildungsgrad sowie nach dem Grade ihrer ‚Seßhaftigkeit' oder ‚Bewegung'" usw. (Muchow/Muchow 1998 [1935]: 147).

Ein wichtiger Paradigmenwechsel in der Betrachtung des Verhältnisses von Kindern und der Bedeutung räumlicher Umwelten (insbesondere im städtischen Kontext[2]) lässt sich mit dem Beginn des 20. Jahrhunderts festmachen.

---

2 Nach wie vor ist eine deutliche Schieflage zwischen Untersuchungen von Lebenswelten von Kindern und Jugendlichen in der (Groß)Stadt (städtischen Bereichen) und ländlichen Bereichen zu konstatieren. Gleichzeitig weist die aktuelle Diskussion zu den räumlichen Bedingungen von ländlich geprägten Kindheiten und Jugenden darauf hin, dass die Dichotomie Stadt-Land heute nicht mehr haltbar ist und vielmehr von einem „Mix aus Innovation und Tradition, Ent-Dörflichung und Wieder-Verdörflichung, als ein widersprüchliches neben- und

Die in der sozialräumlichen Kindheitsforschung propagierte Sensibilisierung für die Eigenständigkeit kindlicher Lebensräume fällt zusammen mit einer allgemein veränderten Betrachtung von Kindern und Kindheiten: Mit der Proklamation des „Jahrhunderts des Kindes" 1902 machte die schwedische Reformpädagogin Ellen Key auf die Misshandlungen des Kindes in den damaligen Industriegesellschaften aufmerksam und forderte gerechtere politische Verhältnisse (Key 2006 [1902]). Key[3] wurde mit ihrer Veröffentlichung auch zu einer Art Gallionsfigur einer Erneuerungsbewegung, welche noch heute als „Reformpädagogik" verhandelt wird. Dieser pädagogischen Bewegung können unterschiedliche Reformer mit jeweils sehr unterschiedlichen Ansätzen zugeordnet werden. Gemeinsam war ihnen jedoch die Forderung nach einer „Pädagogik vom Kinde aus" (vgl. Gläser 1920, Ullrich 1998, Esser 2010). Kinder wurden in dieser neuen Perspektive als eigenständige, sich entwickelnde Persönlichkeiten entdeckt (vgl. bspw. Benjamin 1991 [1927]), Kindheit als eigenständige Lebensphase „erfunden" (Aries 1979, Andresen 2006).

Dieser Paradigmenwechsel lässt sich anhand von Diskussionen um Kinderarbeit und der späteren Durchsetzung des Verbotes von Kinderarbeit (bzw. deren gesetzliche Verankerung) beispielhaft verdeutlichen. Kindheit wurde nun als Schon- und Schutzraum für Erziehung, Bildung und die Entwicklung von Kindern betrachtet. Mit der zunehmenden Bedeutung von Bildung und Ausbildung als Schulung für berufliche Anforderungen im späteren Arbeitsleben wurde diese Aufgabe nun gesellschaftlich organisierten und eigens zu diesem Zweck eingerichteten Institutionen übergeben. Die dadurch geschaffenen spezifischen „Lebensräume"[4] unterschieden sich nun erheblich von denen der Erwachsenen. Dies war nach Ariès der entscheidende Schritt für die Abgrenzung einer eigenen Lebenssphäre für Kinder (vgl. Ariès 1979).

Die in den 1920er Jahren entstandenen Institute (Wien, Hamburg), die sich fortan auf die wissenschaftliche Erforschung von Kindheit und Jugend konzentrierten, trugen viel zur Etablierung der Kindheitsforschung bei (Krüger/ Grunert 2010, S. 12). Im Zuge dieser Entwicklung kann eine Erweiterung der

---

gegeneinander verschiedener Entwicklungsstränge" auszugehen ist (Herrenknecht 2000, 48). Der Begriff der Region scheint erst einmal hilfreich zu sein, die Lebenslage Jugendlicher im ländlichen Raum fassen zu können (vgl. Böhnisch-/Funk 1989, 173), wenngleich man sich dadurch einen neuen voraussetzungsreichen Raumbegriff einhandelt (vgl. Reutlinger 2008b).

3   Micha Brumlik weist in einer Kolumne in der taz darauf hin, dass Key „das Recht von Kindern auf gesunde und glückliche Eltern postuliere. Eine Forderung, die die Pazifistin und Feministin auf Abwege eugenischer Politik führte: Nur physisch und psychisch gesunden Eltern sollte es gestattet sein, sich fortzupflanzen" (taz, 15.03.2010).

4   Der „Lebensraum" des Kindes kann dreifach aufgeschlossen werden, als „Raum, in dem das Kind lebt", als „Raum, den das Kind lebt" sowie als „Raum, den das Kind erlebt" (Muchow 1998 [1935]).

methodischen Zugänge zur Kindheitsforschung beobachtet werden. Nach und nach wurden vermehrt qualitative Methoden eingesetzt, um das Heranwachsen (vgl. Bamler/Werner/Wustmann 2010) oder den Übergang von Kindheit zu Jugend zu erforschen. Eine weitere Intensivierung und Ausdifferenzierung der Kindheits- und Jugendforschung erfolgte jedoch erst einige Jahre nach dem zweiten Weltkrieg. Die Erforschung der Kindheit fand vorwiegend in der Entwicklungspsychologie statt, wohingegen die Jugendforschung ihre wichtigsten Impulse aus der Soziologie erhielt (Krüger/Grunert 2010). Die Forschungsaktivitäten der 1950er und 1960er Jahre wurden zunehmend in einem interdisziplinären Rahmen durchgeführt (vgl. Bamler/Werner/Wustmann 2010).

Die bisherige Perspektive auf Kinder, verstanden als Individuen, welche im Zentrum des pädagogischen Interesses standen (vgl. Rousseau 2009 [1762]), wurde von der Vorstellung abgelöst, dass diese als „produktiv-realitätsverarbeitende Subjekte" zu betrachten sind (vgl. Hurrlemann 1983). Eine solche Wahrnehmung kann bereits in den Untersuchungen des Ehepaars Stern aus den frühen Jahren des 20. Jahrhunderts festgestellt werden. Durch die Betonung von Kindheit als eigenständiger Lebensphase schufen sie mit ihren Beobachtungen einen direkten Lebensweltbezug (Bamler/Werner/Wustmann 2010, S. 35). In der Geschichte der Kindheitsforschung wurde damit ein wichtiger Schritt vollzogen, das Kind als eine sich entwickelnde Persönlichkeit und damit als Mitglied der Gesellschaft anzuerkennen.

Dieser allgemeine Paradigmenwechsel lässt sich – bezogen auf den Diskussionszusammenhang von Kindern, Stadt und Raum – exemplarisch an der Studie „Lebensraum des Großstadtkindes" aufzeigen, welche die deutsche Psychologin Martha Muchow in den 1930er Jahren in Hamburg durchgeführt hat (vgl. Muchow/Muchow 1998 [1935], Zinnecker 1978). Indem in Muchows Studie die Eigentätigkeit beim Schaffen eines persönlichen Lebensraumes betont wird, zeigt sich ein verändertes Subjektverständnis: Kinder sind ständig darum bemüht, ihren Handlungsraum zu erweitern. Gleichzeitig sind Kinder jedoch in der physisch-materiellen, durchaus „erwachsenen" Welt nur sehr schlecht eingepasst, indem für sie beispielsweise genau die Teile der physisch-materiellen Welt von Bedeutung werden, die für den Erwachsenen unwichtig sind und umgekehrt. Deshalb müssen Kinder vorhandene physisch-materielle Arrangements verändern, sich dadurch besondere Aneignungsmöglichkeiten eröffnen und die Welt „umleben" (Muchow/Muchow 1998 [1935], S. 123). In diesem Zusammenhang streicht Muchow die Nutzung der an sich für Kinder verbotenen oder zumindest nicht für Kinder angelegten Flächen und Orte heraus und macht auf die Bedeutung des so genannten Streifraums als unbewachten Experimentierraum aufmerksam (ebd. 75). Ausgangspunkt der Lebensraumanalyse Muchows bilden konkrete Orte und Plätze in der Stadt (bspw.

„der Spielplatz", „der unbebaute Platz", „die verkehrsarme Straße" oder „das Warenhaus"). Diese sind territorial fassbar und verweisen auf eine bestimmte, von Erwachsenen definierte Funktion. An diesen Orten lassen sich Handlungen von Kindern beobachten und mit bestimmten von Muchow entwickelten Erhebungsmethoden aufzeichnen[5]. Diese Handlungen sind nach kindspezifischer Logik strukturiert und weichen von den vorgegebenen Funktionen der Orte ab, wodurch die physisch-materielle Welt kindspezifisch „umgelebt" und angeeignet wird. Im Prozess des kindspezifischen Umlebens der physisch-materiellen Welt entsteht eine personale Welt, welche Muchow als *Lebensraum* bezeichnet[6]. Der Lebensraum des Großstadtkindes baut sich nicht neben dem der Großstadterwachsenen auf, sondern überlagert oder – in der Sprache Martha Muchows – „durchwächst" ihn. In der Entwicklung des Kindes dehnt sich der Lebensraum langsam und kontinuierlich vom „mehr oder weniger eng um die Wohnung und die Wohnstraße" liegenden Nahraum „schichtenförmig aus". Diese „Zonen von unterschiedlichem Bekanntheitsgrad um diesen Heimatraum" lassen sich jedoch wiederum im Territorium verorten: „von hier aus wird links und rechts, drüben, „dahinter", „nebenbei" und „weit weg" bestimmt, und von hier aus dringt man zunächst in die benachbarten, dann aber in immer fernere Straßen und Plätze vor" (Muchow/Muchow 1998, S. 148f.). Damit wird zwar ein Raumverständnis in den Vordergrund gestellt, welches den Menschen als raumkonstituierend betrachtet, Ausgangs und Endpunkt der Analyse bleibt jedoch ein territorial verortetes und abgegrenztes Gebiet. In diesen Anfängen der sozialräumlichen Kindheits- und Jugendforschung stand jedoch überhaupt die Thematisierung unterschiedlicher Räumlichkeiten sowohl auf gesellschaftlicher Ebene (Aufklärung von Kindheit als eigenständige Lebensphase), als auch im Zusammenspiel von physisch-materieller Welt und Handlung im Vordergrund.

---

5   Martha Muchow (1998 [1935]) war auch forschungsmethodisch Pionierin, indem sie mit flush-light-Methode, der time-sample-Methode und der Dauer-Beobachtungs-Methode (Muchow 1998 [1935], S. 100) ein Repertoire zur Erhebung von räumlichen Umwelten entwickelte, auf welches aktuelle Methoden der Lebensweltanalysen zurückgreifen (vgl. bspw. Deinet/ Krisch 2002).

6   Die Lebensräume der Kinder sind anders strukturiert als diejenigen der Erwachsenen, gleichzeitig unterscheiden sich die Lebensräume der Kinder innerhalb nach „Lebensalter, Geschlecht, Begabung und Bildungsgrad sowie nach dem Grad ihrer ‚Seßhaftigkeit' oder ‚Bewegung'" usw. (Muchow/Muchow 1998 [1935], S. 147). Dennoch zeichnet sich eine homogene Vorstellung von Kindern ab: die Lebensräume der Kinder (im Sinne von Räumen der Kinder) werden als eigenständig, gleichberechtigt und damit schützenswert bzw. von Erwachsenen verteidigungswert gesehen. Die damit verbundenen Einsichten hatten nachhaltige Auswirkungen auf Erziehung und auf das zugrunde liegende pädagogische Verständnis. Kindheit als gesellschaftlicher Raum bedeutete fortan ein Vorbereitungs- und Schutzraum, ein gesellschaftlich eingerichtetes Moratorium (vgl. Andresen 2002, S. 21ff.).

Dies schien in der gesellschaftlichen Realität der industriellen Stadt kein Problem zu sein, da gesellschaftliche Prozesse, Handlungsräume der Menschen sowie die physisch-materielle Welt weitgehend übereinzustimmen schienen (Reutlinger 2003): Unter diesen spezifischen gesellschaftlichen Bedingungen war die arbeitsteilige Produktionsweise in der Fabrik, in welcher hauptsächlich Männer am Fließband arbeiteten, zentral. Dieser gesellschaftliche Bereich der Erwerbsarbeit lässt sich kurz als *Arbeit* bezeichnen. Davon getrennt und als Ergänzung zu sehen, wäre der Bereich der Reproduktion. Dieser kann als *Leben*, oder als *Privatsphäre* gefasst werden. Idealtypischerweise waren hier Frauen in der Erziehung von Kindern und in Haus- und Familienarbeit tätig. Zwischen diesen beiden Lebensbereichen mit einer jeweils getrennten und gleichzeitig aufeinander bezogenen Logik entstanden klare Trennlinien oder Begrenzungen. Oftmals haben sich die aus den unterschiedlichen Logiken strukturierten Räumlichkeiten auch im Territorium festgeschrieben. Dies wird beispielsweise anhand der Anordnung der industriellen Städte deutlich: Arbeiterquartiere, Fabrikareale, Industriellenvillen und geometrisch angelegte Verkehrswege ordnen sich um den Produktionsprozess herum und entlang spezifischer gesellschaftlicher Funktionen. Unter diesen gesellschaftlichen Bedingungen mussten Kindheit und Jugend als eigenständige Lebensphasen zuerst eingeklagt werden, indem auf ihre Konstitutionslogik der Sozialisation, die sich von der Arbeit abgrenzt, hingewiesen wurde (siehe oben). In dieser damalig begrenzten und territorial verorteten urbanen Welt war dies über die Thematisierung der Eigenständigkeit des kindlichen Raumlebens (Handlungsraum) und der Problematisierung, dass kindliche Bedürfnisse in der physisch-materiellen Welt nicht gelebt werden konnten, möglich. Durch die dahinter stehende aufklärerische Haltung ist es gelungen, gesellschaftlich abgesicherte „Räume" für Kinder und Jugendliche zu schaffen (Erfindung von Kindheit und Jugend als gesellschaftlich abgesicherte Lebensphasen für zunehmend alle Heranwachsenden) – diese waren jedoch wiederum territorial festgeschrieben, indem bspw. neben der Fabrik ein von Mauern umgebenes Schulhaus, ein materialisierter Raum zur Vorbereitung auf das spätere Erwerbsleben, gebaut wurde.

Martha Muchow ebnete mit ihrer Studie vielen nachfolgenden sozialräumlichen Denkansätzen der Kindheits- und Jugendforschung den Weg, was in der Folge am Beispiel so genannter Zonenmodelle (1.1.1) oder Aneignungsmodelle (1.1.2) ausgeführt werden soll.

1.2.1 Zonenmodelle als Darstellungsform der spezifischen Mensch-Umwelt-Dynamik des Aufwachsens in der industriellen Stadt

In den 1950er Jahren nahm die Stadtsoziologin Elisabeth Pfeil in ihrer Untersuchung über das „Großstadtkind" (Pfeil 1955) im Rahmen der „Großstadtforschung" (Pfeil 1972) die deutschsprachige Tradition räumlich orientierter Entwicklungs- und Sozialisationskonzepte wieder auf[7].

> „Das Kind erfährt die Welt in konzentrischen Kreisen; Mittelpunkt ist der Intimbereich der Familie. Von hier aus erfolgt sein Ausgriff in die Welt, hierhin kann es sich jederzeit zurückwenden. Zu jeder Gemeinschaft, an der das Kind teilnimmt, gehört ein räumlich abgegrenzter Bezirk; in ihn einzutreten heisst, Menschen zu begegnen. Kontakt mit Menschen setzt Eintritt in die räumlichen Konfigurationen der Gesellschaft voraus" (Pfeil, 1955, S. 12)

Hierbei greift Pfeil (1955) die schon von Martha Muchow beschriebene allmähliche, d.h. langsame und kontinuierliche „schichtenförmige" Ausdehnung des Lebensraumes wieder auf. Die daraus im Sinne konzentrischer Kreise hervorgehenden Zonen- oder Schichtmodelle dienen der Erfassung sich mit zunehmendem Alter erweiternder Umweltkreise (Wohnung, Schule, Gleichaltrigenkultur bis hin zur Arbeitswelt und Politik).

> „Die Umwelt des Stadtkindes kann modellhaft in Form von vier verschiedenen Sektoren mit unterschiedlicher Wertigkeit dargestellt werden:
> 1. Der Innenbereich oder Intimbereich, auch ‚Schwellenbereich' genannt, Wohnung und Haus, das ‚Drinnen' (wie Kinder sagen).
> 2. Die Wohnumgebung, alles was das Kind von der Haustür aus erreichen kann, der Nahbereich und der erweiterte Nahbereich der Wohnung, das ‚Draußen' (wie Kinder es nennen).
> 3. Der große und weite Bereich der großstädtischen Einrichtungen, die von Kindern nacheinander und punktuell erfahren werden und die für ihre Sozialisation von Anfang an von sehr unterschiedlicher Bedeutung sein können.
> 4. Die Räume und Erlebnisbereiche, die eine Stadt umgeben und die meistens als freie Landschaft bzw. Natur bezeichnet werden, die aber von einem Stadtkind nicht in unmittelbarem Zusammenhang mit der Wohnumgebung erlebt

---

7   Der Zweite Weltkrieg führte zu einem Einbruch in der sozialräumlichen Kindheits- und Jugendforschung – zumindest in der deutschsprachigen Tradition. Erst Mitte der 1950er bzw. Anfang der 1960er Jahre erkannte man das Problem der mangelnden Infrastruktur für Kinder in den sich entwickelnden Städten, und das Thema „Kindheitsräume" erlebte eine Renaissance. Aus dieser „kindheitsraumforschungsfreien" Zeit ist wichtig, dass der Begriff des „Lebensraums" durch die nationalsozialistische Diktatur eine negative Konnotation erhielt. Diesen Zusammenhang muss man sich immer wieder bewusst machen, wenn in späteren Arbeiten zu Kinderräumen von „Lebensraum" die Rede ist – vor allem in jüngster Zeit wird dies oft nicht berücksichtigt (vgl. kritisch Schöffel/Kemper 2010). Wenn in der Folge von „Lebensraum" die Rede ist, wird deshalb ausschließlich auf den Muchowschen Bedeutungsgehalt Bezug genommen.

werden, da Verkehrsmittel benutzt werden müssen, um sie zu erreichen, was bei Kindern eine ‚Bewußtseinslücke' bezüglich des räumlichen Zusammenhangs erzeugt." (Thomas 1979, S. 38)

Parallel entwickelten sich in der so genannten nordamerikanischen Humanökologie ähnliche Modelle, die ebenso einen bedeutenden Einfluss auf den deutschsprachigen Diskurs hatten und hier wiederum weiterentwickelt wurden (vgl. insb. Baacke 1980, S. 499; Thomas 1979, S. 38). Prominentester Vertreter der nordamerikanischen Denkrichtung war der Entwicklungspsychologe Urie Bronfenbrenner, welcher mit seinem Ansatz der „Ökologie der menschlichen Entwicklung" breite internationale Resonanz erzielte (1976, 1981). Bronfenbrenner beschrieb das Individuum als „wachsende dynamische Einheit" (1981, S. 38), die durch die jeweilige Umwelt beeinflusst ist, gleichzeitig aber selbst diese Umwelt verändern und beeinflussen kann. Die Umwelt setzt sich nach seiner Vorstellung aus unterschiedlichen Lebensbereichen und ihren Verbindungen untereinander zusammen. Umwelt wird in dieser ökologischen Tradition „topologisch als eine ineinander geschachtelte Anordnung konzentrischer, ineinander gebetteter Strukturen" verstanden (ebd.). Diese Strukturen bezeichnet Bronfenbrenner „als *Mikro-, Meso-, Exo-, Makro-* und *Chronosysteme"* (Bronfenbrenner 1990, S. 76), wobei die zeitliche Dimension Individuum und Umwelt gleichermaßen beeinflusst und erst in den späteren Arbeiten Bronfenbrenners systematisch mitgedacht wurde. Die verschiedenen ökologischen Systeme können jedoch nicht voneinander abgeschottet verstanden werden, sondern sie stehen über ihre Systemgrenzen hinweg zueinander in Beziehung. In Bronfenbrenners Modell nehmen physisch-materielle (dinghafte) Umweltstrukturen eine besondere Rolle ein, indem ein Mikrosystem ein „Muster von Tätigkeiten und Aktivitäten, Rollen und zwischenmenschlichen Beziehungen" darstellt, „das die in Entwicklung begriffene Person in einem gegebenen Lebensbereich mit seinen eigentümlichen *physischen und materiellen Merkmalen erlebt"* (Bronfenbrenner 1981, S. 38). Das unterstellte Raumverständnis ist hier wiederum ein territoriales, indem ein „Lebensbereich (...) *ein Ort* (ist), an dem Menschen leicht direkte Interaktion mit anderen aufnehmen können" (ebd., Hervorhebung durch AutorInnen). Bronfenbrenner ging es um das Zusammenspiel von kindlichen Handlungsräumen und der physisch-materiellen Welt.

Durch die breite Rezeption in der deutschsprachigen Diskussion auch außerhalb der Umweltpsychologie (vgl. Walter 1980) dürfen sowohl das Bewusstsein für das Zusammenwirken von räumlichen *und* sozialen Elementen des Mikrosystems sowie der Einbezug der „aktiven Rolle des Kindes als Produzent seiner eigenen Entwicklung" (Engelbert/Herlth 2002, S. 106) als zwei wichtige Verdienste Bronfenbrenners gewertet werden. Insbesondere in der

Person Dieter Baackes wurde das Zonenmodell Bronfenbrenners hierzulande weiterentwickelt: es diente zur Beschreibung und Erklärung des Verhaltens Jugendlicher und zur Erfassung konkreter Handlungs- und Erfahrungszusammenhänge der Jugendkulturen in ihren Lebenswelten. Mit vier unterschiedlichen „Zonen" (Baacke 1999, S. 108), die ein Kind oder ein Jugendlicher durchläuft und die schematisch als sich erweiternder Kreis angeordnet werden können, sollen – so Baacke – die Handlungsräume eines Heranwachsenden ausdifferenziert beschrieben werden können. Ein zentrales Kennzeichen für das Aufwachsen in modernen Gesellschaften liegt für Baacke darin, dass die Ganzheitlichkeit des Lebens, die ein Kind anfangs erfährt, durch diese Ausdifferenzierung im Laufe des Heranwachsens immer mehr in unterschiedliche Funktionen aufgesplittert wird (ebd., S. 165). In Bezug auf Wertvorstellungen, Institutionen und ihre Kontrollinstanzen erleben die jungen Menschen ihren neu erfahrenen Raum als beschränkt und verregelt, eigene Stile und Ziele geraten in den Hintergrund. Aus dieser Analyse erarbeitete Baacke einen pädagogischen Vorschlag, indem er für Jugendeinrichtungen die Möglichkeit sieht, einen Ausweg aus verregelten und beschränkten physisch-materiellen Umwelten zu bieten (als Nah- und Erkundungsraum, Integrationsmöglichkeiten in funktionale und gesellschaftliche Systeme oder bei Bedarf einfach nur zur Verfügung stehender Handlungsraum) (vgl. Baacke 1980). Die „kinder- und jugendfeindliche" physisch-materielle Welt wird hier wieder anhand von Handlungsproblemen Heranwachsender thematisiert. Reagiert wird mit der Schaffung (pädagogisierter) physisch-materieller Orte (z.B. Jugendhäuser).

> „Jugendarbeit ist aber selbst Medium von Aneignungsprozessen und kann in Form konzeptioneller Differenzierung der Angebotsstrukturen der Einrichtungen spezifische Aneignungsqualitäten in den eigenen Räumen entwickeln. (....) Ob die Räume eines Jugendzentrums oder -treffs, die Angebote der Mobilen Jugendarbeit in den Parks oder die Beratungsstelle für Jugendliche: Jugendarbeit ist gefordert, ausdifferenzierte Angebote mit hohem Gebrauchswert für unterschiedliche Jugendliche und vielfältige Jugendkulturen zu bieten" (Krisch 2008, S. 197).

Nicht thematisiert werden musste – durch die noch immer gültigen Grenzen und Trennlinien, die die einzelnen gesellschaftlichen Teilräume separierten – die veränderte Bedeutung von Kindheit und Jugend als (gesellschaftlich-abgesicherte) Lebensphasen und ihr Verhältnis zu den beiden anderen Raumdimensionen – Handlung und physisch-materielle Welt.

1.2.2 Aneignung als handlungstheoretisches Paradigma zur Erklärung des spezifischen Mensch-Umwelt-Verhältnisses Heranwachsender

Sozialpädagogische Handlungsansätze aus der „sozialräumlichen Jugendpädagogik" (Böhnisch/Münchmeier 1987, 1990) bzw. der offenen Kinder- und Jugendarbeit (vgl. Deinet 2005a) argumentieren ähnlich wie die aufgezeigten Zonenmodelle, indem ein pädagogisierter physisch-materieller Raum als fördernde räumliche Umwelt betrachtet wird. Der Fokus der Theoriebildung lag jedoch nicht im System ineinander greifender Schichten. Vielmehr führen sie auf der Handlungsebene Muchows Idee des personalen „Umlebens" der räumlichen Umwelt weiter, indem diese ab Mitte der 1980er Jahre entwickelten Ansätze ihre Handlungskonzepte auf den Aneignungsbegriff der so genannten kulturhistorischen Schule der sowjetischen Psychologie zurückführten (siehe dazu zum Beispiel Chombart de Lauwe, P. H. und M.J. 1977, und später Becker u.a. 1983, 1984; Deinet 1990, 1991 oder Rolff/Zimmermann 1990).

> „Die Aneignung des Raums entspricht so einer Gesamtheit psychologischer Prozesse, die in der Subjekt-Objekt-Beziehung, also zwischen dem Subjekt (Individuum oder Gruppe), welches sich den Raum anzueignen versucht, und den Objekten, die die Subjekte im Alltagsleben umgeben. Ihre Grenzen sind durch Schranken der physischen und juristischen Inbesitznahme definiert sowie zugleich durch die sozialökologischen Bedingungen, denen die Subjekte unterworfen sind" (Paul-Henry Chombart de Lauwe 1977, S. 6).

> „Sich etwas aneignen bedeutet in der Tat nicht nur, einen Ort nach seinem bekannten Gebrauch zu nutzen, sondern eine Beziehung zu ihm aufzubauen, ihn in sein Leben zu integrieren, sich in ihm zu verankern und ihn in eine eigene Prägung zu geben, mit ihm umzugehen, Akteur seiner Veränderung zu werden" (Marie-José Chombart de Lauwe 1977, S. 24).

Kinder lernen, wie dies der sowjetische Psychologe Alexejew Nikolajew Leontjew darstellte, in räumlichen Bezügen. Leontjew sieht in den „dominanten Tätigkeiten" die für bestimmte Entwicklungsphasen adäquate Aneignungsform des Kindes. Die dominante Tätigkeit wird bei Erreichen der für diesen Lebensabschnitt typischen geistigen Leistungen durch eine andere dominante Tätigkeit abgelöst (Holzkamp/Schurig 1973, XLIV). Die jeweils dominante Tätigkeit einer Entwicklungsphase wird im Wesentlichen durch die gesellschaftlichen Bedingungen geprägt, indem die „konkret-historischen Bedingungen (...) sowohl den konkreten Inhalt der einzelnen Entwicklungsstufen als auch den gesamten Verlauf der psychischen Entwicklung" beeinflussen (Leontjew 1973, S. 403).

> „Gegenstandsbedeutungen finden ihre konkreten Zuweisungen in der Einbettung in Räume; die Kategorie des Raumes spiegelt mit seinen Elementen auch

die Strukturen der Gesellschaft wieder. Gegenstandsbedeutung und Raumbezug haben (...) gerade in der Altersstufe der Kinder und jüngeren Jugendlichen direkten Verweisungscharakter. (...) Die Umwelt des Kindes stellt nicht nur ein Netz unsichtbarer und durch vergegenständlichte Bedeutungen überzogener Räume dar, die im Aneignungsprozess erschlossen werden müssen, sondern ist entsprechend der Struktur der kapitalistischen Gesellschaft auch ein Raum, der durch kodifizierte Regelungen, Machtbefugnisse, Herrschafts- und Eigentumsansprüche verregelt ist" (Deinet 1992, S. 41).

Ulrich Deinet (vgl. bspw. Deinet 1990, 2005a; Deinet/Krisch 2002) sieht eine „dominante Tätigkeit" des mittleren Kindesalters in der „Ausweitung des Handlungsraumes" (vgl. Deinet 1990, S. 61). Kinder sind auf den sozialen Nahraum angewiesen. Deshalb haben gesellschaftliche Umbrüche, abzulesen beispielsweise an „räumlicher Desorganisation als Folge sozialer Entwicklungen oder sozialer Krisen (Verbauung von aneigenbaren Räumen, Blockierung von räumlichen Aneignungsmöglichkeiten, Ausgrenzung etc.) im Sozialerleben und Sozialverhalten", für Kinder eine direktere und durchschlagendere Bedeutung als für Erwachsene (Böhnisch/Münchmeier 1987, S. 107; Böhnisch/Münchmeier 1990). Verstädterungs- und Modernisierungsprozesse im Zusammenhang mit dem massiven wirtschaftlichen Aufschwung (Wirtschaftswunder) führten zur Durchstrukturierung von immer mehr Lebensbereichen nach der Logik des Kapitals. Die urbane Entwicklung lässt sich mit der Funktionalisierung und Spezialisierung der räumlichen Welt beschreiben. Diese industriekapitalistische Logik ist auf den männlichen Industriearbeiter ausgerichtet, der arbeitet, wohnt, sich erholt und im Verkehr zwischen den städtischen Orten mobil bleibt, wie dies beispielsweise anhand der vier Grundbedürfnisse des Architekten Le Corbusiers deutlich wird (1988 [1942]). Kinder erleben die mit der Funktionalisierung der räumlichen Welt verbundene Separierung, Normierung und Vernutzung als personales Problem, weil die funktionalisierte urbane Entwicklung seit dem 2. Weltkrieg ihre entwicklungsspezifischen Bedürfnisse nicht mit einbezog. Nicht bedacht wurde, dass die Funktionen eines physischen Raums veränderbar sein, bzw. andere Nutzungen als die dominanten („in Beton gegossenen") zugelassen werden müssen. So ist bspw. für Kinder und Jugendliche die Raumaneignung zentral, d.h. das „räumliche Erleben", der Veränderungscharakter und die „Qualitäten der Räume, die Individuen in ihrer unmittelbaren Umgebung finden" (Deinet 2010, S. 37). Diese Aneignungsräume für Kinder seien weggefallen, da die dinglichen Raumstrukturen nicht immer wieder von neuem von den verschiedenen Gruppen als Handlungsräume gelebt werden konnten. Um in einer solchen Welt trotzdem handlungsfähig zu sein, müssen Kinder (und auch Jugendliche) in Spannung mit der räumlichen Umwelt treten, was beispielsweise anhand von Zerstörung städtischer Einrichtungsgegenstände bzw. Vandalismus sichtbar wird. Im Aufbau solcher Spannungen schaffen Heranwachsende etwas Eigenes. Sie konstituieren kinder- und jugendspezifische Handlungs- und Bewältigungsräume und werden da auffällig, wo diese an den glatten physisch-materiellen Strukturen anecken (vgl. ausführlich Reutlinger 2002). Dies erklärt, warum es beim Aneignungshandeln von Kindern und Jugendlichen bei bestimmten Gruppen auch zu Verhalten oder Handlungen kommt, die als abweichend oder deviant beschrieben werden, denn um handlungsfähig zu bleiben, haben die Heranwachsenden gar keine andere Möglichkeit, als die (räumlichen) Strukturen anzugreifen.

Das Kinder- und Jugendproblem in der urbanen Welt der 1970er Jahre wird aus dieser Perspektive als Problem der physisch-materiellen Welt gesehen; die sozialpädagogische Reaktion darauf ist, pädagogisierte (wiederum physisch-materielle) Räume zu schaffen. Durch die aufklärerische Arbeit und massive Forderungen nach Aneignungsräumen entstanden in vielen Stadtteilen Spielplätze, Sportanlagen, Kindergärten und Jugend- bzw. Freizeithäuser, aber auch Abenteuerspielplätze usw. – „Räume, in denen man sich selbst inszenieren und in der Beziehung zu anderen erfahren kann" (Fülbier/Münchmeier 2001b, S. 849). Diese territoriale Reaktion auf entfremdete physisch-materielle Welten machte in der industriekapitalistischen Arbeitsgesellschaft Sinn, da die Individuen früher oder später alle über die Erwerbsarbeit integriert werden konnten.

1.3 Institutionalisierung und Verhäuslichung der physisch-materiellen Welt – Zentrale Aspekte zur dritten Phase im Thematisierungsverhältnis von Kindern, Stadt und Raum

„Wo Kinder in der räumlichen Welt Platz finden, zeigt konkret, was für einen Platz die Gesellschaft ihnen zuweist" (Zeiher/Zeiher 1994, S. 17).

Seit Mitte der 1980er Jahre steht die Forschung mit Kindern im Zentrum. Sie gründet auf der bereits in den Untersuchungen des Ehepaars Stern (1907) entstandenen Wahrnehmung von Kindern als „produktiv-realitätsverarbeitende Subjekte" (Hurrelmann 1983, S. 91). Als wesentlicher Ausgangspunkt dieser Epoche kann der veränderte Blick auf Kindheit als Lebensphase benannt werden (vgl. Bamler/Werner/Wustmann 2010). Die bisherige Sichtweise aus einer entwicklungspsychologischen Perspektive, welche Kinder als zukünftige Erwachsene betrachtete, wurde zu dieser Zeit zunehmend kritisiert (vgl. Markefka/Nauck 1993). Kindheit als eigenständige Lebensphase zu sehen und Kinder nicht auf ihre zukünftige Bestimmung, sondern „als Personen mit eigenem Recht" (Honig et al. 1996b, S. 10) anzuerkennen, wurde zum zentralen Anliegen dieser Entwicklung. Ziel der sich zu diesem Zeitpunkt etablierenden *neuen Kindheitsforschung* war es, die Perspektive der Kinder zu erfassen und sie als aktive, mitproduzierende Subjekte in den Forschungsprozess einzubeziehen (Balmer/Werner/Wustmann 2010, S. 35). Begründet auf der Entwicklung einer interdisziplinären Sozialisationsforschung, welche die Auseinandersetzung zwischen inneren und äußeren Realitäten in den Mittelpunkt rückt, wird auch in der Kindheits- und Jugendforschung zu dieser Zeit das Interesse auf die Alltagserfahrungen, Sozialbeziehungen und Lebensbedingungen gelegt (Krüger/Grunert 2002). Trotz dieser erziehungswissenschaftlichen Wende gab es bis weit in die 1990er Jahre nur wenige Studien, in welchen Kindheit aus Sicht der Kinder als Forschungsperspektive konsequent eingefordert wurde. Die Einsicht, dass Kinder als soziale Akteure, welche immer auch aktiv ihr eigenes Kinderleben gestalten und kreieren, zu begreifen sind, hat sich relativ spät etabliert (Bock 2010).

Gesellschaftliche Modernisierungsprozesse führten seit dem Zweiten Weltkrieg zur *Institutionalisierung bzw. Verregelung der physisch-materiellen Welt* in der Stadt – lautet die Ausgangsthese der sozialräumlichen Kindheits- und Jugendforschung ab Mitte der 1980er Jahre. Unter Themen wie beispielsweise „Straßensozialisation" (Zinnecker 1979), „Aktionsraum" (Fuhs 2001) „Kinderöffentlichkeit" (Harms et al. 1985) oder „Wohnumfeldanalysen" (Monzel 1995) entstanden theoretische Beiträge und Modelle, vor allem aus den Bereichen der Psychologie, Pädagogik und Soziologie (vgl. Lippitz/Rittelmeyer 1989; Hard 1988; Kruckmeyer 1988; Preuss-Lausitz et al. 1990). Parallel wurde in kleineren und größeren empirischen Untersuchungen über einzelne Städte und Stadtgebiete der Frage nach dem Einfluss veränderter räumlicher Welten nachgegangen. Beispielhaft sind die drei allgemeinen Studien über Kinderwelten in der Stadt aus dem Marie-Meierhofer-Institut Zürich (1993; 1994; 1996), die monographischen Studien über die Veränderungen des Lebensraumes von Kindern und die Folgen durch den Einzug des Autos in die Stadt (Berg-Laase et al. 1985; Hüttenmoser/Degen-Zimmermann 1995), die Veränderungen des Straßenraums als Spiel- und Lernort und die zeitliche Verplanung von Kindheit (vgl. Lang 1985; DJI 1992; Rauschenbach/Wehland 1989), die Probleme von Mädchen im öffentlichen Raum (Nissen 1990; Rose 2001; Schön 2004) oder die am Deutschen Jugendinstitut in München durchgeführten Arbeiten zu den „Orten für Kinder" (1994) bzw. zur „Sozialisation und Wohn(um)welt" (Hübner-Funk et al. 1983) zu erwähnen.

Aufgrund der Analyse der kindlichen Lebensverhältnisse um 1945 zeichnen in den 1960er und 1970er Jahren Helga und Hartmut Zeiher in ihrer Untersuchung über „Orte und Zeiten der Kinder" die zunehmende Spezialisierung und funktionale Trennung von Räumen in der Stadt nach (1994). Die Funktionalisierung der öffentlichen Räume durch den (Auto)verkehr und den Warentausch führte zur Verdrängung des kindlichen Spiels von der Straße. Durch diese Entwicklungen werden Kinder in Binnenräume wie private Wohnungen und halböffentliche Räume gedrängt, von den Erwachsenen entmischt. Jürgen Zinnecker spricht in diesem Zusammenhang vom „Ende der Straßenkindheit" (1979). Die Funktionen, die die Strasse als öffentlicher Raum ehemals für die Sozialisation der Kinder hatte, werden nun in spezialisierter und separierter Form von Orten und Betreuungseinrichtungen wie Kindergarten oder Hort (geschlossene und geschützte Raumeinheiten) übernommen, die als „verhäuslicht" beschrieben werden. „Das können die privaten Räume der Familie, die halb öffentlichen Schulgebäude und Turnhallen, aber auch die Warenhäuser und Kaufpassagen als neuartige ‚häusliche Märkte' sein" (Behnke/Zinnecker 2001b, S. 910). Dieses Übermaß institutionalisierter Räume wird als negativ für die kindliche Entwicklung erachtet.

In der Folge soll mit dem Modell der Verinselung (1.2.1) und dem handlungstheoretischen Ansatz der „Sozialgeographie der Kinder" (1.2.2) wiederum auf die spezifische Raum-Umwelt-Dynamik und den Handlungsbezug Heranwachsender in der modernisierten Stadt eingegangen werden.

1.3.1 Die Metapher der Verinselung als modernisiertes Gegenbild des Zonenmodells

Die These, dass Kinder ihre Handlungen zunehmend an für sie geschaffenen spezialisierten (und institutionalisierten) Orten entwickeln, wird mit dem Bild der *Verinselung kindlicher Lebenszusammenhänge* verdeutlicht (Zeiher 1983, S. 187; Zeiher/Zeiher 1994). „Kinder weiten nicht einen zusammenhängenden Lebensraum allmählich aus (...). Vielmehr leben (...) Kinder in einem verinselten Lebensraum. Eltern transportieren sie zu den Inseln: zu Wohnungen von Freunden, Verwandten, zum Spielplatz, zum Kindergarten, zum Ort des Sporttrainings, zu Einkaufsorten in der Innenstadt, zum Wochenend- und Urlaubsort" (Zeiher/Zeiher 1994, S. 27).

Damit wird eine Abgrenzung zu den aufgezeigten funktionalen Kreis- oder Zonenmodellen markiert: Demnach handeln Kinder vermehrt an für sie vorgesehenen spezialisierten Orten oder Räumen. Diese unterliegen starren Handlungsvorgaben, lassen viele Tätigkeiten nicht zu und sind äußerst anregungsarm. Freundinnen und Freunde werden nur noch in Abhängigkeit verschiedener Institutionen gefunden, da überall andere Kinder verkehren. Rauminseln können nur noch durch Transport- und Kommunikationsmedien erreicht werden. „Moderne Kindheit" wird zu einem komplexen Termin- und Verabredungsgeschäft (Rabe-Kleberg/Zeiher 1984). „Moderne Kindheiten" gehen damit von „veränderten raum-zeitlichen Ordnungsprinzipien kindlicher Normalbiographien" aus (Krüger/Grunert 2002, S. 113). Die einzelnen Teile der Lebenswelt werden austauschbar:

> „Die Aneignung der Rauminseln geschieht nicht in einer räumlichen Ordnung, etwa als allmähliches Erweitern des Nahraums, sondern unabhängig von der realen Lage der Inseln im Gesamtraum und unabhängig von ihrer Entfernung" (Zeiher 1983, S. 187).

Der verinselte Lebensraum verlangt – den Ideen der individualisierten Bastelbiographie der reflexiven Modernisierung folgend (Beck-Gernsheim 1992), – eine „größere Mitwirkung der Betroffenen bei der Konstitution" ihres Lebensraumes. Dieser individuelle Lebensraum muss durch „viele aufeinanderfolgende Entscheidungen" und „in einem Zustand selbst steuerbarer Verfügung (...) aktiv hergestellt werden" (Zeiher 1994, S. 363). Nicht alle Kinder haben die familiären und sozialen Rahmenbedingungen einer solchen ressourcen- und elternabhängigen modernisierten Kindheit. Damit ist in diesem Modell eine Spaltung zwischen modernisierter, verplanter und verinselter Kindheit und einer Kindheit, welche sich auf den Nahraum beschränkt, angelegt – ohne dass diese soziale Spaltung problematisiert würde.

Der der Verinselungsthese hinterlegte Raumbegriff ist weder sozial noch historisch-gesellschaftlich eingebettet. Vielmehr gleicht er einem Behälter (Container) für die sozialen Beziehungen der Menschen.

> „Jedes Objekt oder Element des Raumes steht zu einem Zeitpunkt zu allen anderen Elementen in eindeutigen Lagebeziehungen, die von der Natur der speziellen Elemente völlig unabhängig sind" (Zeiher/Zeiher 1994, S. 396).

Die Aufenthaltsorte der Kinder werden mit (eingegrenzten) Handlungsräumen gleichgesetzt. Raum ist im Inselmodell nicht veränderbar, im Raum liegt kein Widerstandspotential (vgl. kritisch Nissen 1998).

1.3.2 Geographie-Machen als handlungstheoretisches Paradigma

Die Behälterraumvorstellungen im Inselmodell führen leicht zu Determinierungs-Aussagen, indem die Raumaneignung durch die zu stark vergesellschafteten räumlichen Bedingungen (Institutionalisierungsthese) verhindert wird. Die wechselseitigen, komplexen Prozesse der Auseinandersetzung von Kindheit und Raum können jedoch „nicht einfach durch die Gegebenheiten" wie

„der strukturellen Beschaffenheit der Lebensräume erklärt werden" (Daum 1990, S. 20). Deshalb fokussieren Ansätze der so genannten „handlungszentrierten Sozialgeographie" (Meusburger 1999) unter dem Begriff der „Sozialgeographie der Kinder" (Werlen 1995a; Monzel 1995) das Zusammenspiel von Struktur- und Handlungsebene. Als Konsequenz davon werden nicht mehr der Raum, sondern „jene Handlungen der Subjekte, über welche deren ‚Geographien' hergestellt und reproduziert werden", zum Gegenstand sozialgeographischer Forschung gemacht. Dahinter steht die Annahme, dass „'Geographie' nicht nur etwas ist, das allein wissenschaftlich betrieben wird. ‚Geographie' machen alle handelnden Subjekte auch auf alltäglicher Ebene" (Werlen 1997, S. 6). „So wie jeder Mensch tägliche Geschichte macht – mehr oder weniger – macht jeder Mensch natürlich auch Geographie. Beides allerdings unter nicht selbst gewählten Umständen" (ebd., S. 305).

> „[D]ie Menschen als handelnde Subjekte [*machen*] ihre eigenen Geographien (…). So wie wir täglich Geschichte machen und die Geschichte anderer beeinflussen, so stellen wir – das ist die konstitutive Maxime dieser Alternative – auch alltäglich Geographien her" (Werlen 2010, S. 72).

Dahinter liegt die Vorstellung eines nie endenden Prozesses von fortschreitenden vorstrukturierten und gleichzeitig neu strukturierenden Handlungen. Das Verhältnis von Struktur und Handlung im Prozess der Strukturierung ist dualistisch, indem die Struktur die Handlung ermöglicht, gleichzeitig aber auch einschränkt (vgl. Werlen 2000). Diese Dynamik löst die Fixierung auf wenige Handlungsbereiche (Erwachsenentätigkeit, Städteplanung etc.) auf. „Monofunktionalität" oder „Institutionalisierung" sind nicht Folge der konkreten materiellen Gestaltung eines Ortes, sondern genauso Folge der Vorstellungen der planenden Personen oder Behörden wie auch Folge der entsprechenden Nutzung (Monzel 1995). Bei den sozialräumlichen Kinder- und Jugendproblemen handelt es sich aus dieser Perspektive nicht um Probleme der physischmateriellen Welt, wie dies in der industriellen Stadt gesehen wurde (siehe 1.2), sondern mit der Verregelungsthese um Macht- oder Ordnungsprobleme: Kinder und Jugendliche können trotz der Verregelungen handeln und sich die Umwelt aneignen, sie *machen* ihre altersspezifischen *Geographien*. Können Kinder und Jugendliche nicht der Norm entsprechend handeln oder machen so genannte „abweichende Geographien", so ist die räumliche Welt von stärkeren Handlungen oder materialisierten Handlungsfolgen von (einigen) Erwachsenen wie Planern, Bodenspekulanten etc. überlagert.

Bei der sozialgeographischen Kinder- und Jugendforschung sollen Machtverhältnisse, bestehend aus Regeln und allokativen bzw. autoritativen Ressourcen (Giddens 1995), aufgedeckt werden. Aus dieser Sicht müssen also durch sozialräumliche resp. sozialgeographische Maßnahmen Situationen geschaffen werden, in welchen die Individuen die Sinnstiftung ihrer Handlungen selber in die Hand nehmen können. Durch Deregulierungen und Ermächtigungen sollen Handlungsbedingungen verändert, Modernisierungsrückstände aufgeholt und eine Gesellschaft geschaffen werden, in welcher Kinder und Jugendliche ohne Verregelungen (resp. negative Handlungsbedingungen) ihre Geographien machen und ihre Lebensführungspolitik verfolgen und so in die spätmoderne Gesellschaft integriert werden können.

1.3.3 Kinderräume als Zusammenspiel unterschiedlicher Raumdimensionen – ein Zwischenfazit

Gemeinsam ist allen bisherigen Ansätzen, dass sie mit ihrem impliziten oder expliziten Bezug auf die gesellschaftlichen und räumlichen Bedingungen der industriekapitalistischen Arbeitsgesellschaft (siehe oben), oder aber deren Modernisierung (reflexive Moderne), einen bestimmten historischen Moment als Ausgangspunkt ihrer Analyse nehmen. Argumentativ wird in Abgrenzung oder Weiterentwicklung (Zustand 1 vs. Zustand 2) dieses historischen Moments von Veränderungen der physisch-materiellen Welt der Kinder „direkt auf Veränderungen der Handlungsräume geschlossen" (Nissen 1998, S. 172). Vielfach werden phänomenologische Veränderungen einer Raumdimension wie bspw. die zunehmende (Mono)Funktionalisierung, Virtualisierung oder Institutionalisierung zum Anlass genommen, auf veränderte Mensch-Umwelt-Dynamiken insgesamt zu schließen. Meistens werden diese Veränderungen und ihre Folgen als negativ für Sozialisation und Entwicklung von Kindern und Jugendlichen gesehen. In der Regel werden Kindheit und Jugend nicht als sich wandelnde gesellschaftliche Schon- und Schutzräume thematisiert.

Dadurch entstehen Ungleichzeitigkeiten und blinde Flecken oder „Unsichtbarkeiten" (vgl. Reutlinger 2003), welche das Verständnis des komplexen sozialräumlichen Zusammenspiels von Mensch und Umwelt im Sozialisationsprozess verhindern. Für die hinreichende Thematisierung des Einflusses sozialräumlicher Umwelten auf den Sozialisationsprozess – insbesondere unter den aktuellen gesellschaftlichen Umbrüchen und Wandlungsprozessen – sind jedoch unterschiedliche Raumebenen sowie ihr Zusammenspiel zu thematisieren. Eine zentrale Voraussetzung scheint hierbei zu sein, wie Kindheit gesellschaftlich betrachtet wird, d.h. wie sich Kindheit als Lebensphase (mit den entsprechenden gesetzlichen und konzeptionellen Rahmenbedingungen) im Sinne eines *gesellschaftlichen Raumes* konstituiert. Strukturbildend sind dabei die Freisetzung von gesellschaftlichen Aufgaben (Produktion und Reproduktion), eine profilierte Erwachsenenfigur, um das mit dem Moratorium korrespondierende Generationenverhältnis ermöglichen zu können, die Zuordnung spezifischer Institutionen des Aufwachsens wie Familie, Kindergarten und Schule sowie ein Zeitbewusstsein für die Dauer des Moratoriums und für die Einordnung in den Fluss von Vergangenheit, Gegenwart und Zukunft (vgl. Zinnecker 2000, S. 38ff.). Daneben sind die jeweiligen *Handlungsräume von Kindern und Jugendlichen* (als so genannte Räume *der* Kinder/Jugendlichen) von Wichtigkeit. Je nach unterstelltem Handlungsmodell und Subjektverständnis wird die Mensch-Umwelt-Dynamik jeweils anders thematisiert und andere Aspekte fokussiert. Und als dritte Dimension ist die *physisch-materielle (dinghafte und territoriale) Welt* (damit werden konkrete Orte und Räume für Kinder/Jugendliche) von Bedeutung, was einerseits durch die Körperlichkeit des Menschen und seiner Präsenz an konkreten Orten und Plätzen auf der Erdoberfläche deutlich wird. Andererseits werden diese erst in spezifischen Interaktions- und Handlungssituationen, d.h. durch die Beziehungen zu Mitmenschen, bedeutsam.

Erst in der Betrachtung dieser unterschiedlichen Raumebenen gelingt es, die Veränderung räumlicher Umwelten nicht kulturpessimistisch zu sehen, d.h. vergangene urbane physisch-materielle Gegebenheiten nicht zu überhöhen sowie nicht an durch aufklärerischen Kampf Erreichtem (bspw. Jugendhäuser) festhalten zu wollen: Die veränderte Bedeutung sozialräumlicher Umwelten kann dann als Chance und neue Qualität einer politischen Neupositionierung von Kindheit und Jugend in einer sich verändernden Gesellschaft gesehen werden. Auf der Agenda der sozialräumlichen Kinder- und Jugendforschung würde nicht mehr und nicht weniger als die Neuvermessung der gesellschaftlichen Räume Kindheit und Jugend unter den heutigen gesellschaftlichen Bedingungen stehen.

Die aktuellen gesellschaftlichen Umbrüche verweisen jedoch auch darauf, dass das bisherige Integrationsmodell grundlegend zu hinterfragen ist und sich das Festhalten am Moratoriumskonzept sozialisationstheoretisch als unbefriedigend erweist: Sozialisation verteilt sich heute über die gesamte Lebensspanne. Raumaneignung im Sinne von Entwicklung und Gestaltung sozialräumlicher Bedingungen wird damit zum lebenslangen Thema. Damit liegt heute die Aufgabe der Menschen darin, Jungsein, Erwachsensein und Altsein in der Spannung zu den gesellschaftlichen Lebensaltern und den in ihnen enthaltenen Erwartungen selbst zu bewältigen und zu gestalten; sie sind auch angehalten, selbst für ihre psychosozialen Bindungen und Rückhalte zu sorgen, ohne dabei den Anschluss an die gesellschaftliche Entwicklung zu verlieren (vgl. Grundmann 2006).

1.4 Aneignung und Ermöglichung unter entgrenzten Lebenszusammenhängen – Zentrale Aspekte zur vierten Phase im Thematisierungsverhältnis von Kindern, Stadt und Raum

„Alltägliches Kinderleben vollzieht sich im Spannungsfeld von gesellschaftlichen Vorgaben, Restriktionen und Ressourcen auf der einen, und familialer sowie kindlicher Autonomie auf der anderen Seite." (Lauterbach/Lange 2000, S. 20)

„Man betont entweder die Notwendigkeit eines autonomen Spielraumes für die tätige Eroberung der Welt im hier und jetzt, oder man setzt den Akzent auf eine möglichst intensive Vorbereitung auf ein gelingendes Erwachsenenleben." (Lange 2000, S. 212)

„Gerade in der derzeitigen Phase gesellschaftlicher Entwicklung, die durch Unsicherheit und das Veralten übergreifender Orientierungsrichtlinien geprägt ist, wird die soziale Selbsterschaffung des Kinderlebens zur anforderungsreichen Gestaltungsaufgabe. Sozialisations- und Bildungsinstitutionen, Familien und Vereine sind gut beraten, wenn sie sich der Komplexität der Lebensführung heutiger Kindheit stellen, die Lebensentwürfe der Kinder ernst nehmen und sie angemessen bei der Planung von Lernprozessen unterstützen." (Lange 2000, S. 234)

Durch den derzeitigen Strukturwandel der industriekapitalistischen Arbeitsgesellschaft geraten bisherige Räume und Räumlichkeiten in Bewegung, neue Räume werden durch scheinbar fluider werdende Grenzziehungen konstituiert und das Raum-Gesellschaftsverhältnis scheint sich neu zu ordnen. Dies führt beispielsweise dazu, dass Kinder „Raum auch als Stückwerk", als viele einzelne, heterogene und uneinheitliche Räume erfahren (Löw 2001, S. 85). Kinder und Jugendliche wachsen heute bezüglich der Seinsweise von Raum mit zwei (oder mehreren) *Wahrheiten* gleichzeitig auf und *im Raum zu leben* ist heute mit der Erfahrung verbunden, auf viele, stets unterschiedliche Räume und Räumlichkeiten Bezug nehmen zu können und zu müssen. Raum wird „statt einheitlich als uneinheitlich, statt kontinuierlich als diskontinuierlich, statt starr als bewegt" erfahren (ebd., S. 88.).

Hilfreich für die Beschreibung dieser Neuordnung des Räumlichen bei Berücksichtigung aller drei Raumdimensionen (Gesellschaft, Handlung, Materie) hat sich das Paradigma der Entgrenzung von Leben und Arbeit erwiesen (vgl. bspw. Kirchhöfer 2005), wenn der Fokus (auch) auf die gleichzeitig stattfindenden neuen Segmentierungs- und Begrenzungsprozesse (Kessl/Reutlinger 2007b) gelegt wird. Denn unter den aktuellen gesellschaftlichen Bedingungen werden „Gestaltungsspielräume der individuellen Lebensführung" massiv eingeschränkt und „breite Bevölkerungsgruppen, (...) von der Teilhabe an zentralen gesellschaftlichen Systemen, wie zum Beispiel Bildungs- oder Erwerbssystem ausgeschlossen" (Grundmann 2006, S. 226ff.). Hinter dem aus der Arbeits- und Industriesoziologie stammenden Entgrenzungsparadigma steht die gegenwärtige Erfahrung, dass sich tradierte Grenzen und voneinander getrennte Lebensbereiche, wie sie sich in der industriekapitalistischen Arbeitsgesellschaft herausgebildet haben, auflösen, vermischen und neu mit- und zueinander ins Verhältnis setzen. Mit der Entgrenzung von Leben und Arbeit diffundieren gleichzeitig die Handlungsrationalitäten, die bisher auf den Arbeitsbereich festgeschrieben waren, in andere Lebensbereiche hinein (Verarbeitlichung des Alltags) und umgekehrt zurück (Veralltäglichung der Arbeit) und beginnen, die Handlungen der Menschen und die damit zusammenhängenden Räume zu strukturieren. Die Umbruchs- und Entgrenzungstendenzen führen auch dazu, dass sich die traditionellen Lebensalter als subjektiv überholt und nicht mehr verlässlich erweisen (Tendenz der sozialen Nivellierung und Relativierung der Lebensalter). Andererseits verweist die strukturelle Erkenntnis darauf, dass es weiterhin Sinn macht, wie bisher mit den überkommenen Lebensaltern zu operieren und gleichzeitig den Blick für ihre biographische Relativierung offen zu halten (vgl. Böhnisch 2001). Die gegenwärtige und zukünftige Beschäftigung mit der Mensch-Umwelt-Dynamik im Sozialisations- und Entwicklungsprozess muss sich diesen Spannungsverhältnissen und Ambivalenzen in produktiver Weise stellen. Dies gelingt, indem die biographischen Gestaltungsprozesse, also das Ausleben von Raum als Sozialisationspraxis, ins Zentrum des Interesses gerückt werden, wie dies aktuelle Raum-Diskussionen herausstreichen (vgl. stellvertretend Albrow 1998; Pries 2010).

Kinderperspektive und die „neue Kinderforschung"
Betrachtet man den aktuellen Stand der Forschung mit und über Kinder, so lassen sich mittlerweile eine breite Diskussion und viele Forschungsergebnisse aus der Kinderperspektive bzw. Kindheitsforschung ausmachen. Ein zentrales Problem schien dabei die Frage der „Eigenart und Fremdheit" aus der Differenz von Kindern und Erwachsenen (Differenzierungsproblem) zu sein (Honig/Lange/Leu 1999). Aus dem Differenzierungsproblem – d.h. der Frage, ob und falls ja, wie erwachsene Forscherinnen und Forscher die Welt und das Erleben von Kindern erforschen können (vgl. Honig/Leu/Nissen 1996b; Honig/Lange/Leu 1999) – ging die Installation und Begründung einer so genannten „neuen Kindheitsforschung" (Hengst/Kelle 2003b) hervor, die sich als „Soziologie der Kindheit" definierte (Schweizer 2007). Diese „neue Kindheitsforschung" sah „Kinder als Akteurinnen und Akteure" und versuchte das Verhältnis von Erwachsenen und Kind innovativ zu bestimmen (Hengst/Kelle 2003b). Zentrale

Fragen einer Forschung *aus der Perspektive der Kinder* waren demnach, wie Kinder in Forschungssituationen gebührend zu Wort kommen und „ob ihre Sichtweisen von erwachsenen Forscherinnen und Forschern verstanden werden" (Heinzel 2010, S. 707). Diese Diskussion wird aktuell hinsichtlich ihrer forschungsmethodischen Konsequenzen scharf kritisiert (Bock 2010a; b). „Bestätigt diese Diskussion doch einmal mehr, dass eine Forschung ‚vom Kinde aus' quasi unmöglich sei und ‚die Perspektive von Kindern' empirisch kaum einzunehmen sei" (Bock 2010a, S. 85).

Dieser eher kritischen Perspektive wird entgegnet, dass eine auf rein theoretischen Überlegungen aufbauende Annahme über Kindheit und Kinderleben „kaum Auskunft darüber geben (kann), wie sich Kinder durch ihren Alltag bewegen, welche Probleme und Fragen sie zu bewältigen, wie sie mit Erwachsenen und mit den alltäglichen Praktiken professioneller PädagogInnen umgehen" (ebd., S. 86).

Will man diesen Fragen auf den Grund gehen – wie dies im vorliegenden Forschungsprojekt angedacht war – ist bei allen methodischen Schwierigkeiten eine Forschung aus der Perspektive der Kinder notwendig (zu den konkreten methodischen Überlegungen siehe Kapitel 3). Der im Folgenden vertretene Zugang lehnt sich an eine alltags-, lebensweltlich und biographisch orientierte Kindheitsforschung an und reiht sich somit in eine „Forschung mit Kindern über ihre Kindheit"[8] ein (Bock 2010b, S. 29ff.). Das verfolgte Erkenntnisinteresse der Entschlüsselung der Bedeutung von Quartier und Schule für Kinder greift den entsprechenden Fokus auf, der sich „auf die alltägliche Lebensführung, auf die konkreten Aufwachs- und Lebensbedingungen, auf die biographischen Prozesse und auf die Organisation des Kinderalltags aus der Sicht der Kinder und/oder ihren Familie(n)" richtet (ebd., S. 33). In dieser Perspektive stehen Kinder als „Subjekte sozial- und erziehungswissenschaftlicher Forschung" im Zentrum (ebd.).

Aktuelle Ansätze zur Kind-Raum-Dynamik, wie bspw. „sozialökologische Ansätze" (Engelbert/Herlth 2010) setzen am Subjektverständnis der „neuen Kindheitsforschung" an (Fuhrer/Quaiser-Pohl 1997) und streichen die Wichtigkeit der „Raumwirkung" (d.h. der Einfluss der physisch-materiellen Welt auf die Handlungen von Kindern) *und* der „kindlichen Eigentätigkeit" d.h. der

---

8 In ihrer jüngst erschienenen Studie „Kinderalltag – Kinderwelten" gelang es Karin Bock den großen Themenkreis zu Kind/Kindern, Kindschaft, Kindsein, Kindheit und Kinderwelten nachvollziehbar zu systematisieren. In der Folge orientiert sich die vorliegende Publikation an dieser Systematisierung (siehe Bock 2010b, S. 15ff.). Neben den Forschungen mit Kindern über ihre Kindheit unterscheidet Bock die Forschungen über Kinder während ihrer Kindheit (d.h. eine entwicklungs- und sozialisationstheoretische Perspektive) sowie die Kinderforschung für Kinderrechte und Partizipation (d.h. im Sinne einer Soziologie der Kindheit) (ebd., S. 29).

gleichzeitig „sinnhaft strukturierten und damit sozial überformten Raumwahrnehmung und Raumnutzung" hervor (Engelbert/Herlth 2010, S. 115). Damit vermögen sie eine Perspektive aufzugreifen, welche Kinder als „Akteure und Subjekte ihrer je eigenen Lebenswelt" (Bamler/Werner/Wustmann 2010, S. 129) konstituiert. Gleichzeitig bleiben jedoch auch aus dieser Perspektive gesellschaftliche Umbruchs- und Veränderungstendenzen ebenso unthematisiert, wie die Veränderungen der Raumwahrnehmung und Raumnutzung von Kindern.

Biographische Raumgestaltung und ermöglichende (pädagogische) Kontexte
Unter entgrenzten Bedingungen geraten die biographischen Gestaltungsprozesse jenseits institutionalisierter Lebensläufe zunehmend ins Zentrum der Aufmerksamkeit sozialräumlicher Sozialisationsforschung. Exemplarisch lässt sich für die Jugend zeigen, dass überkommene, an Jugend als pädagogisch gestaltetem Moratorium festhaltende Konzepte die biographischen Bewältigungsformen und die sozialemotionalen Bildungsaufgaben dieser Lebensphase in der Unsichtbarkeit versinken lassen. Jugendliche sind damit vermehrt auf sich selbst zurückgeworfen (Reutlinger 2003). Erst das erneute Verständnis der Menschen in ihrem lebensweltlichen Kontext kann Aufschluss über die Gestaltungsprozesse sozialer Praxen geben. Gerade hier hat eine sozialräumlich orientierte Perspektive einen besonders geeigneten Zugang, denn sie vermag an den biographischen Lebensgestaltungsprozessen der Menschen anzusetzen und deren Potentiale aufzuschließen, an denen beispielsweise unterstützende (pädagogische) Angebotsstrukturen anknüpfen können. Für Kinder bedeutet dieser Zugang zu biographischer Raumgestaltung beispielsweise, dass sie sich ihre soziale und physisch-materielle Umwelt weiterhin erschließen und aneignen. Aneignung läuft heute jedoch nicht länger gesellschaftlich abgeschottet in der Gleichaltrigenkultur, sondern trifft immer auch und gleichzeitig auf veränderte gesellschaftlich vermittelte Gegenstandsbedeutungen (vgl. Leontjew 1973). Damit wird unter entgrenzten Bedingungen das bisherige Kindheits-Raum-Verhältnis hinterfragt: Die neue Vielfalt westlicher Gesellschaften (hinsichtlich sozialer, kultureller und ethnischer Herkunft, Geschlecht, Alter, Religion, Behinderung, sexueller Orientierung, aber auch sozialem Status, Bildung u.v.m.) (vgl. Essed 1996) führt zu einer Vielzahl überlappender und fließender Formen von Zugehörigkeiten und damit zu unterschiedlichsten Räumlichkeiten. Aus pädagogischer Perspektive ist der Frage nachzugehen, wie aus der kulturellen und sozialen Vielfalt heraus sozialräumliche Angebote für Kinder zu gestalten sind (im Sinne einer diversitätsorientierten Kinder- und Jugendarbeit bzw. -politik) (vgl. Stuber 2004), damit allen Mädchen und Jungen die

gleichen Orte zugestanden werden können und sie den gleichberechtigten Zutritt zu allen Erfahrungsräumen (öffentlich wie privat) haben.

Für tendenziell alle Menschen konkrete Räume zur Verfügung zu stellen, aber auch symbolische Räume in der Politik und Gesellschaft zu öffnen, bedeutet heute, gemeinsam mit den Beteiligten adäquate ermöglichende Kontexte zu konstituieren, die an den Bewältigungs- und Gestaltungsleistungen anknüpfen und die system- und sozialintegrativen Ebenen erneut vermitteln (vgl. Reutlinger 2006). Damit wird eine ermöglichende pädagogische Perspektive vertreten, welche die Menschen nicht auf eine Klientensicht von etablierten Institutionen sozialer Unterstützung reduziert. Vielmehr steht das sinnhafte Agieren im komplexen Wechselspiel von Struktur und Handeln, Stärken und Ressourcen, Begrenzungen und Behinderungen auf der Ebene des individuellen Handelns sowie auf struktureller Ebene im Hinblick auf die Gestaltung und Bewältigung in Richtung einer sozialen Entwicklungsperspektive im Vordergrund. Im Zentrum steht dann der Mensch mit seinen Handlungskompetenzen und Handlungsoptionen. Er wird als sinnhaft handelndes Wesen im Kontext seiner soziokulturellen und sozialräumlichen Lebensumwelten und biographischen Lebenssituationen begriffen. Das Ziel liegt in der Herausbildung einer Bewusstheit sozialer Zusammenhänge, die eine eigene soziale Entwicklung und eigenständige Wege der Bedürfnisbefriedigung zu ermöglichen vermag.

2   Quartier und Schule –
Forschungsstand und -lücke

Der Zusammenhang von Schule und Quartier wird in den aktuellen wissenschaftlichen Diskussionen aus verschiedenen Blickwinkeln, wie beispielsweise der Schulentwicklungs- und Bildungsdebatte, der Migrations- und Integrationsdebatte, der Stadtentwicklung oder aus gewissen Feldern der Sozialen Arbeit fokussiert. Schule, und hier meistens die Grund- oder Primarschule, gilt dabei gemeinhin als zentrale lokale Akteurin im Stadtteil. Über die Einbindung von Schule sollen und können Quartierentwicklungsprozesse, insbesondere in als sozial-benachteiligt markierten Gebieten, vorangetrieben werden. Über diese Einbindung werden zusätzliche Ressourcen mobilisiert und die dabei entstehenden Prozesse haben einen integrierenden Effekt insbesondere für benachteiligte Kinder und Jugendliche (und hier speziell für solche mit Migrationshintergrund). Die zentralen Argumentationslinien der unterschiedlichen Diskussionen werden im Folgenden zusammenfassend aufgearbeitet. Neben dem aktuellen Diskussionsstand sollen in dieser Aufarbeitung mögliche Anschlussstellen mit dem Ziel benannt werden, die im vorliegenden Band vertretene kindzentrierte Perspektive auf Sozialraum Schule im Kontext von Quartierentwicklung darzulegen.

2.1   Der Bildungsraum Schule als Spiegel des sozialen Miteinanders im städtischen Quartier – Argumentationslinien in der Schul- und Bildungsdebatte

„An der Gestaltung der lokalen Schullandschaft lässt sich erkennen, welche Vorstellungen zum sozialen Miteinander im gemeinsam bewohnten Stadtraum entwickelt, wie diese in der Ausgestaltung der Schulen umgesetzt werden und welche Probleme sich dabei zeigen" (Schroeder 2002b, S. 113).

Ein wichtiger Strang der aktuellen Schul- und Bildungsdebatte[1] geht davon aus, dass Schule in der bisher bekannten Form aufgrund aktueller gesellschaftlicher Herausforderungen, wie bspw. veränderte Bedingungen des Aufwachsens, die

---

1   In der aktuellen schweizerischen Schulentwicklungsdebatte wird das Unterrichts- und Schulmanagement sowie die Prozessoptimierung und Qualitätskontrolle innerhalb der Schule in den Vordergrund gerückt (vgl. stellvertretend Schweizerische Konferenz der kantonalen Erziehungsdirektoren (EDK) 2004).

damit zusammenhängenden wachsenden Schulschwierigkeiten von Kindern und Jugendlichen bzw. die drohenden sozialen Desintegrationsprozesse, ihrer *Integrationsfunktion* (siehe Fend 1981; 2006) nicht mehr automatisch nachkommen kann. Empirische Studien zeigen, dass das regionale Umfeld, insbesondere der Stadtteil, in dem Schule lokalisiert ist, „und die institutionellen Bezüge der Schule zum Stadtteil" eine entscheidende Rolle für die Entwicklung der jeweiligen Schule spielen (Mack/Raab/Rademacker 2003, S. 51).

Deshalb muss sich Schule verändern. Diese auch von außen an Schule herangetragene Forderung kumuliert im Zweifel daran, ob die Institution Schule „Bildung alleine schafft", wie das Motto des 12. Kinder- und Jugendberichts von 2005 dies pointierte. Die Institution Schule sieht sich gezwungen, sich zu öffnen, die verschiedenen Bildungsorte und Lernwelten von Kindern und Jugendlichen zur Kenntnis zu nehmen, diese miteinander zu verknüpfen bzw. die unterschiedlichen Welten des Lebens und Lernens miteinander zu verzahnen. Neue Formen der Kooperation sollen mit dem Ziel des „Aufbaus einer kommunalen Bildungslandschaft als Infrastruktur für Kinder und Jugendliche, die getragen wird von Leistungen und Einrichtungen der Schule" sozialräumlich mit anderen Institutionen im Stadtteil ausgestaltet und in kommunaler Verantwortung organisiert werden (BMFSFJ 2005, S. 42). Von Bildungslandschaften wird gesprochen, wenn bildungspolitisch gestaltete Arrangements von Bildungsinstitutionen in konkreten physisch-materiellen räumlichen Gebilden gemeint sind (in Anlehnung an Braun 1997). Konkret wird mit einer Bildungslandschaft die vernetzte Tätigkeit aller Bildungsakteurinnen und -akteure – d.h. sowohl außerschulische als auch schulische – *eines Stadtteils, einer Kommune* oder *einer Region* fokussiert (siehe kritisch Reutlinger 2009b). Eine lokale, kommunale oder regionale Bildungs*landschaft* nimmt dazu die Kooperation verschiedener Bildungs*orte* unter Wahrung ihrer Eigenständigkeit in den Blick und will die Synergieeffekte der neuen Durchlässigkeit hinsichtlich Steuerung oder Finanzierung nutzen (Coelen/Oelerich/Prüß 2008, S. 377).

> „Bildungslandschaften entstehen und basieren auf der Kooperation von Institutionen und Initiativen aus den Bereichen Bildung, Jugend, Soziales, Wirtschaft, Kultur, Gesundheit, Sport, unter Einbezug gesellschaftlicher Gruppen und Verbände, Gewerkschaften, Kirchen und Vereine; sie alle sind am Aufbau und an der Gestaltung von Bildungslandschaften beteiligt" (Mack 2008, S. 742).

In einer solchen Bildungslandschaft würde die Schule nicht mehr über das Bildungsmonopol verfügen, sondern es stände viel mehr die Verzahnung und Vernetzung formaler, non-formaler und informeller Lernorte und Bildungsangebote im Vordergrund. In internationalen Erfahrungen der so genannten „città educativa" oder „Ciudad educatora", dem Konzept der „erziehenden Stadt", werden solche Überlegungen umgesetzt (vgl. bspw. Guerra 1997). Hingegen

scheint in der deutschsprachigen Diskussion die Schule weiterhin eine do-
minierende Rolle einzunehmen (Bleckmann/Durdel 2009), da hauptsächlich
steuerungsrelevante Fragen im Vordergrund stehen. Fragen zu veränderten
lebensweltlichen Bewältigungsherausforderungen (wie bspw. im Zusammenhang mit Benachteiligung und Armut) stehen ebenso wenig zur Disposition
wie die grundsätzliche Hinterfragung der Landschafts- bzw. Raumkonzepti-
onen (vgl. Rahn/Reutlinger/Sommer/Schöne 2010; Lingg/Reutlinger/Fritsche
2010).

Durch die Öffnungsdiskussion werden Schulentwicklungsmodelle wieder aktuell, die die Integrationsfunktion schon immer stärker gewichtet haben, sich selbst als Teil der Lebenswelt von Kindern und Jugendlichen sahen
und deshalb das unmittelbare und mittelbare soziale Umfeld der Schule, d.h.
das *Außen*, zum Ausgangspunkt von Schulentwicklungsprozessen machten.
Aus dieser Tradition, deren Wurzeln sich bis zu reformpädagogischen Ansätzen nachzeichnen lassen, gibt es mittlerweile eine Vielzahl von theoretischen
Konzeptionen und praktischen Umsetzungsprojekten, wie beispielsweise die
Konzepte der Stadtteil- oder Gemeinwesenschule (Herzberg 1974; Wittmann
1990), der community-education (Göhlich 1997; Buhren 2000), der Nachbarschaftsschule (Zimmer/Niggemeyer 1986), der Schule in sozialen Brennpunkten (Arbeitsstelle Bildungsforschung Primarstufe an der HdK 2001), der
Straßenschule (von Dücker 2001), der Schule am Bahnhof oder das Modell der
„Stadt-als-Schule" (vgl. bspw. Böhm 1987), bei welcher Schule sich in ihrer
bisherigen Form gänzlich auflöst.

Gleichzeitig wird das Paradigma der „Öffnung der Schule" zum städtischen Umfeld kritisch hinterfragt, da es einerseits (zu) konsensfähig sei, d.h.
dass eigentlich niemand gegen dieses Paradigma ist (Rösner/Rolff 1991). Andererseits belegen Untersuchungen dazu, dass sich Schulen immer denselben
außerschulischen Bezügen öffnen und dass die Öffnung immer in starrer schul-
formspezifischer Weise erfolgt (vgl. Schroeder 1999, Friedemann/Schroeder
2000). Je nach Bildungsverlauf werden spezifische „vorgespurte Zugangswege
zum Umfeld eröffnet – der Bildungsraum wird schulformspezifisch geteilt"
(Schroeder 2002a, S. 321). In Abgrenzung dazu wird deshalb für eine „raumbezogene Schulentwicklung" plädiert, bei welcher Schulentwicklung „jenseits
der engen Grenzen einer Stadtteilschule [angesiedelt ist], weil es für die Kinder
und Jugendlichen im Stadtteil allein nicht weitergeht: die Schulentwicklung
aber diesseits einer Schullandschaft verortet, die zerteilt und kaum mehr über-
blickbar ist" (ebd., S. 309).

Schulentwicklung wird aus dieser Perspektive als Bestandteil der Konstitution von Bildungsräumen verstanden. „Schule entsteht erst in der Konstruktion
eines ‚eigenen' Bildungsraumes" (Mack/Schroeder 2005, S. 337). Der lokale

Bildungsraum wird weiterhin vorherrschend verstanden als der durch das lokale Schulsystem hervorgebrachte und markierte Raum, „nicht aber als derjenige, der durch eine konsequente Verzahnung und Vernetzung formaler, nonformaler und informeller Lernorte und Bildungsangebote erzeugt wird (…). Eine Schulentwicklung, die zum Abbau sozialräumlicher Bildungsbarrieren beitragen will, hat am ehesten Chancen, wenn sie auf lokale Strukturreform zielt, wenn sie die Gestaltung von Schulen als Teil der Gestaltung weiträumiger Bildungslandschaften fasst, wenn sie sich systematisch in die Stadtentwicklung einbringt und auf diese bezogen verläuft" (Schroeder 2002a, S. 323 und 333).

Quintessenz: Zusammenfassend bedeutet dies, dass bisher entweder die Binnenstruktur von Schule angeschaut und im Sinne einer *Black Box* gefragt wurde, wo intern die Veränderungen stattfinden sollten[2], oder aber von außen die Forderung stark wurde, was Schule angesichts der veränderten gesellschaftlichen Bedingungen alles können müsste oder sollte. Aus beiden Perspektiven der Schulentwicklungsdiskussion wird davon ausgegangen, dass dieser *Raum* (diskutiert als Bildungsort, Erfahrungsraum oder Lernraum) für alle Schülerinnen und Schüler zentral ist, da darüber die Selektion und letztlich auch die Integration stattfindet. Wie Schule ihre Integrationsaufgabe bewältigen soll, wird je nach Standpunkt unterschiedlich diskutiert. Gemeinsam scheinen die Notwendigkeit zur Öffnung, der Raumbezug (Stadtteilbezug) sowie die Einsicht zur vernetzten Kooperation mit anderen Einrichtungen und Institutionen (im Stadtteil, siehe bspw. Alheit/Dausien 2010, S. 720). Für eine *gute Schule* scheint deshalb der „enge Bezug zum Lernen an realen Gegebenheiten im Stadtteil und die Öffnung der Schule als zentraler Ort für den Stadtteil" unabdingbar (Hildeschmidt/Schnell 1998, S. 134).

Hier tangiert die Diskussion Felder der Sozialen Arbeit wie beispielsweise der offenen Kinder- und Jugendarbeit oder Schulsozialarbeit (vgl. Reutlinger/ Sommer 2010). In diesen scheint im gesamten deutschsprachigen Diskurs parallel zur aufgezeigten Tendenz der Öffnung von Schule ein Wandel in den Handlungskonzeptionen von einer eher klientenzentrierten hin zu einer raumorientierten Arbeit mit der Schule und ihrem Umfeld stattgefunden zu haben (Drilling 2004b; Deinet 2005c). „Schulsozialarbeit ist oft für die jeweilige

---

2 Mit dem Blick in das Mikrosystem Schule soll die Qualität der einzelnen Schule beispielsweise durch Maßnahmen der Organisationsentwicklung, durch Verbesserung des Schulklimas und der Lehrer-Schüler-Interaktion, durch kollegiumsbezogene Fortbildungsangebote, durch die schulinterne Festlegung von Bildungszielen, von curricularen Schwerpunkten und pädagogischen Intentionen in Schulprogrammen etc. verbessert werden (vgl. bspw. Fauser 1989; Bastian 1997; Seibert 1997).

Schule so etwas wie ein Scharnier zu den Institutionen im Stadtteil und denen der sozialen Arbeit" (Deinet 2006, S. 103ff). Damit werden aus diesen Bereichen der Sozialen Arbeit Forderungen nach stärkerer Kooperation von Schule und Stadtteil lauter (Projektgruppe Schulsozialarbeit 1986; Richter 1998; Deinet 2001; Deinet/Icking 2006a). In der Kooperation von Schule und Jugendhilfe liegt dann eine große Chance, „wenn diese nicht als Notlösung wegen knapper Ressourcen betrachtet wird, sondern wenn sich beide Systeme auf eine gemeinsame Rahmung verständigen" (Deinet/Icking 2006b, S. 7). Dies ist in der Praxis jedoch nicht immer der Fall, denn oftmals steht die Kooperationsbeziehung der Institutionen Schule und Jugendhilfe im Stadtteil unter dem Vorzeichen der Konkurrenz. So besteht die Gefahr, dass beispielsweise Kinder- und Jugendarbeit im Rahmen der Diskussion um Ganztagsbildung sich der Schule bzw. der Schullogik zu stark unterordnet. Dagegen wird im vorliegenden Ansatz eine Perspektive stark gemacht, die von den Lebenswelten von Kindern und Jugendlichen, von ihrer Aneignungstätigkeit ausgeht (Deinet/ Reutlinger 2004; Deinet/Icking 2005), wie dies beispielsweise Ansätze einer „sozialräumlichen Jugendarbeit" (Deinet 2005a) bzw. der „kommunalen Jugendbildung" (Coelen 2002) aus dem Feld der so genannten „Kommunalpädagogik" (vgl. Richter 2001, Peters/Coelen/Mohr 2003) tun. Die Einrichtungen der Jugendarbeit haben – so besagen Forschungsergebnisse (vgl. bspw. Coelen 2002) – einen wichtigen Anteil an der Identitätsbildung von Kindern und Jugendlichen. Deshalb ist der Frage nachzugehen, „inwiefern die raumbezogene Identitätsbildung Jugendlicher durch eine nach Institutionen ausdifferenzierte, stadtteilorientierte Pädagogik aufgenommen und befördert werden könnte, so dass Schule und Jugendarbeit gleichberechtigt nebeneinander – und möglicherweise miteinander – in einer kommunalen Öffentlichkeit bestehen können" (Coelen 2002, S. 54).

Für den Zusammenhang von Quartier und Schule ist hervorzuheben, dass in den Schul- bzw. Bildungsdebatten auf einer abstrakten und eher programmatischen Ebene argumentiert wird. Die professionellen AkteurInnen aus dem Schul-, Bildungs- und Jugendhilfebereich überspringen quasi die voranzustellende Frage, die es zu stellen gilt, bevor sinnvoll gehandelt werden kann: Was bedeutet in einem konkreten territorial begriffenen Kontext Schule als System und als lokaler Ort überhaupt? Wie stellt sich dieser Bedeutungszusammenhang in territorialen und damit lokalen Kontexten her und wie lässt er sich theoretisch begreifen und empirisch rekonstruieren? Welche Bedeutung haben Schule und auch andere Orte im Quartier im Sinne von Lern- und Bildungsorten für Kinder und in welchem Verhältnis stehen diese unterschiedlichen Orte zueinander?

Hier setzt das vorliegende Forschungsprojekt an, indem aus der Kinderperspektive der Bedeutungszusammenhang von Schule rekonstruiert werden soll.

2.2 Schule als Abbild des Quartiers – Argumentationslinien in der Stadtentwicklungsdebatte

„Alle Defizite und Probleme der sozialen Strukturen des Stadtteils spiegeln sich im Kindergarten und in der Schule wider" (Gerhard 2000, S. 277).

Segregation und Homogenisierung
Aktuelle stadtsoziologische Debatten problematisieren die seit einigen Jahren in verstärktem Maße wirkende sozialräumliche Polarisierung der städtischen Bevölkerung (im Sinne der Herausbildung so genannter „gespaltener Städte") (Dangschat 1999). Motor dieser Spaltungsprozesse, die ihren sichtbaren Ausdruck in der Herausbildung so genannter benachteiligter städtischer Gebiete zur Folgen haben, scheinen Entmischungsprozesse (räumliche Segregation) zu sein.

„Seit etwa einem Jahrzehnt werden zunehmend Prozesse der Desintegration in den Großstädten beschrieben, wobei inzwischen besonders die räumliche Segregation der Benachteiligten in den Vordergrund tritt. Sie werden abgedrängt in Quartiere, in denen Verwahrlosung, Gewalt und Vandalismus an der Tagesordnung sind. In den Medien ist immer häufiger die Diagnose zu lesen oder zu hören, dass die multikulturellen Stadtteile Orte eines sozialen Desasters seien. Sie sind die Sammelplätze der „Verlierer des Wandels, die entweder aus dem Arbeitsmarkt verdrängt wurden oder nie Zugang zu ihm gewonnen haben." Der Prozess sozialer Segregation zeigt, „wie soziale Ungleichheit sich – wenn es keine sozialstaatliche Intervention gibt – umsetzt in sozialräumliche Segregation, die zu sich selbst verstärkenden Prozessen sozialer Selektion führt, an deren Ende Quartiere stehen, die von einer kumulativen Abwärtsentwicklung betroffen sind: Mit jeder Stufe der Verschärfung der sozialen Probleme verlassen diejenigen Haushalte, die noch über Wahlmöglichkeiten verfügen, die Quartiere, womit dann die Konzentration und Dichte sozialer Problemlagen weiter zunimmt." (Häußermann 2001, S. 38 und S. 41)

Während Eltern aus der Mittelschicht alles daran setzen möglichst noch vor dem Beginn der obligatorischen Schulzeit solch problematische Quartiere zu verlassen, scheinen Angehörige ethnischer Minderheiten vermehrt diejenigen zu sein, „die sich mit der ‚Restschule' im Stadtteil zufrieden geben" müssen (Gomolla 2005, S. 35). Die „soziale Entmischung der Schule" (Schümer 2004, S. 105) scheint für immer mehr Menschen zu einer „Verringerung der sozialen Ressourcen für den Bildungserwerb" (Solga/Wagner 2001, S. 123) zu führen. Das daraus resultierende Bild scheint nicht nur das einer gespaltenen Stadt, sondern auch einer gespaltenen Schullandschaft zu sein:

„Schulen mit einem hohen Ausländeranteil und einer hohen Arbeitslosigkeit der Eltern stehen anderen Schulen gegenüber, deren Schüler ausschließlich das Leben in einem Villenvorort kennen" (Furck 1998, S. 287),

Stadtentwicklungspolitiken
Der Trend bundesdeutscher Stadtentwicklungsdebatten[3] der letzten 20 Jahre verdeutlicht, dass eine zunehmend übergreifende Sichtweise auf die einzelnen Handlungsbereiche in der (kommunalen) Verwaltung propagiert wird. Nicht nur Programme auf Bundesebene wie bspw. das Bund-Länder-Programm

---

3   Anders als in Deutschland mit dem Bund-Länder-Programm „Stadtteile mit besonderem Entwicklungsbedarf" (kurz: die Soziale Stadt) oder in Frankreich mit der „Politique de la ville" (Frey 2007) findet man in der Schweiz keine systematische Programmförderung im Bereich Sozialer Stadt bzw. Stadtentwicklung und keine darauf bezogene Forschung. Die quartiersbezogenen Initiativen und die vereinzelten Erfahrungen sozialer Stadtentwicklung sind in der Schweiz meistens wenig miteinander vernetzt, haben in der Regel einen kommunalen, manchmal regionalen oder kantonalen Bezug und sind wissenschaftlich wenig erforscht. Dennoch findet man einige Ausnahmen, wie die im Rahmen von der DORE-Förderung des Schweizerischen Nationalfonds durchgeführten Projekte (vgl. Sommerfeld 2000, 2002), Qualifikationsarbeiten (Drilling 2002, 2004a), lokalen Forschungsprojekten (Stienen 2006) oder im Kontext thematisch quer liegender Programme durchgeführten Studien (wie bspw. das im Rahmen des Nationalen Forschungsprogramms 54 „Nachhaltige Siedlungs- und Infrastrukturentwicklung" durchgeführte Projekt zum „Sozialen Kapital" (siehe Drilling 2006). Auch aus Forschungszusammenhängen, die sich auf den ersten Blick nicht explizit auf Stadtentwicklungsfragen beziehen, wie bspw. der Jugendgewalt und Gewaltforschung (siehe bspw. Eisner 1997), lassen sich Bezüge herauslesen: So ist Jugendgewalt mit dem Ausmaß sozialer Benachteiligung, ethnischer Heterogenität und Fluktuation der Wohnbevölkerung verknüpft (siehe Eisner u.a. 2006) und wird in „unterprivilegierten städtischen Quartieren" verortet. Diese Quartiere werden als (Mit)Verursacher von Gewalt beschrieben:
„Der Einfluss des nahen Umfelds auf die Entwicklung eines Kindes ist unbestritten. Die Zuweisung des Raums, die Merkmale des Quartiers und die nachbarschaftlichen Beziehungen sind deshalb aus Präventionssicht von Interesse. Die Umgebung scheint vor allem im Sinne einer Verstärkung anderer, bereits vorhandener individueller und familiärer Risiken zu wirken" (EDI 2009, S. 51).
Gewaltprävention ist deshalb in solch unterprivilegierten städtischen Quartieren, in denen die erwähnten Faktoren zusammenkommen, multizentrisch und nachbarschaftsbasiert zu organisieren, wie dies internationale Ansätze bspw. der „Communities that Care" zeigen (vgl. bspw. Jonkman/Vergeer 2007).
Zum Thema Schule und Stadt bzw. dem Wechselverhältnis von Schule und (benachteiligtem) Stadtteil gibt es bislang keine Untersuchungen. Jedoch zeigen aktuell in der Stadt- und Bildungspolitik gestellte Fragen wie „welche Räume sind für individuelles Lernen, welche für klassenübergreifende Projekte geeignet? (....) Wie kann sich die Schule für die Bedürfnisse des Stadtteils öffnen?" (vgl. Hochbaudepartement der Stadt Zürich 2004) oder wie sieht das Schulhaus (als „Hülle für die Lernorte von morgen") aus? „Welche vielfältigen Ansprüche sollte es erfüllen, sofern überhaupt noch Schulhäuser gebaut werden sollen und diese nicht in Quartierzentren integriert werden oder künftiges Lernen ohnehin in dezentralen Arrangements ortsungebunden organisiert wird?" (EDK 2006, S. 5) einen ähnlichen Trend auf, wie die deutschen stadtsoziologischen Debatten der letzten Jahre.

„Soziale Stadt", auch verschiedene kleinere Pilotprojekte, wie stellvertretend „Stadtteil und Schule", zielen auf eine „Zusammenführung von Institutionen und Personen im Stadtteil", um gemeinsame Themen wie bspw. Gewalt bei Kindern und Jugendlichen anzugehen (vgl. Mutzeck 2009).

Stadtpolitik sieht sich so bspw. nicht mehr nur zuständig für die äußeren Angelegenheiten der Schule wie Schulbau, materielle Ausstattung, Abwarts- bzw. Hausmeistersystem oder Verwaltung, sondern immer mehr auch für interne Aspekte, sprich: die Qualität der jeweiligen Schule. Schule wird als Teil städtischer Infrastruktur und Öffentlichkeit entdeckt und deshalb ist sie standortpolitisch bzw. strategisch für eine breitere Zielgruppe als Schülerinnen und Schüler, d.h. für die jeweilige Quartierbevölkerung, aufzuschließen und nutzbar zu machen. Die enger werdenden und sich verändernden Rahmenbedingungen (finanzielle Engpässe, Neuorganisation der Verwaltung etc.) zwingen die Kommunen ebenso dazu neue Konzepte zu suchen, wie die mit der Diagnose einer „Krise der Städte" (Heitmeyer/Dollase/Backes 1998) zusammenhängenden strukturellen Veränderungen (sozialräumliche Segregation, ethnische Konflikte oder nachlassende Konflikt- und Kommunikationslösungspotentiale). Der damit verbundene Umbau der Stadtpolitik, der Verwaltung und der Finanzen wird als Chance interpretiert, „vorhandene Ressourcen *anders*, besser zu nutzen" (Steffen 1994, S. 11). In diesem Zusammenhang gewinnt Schule als städtische Infrastruktur, als Ort der Begegnung und Kommunikation von Menschen unterschiedlicher sozialer Lage und ethnischer Herkunft, von jungen und alten Menschen (vgl. Feldtkeller 2001) für den jeweiligen Stadtteil an Bedeutung.

> „Ein attraktiver Stadtteil braucht attraktive Schulen. Die Schulen sollten Stadtteilschulen sein, das Quartier mit seinem vielfältigen sozialen, kulturellen und wirtschaftlichen Leben als Lernort verstehen und zugleich den Aktivitäten des Stadtteils Raum geben" (Steffen 1994, S. 12).

In der programmatischen gesellschafts- und stadtpolitischen Diskussion, wie beispielsweise im Kontext von „Soziale Stadt", wird den Schulen eine entscheidende Rolle im Rahmen von Quartierentwicklungsprozessen zugeschrieben: Schulen werden als Schlüsselinstitutionen im gebietsbezogenen institutionellen Kooperationsgefüge gesehen und mit Programmen der sozialen Stadtentwicklung gilt es, die Schulen einzubinden und zum Quartier hin zu öffnen. Schulen sind nach den Vorstellungen des Programms „Potenzial für interkulturellen Austausch, für Begegnung, soziales und kulturelles ‚Lernen' der Kinder und ihrer Eltern, für Integration" (Beer/Musch 2002, S. 71). Sie gelten als „Institutionen, mit denen eine soziale Isolierung von Kindern und Jugendlichen in eher demotivierenden Armutsmilieus durchbrochen werden kann"

(Meyer/Schuleri-Hartje 2003, S. 6). Empirische Untersuchungen im Rahmen der wissenschaftlichen Programmbegleitung der „Sozialen Stadt" stützen diese Einschätzung: Schulen müssen in den lokalen Kooperationskontext eingebunden werden (vgl. Böhme et al. 2003; Olejniczak/Schaarschmidt 2005). Diese Programmatik spiegelt sich auch im bundesdeutschen Jugendhilfeprogramm „Entwicklung und Chancen junger Menschen in sozialen Brennpunkten" (kurz E&C), dem Partnerprogramm von „Soziale Stadt", wider, bei welchem die gleichen „Stadtteile" (Territorien, Quartiere, Straßenzüge oder Wohnareale) in den Blick genommen werden. Schulen sind, so die Ergebnisse aus diesem Kontext, wichtige Kooperationspartner der Jugendhilfe und stellen somit eine bisher vernachlässigte Ressource in den „Sozialen Brennpunkten" dar (vgl. Projektgruppe „Netzwerke im Stadtteil 2005, S. 44). Schulen sollen deshalb über den eigentlichen Bildungsauftrag hinaus weitreichende soziale und kulturelle Aufgaben im Stadtteil wahrnehmen. Sie werden damit zu „Bildungsorten" (Regiestelle E&C 2005; Lohre 2005) und bieten „integrierte Bildungsangebote im Stadtteil" an (vgl. Gogolin 2005; Deinet 2005b oder Bartscher 2005). Mit dieser neuen Aufgabe werden Schulen aus stadtentwicklungspolitischer Sicht zu Stadtteil- und Bildungszentren im Wohnquartier. In diesen Zentren ist, dem Modell der Zukunftsschulen folgend, das Quartiermanagement (Franke/Grimm 2001) verortet, „da viele Aktivitäten durch die räumlichen Voraussetzungen in der Einrichtung stattfinden können und gleichzeitig ein fließender Übergang zwischen Wohnquartier und Zukunftsschule gestaltet werden kann" (Grimm 2005).

Quintessenz: Während Schule in der Stadtentwicklungsdiskussion lange Zeit keine Rolle gespielt hat und parallel zur Schulentwicklungsdiskussion ablief, wird heute darauf vertraut, dass die Schule weitreichende Integrationsaufgaben im Stadtteil erfüllen kann. Bisher bewegt sich die aufgezeigte Diskussion jedoch weitgehend auf einer programmatischen Ebene. Diese Tatsache führt dazu, dass viele der vorhandenen Publikationen eher die Programmideologie und deren Legitimation widerspiegeln und weniger empirisch gesicherte Ergebnisse: Die Ideologie baut auf Schule als integrierender Instanz in Gebieten, die „gegenüber der Gesamtstadt überdurchschnittliche Problemdichte" aufweisen, auf (Becker 2003, S. 72). Dazu muss sie sich jedoch zum Stadtteil hin öffnen und mit anderen Einrichtungen (wie bspw. aus der Kinder- und Jugendhilfe) zusammenarbeiten. Mit der Forderung zur Öffnung, dem Vernetzungsanspruch und dem Gebietsbezug trifft sich die Stadtentwicklungsdiskussion in vielen Punkten mit der aufgezeigten bildungspolitischen Debatte.

Diese Forderung unterstellt, dass Schule als lokale Akteurin – wenn sie nur will – einen hohen Gestaltungseinfluss auf ein definiertes Territorium hat.

Schule wird dann als Produkt einer wie auch immer definierten Schulpolitik verstanden, die wesentlich durch die professionellen AkteurInnen getragen wird. Hier grenzt sich das vorliegende Projekt deutlich ab. Wirkungsmöglichkeiten von Schule in einem konkreten Quartier lassen sich erst erschließen, wenn Schule theoretisch als Sozialraum begriffen wird, der sich in den relevanten Interaktionskontexten herstellt. Konkrete Schulhauspolitiken, Lebenszusammenhänge im Quartier, Zusammensetzung von Schüler- und Elternschaft, nationale und städtische bildungspolitische Vorgaben, sozioökonomische Realitäten sind aus dieser theoretischen Perspektive quasi Bausteine, aus denen die relevanten Akteursgruppen ihren jeweiligen Sozialraum Schule herstellen (zum theoretischen Verständnis von Sozialraum und die damit verbundene Forschungsperspektive siehe genauer oben). Im Zentrum des vorliegenden Projektes steht damit die Rekonstruktion des Sozialraums Schule aus der Perspektive von Kindern.

2.3 Ethnische Homogenität verstärkt den Quartiereffekt – Argumentationslinien in der Migrationsdebatte[4]

„Die ethnische Homogenität der Schülerzusammensetzung ist erheblich stärker ausgebildet als die der Bewohner insgesamt. Wenn in einem Quartier die Quote der Bewohner mit Migrationshintergrund bei 40 oder 50 Prozent liegt (...), dann liegt sie in der Schulpopulation bei 70 oder 80 Prozent, in manchen Fällen bei 100 Prozent. Dies liegt nicht nur daran, dass die Migranten in der Regel jünger sind und mehr Kinder haben, sondern auch daran, dass das gemeinsame Lernen in der Schule von den einheimischen Mittelschichtseltern, die um die Zukunftschancen ihrer Kinder in der Zukunft fürchten, als Benachteiligung betrachtet wird" (Häußermann 2009, S. 243).

Die aktuelle Bildungsdebatte verdeutlicht, dass Schulleistungen nicht nur von den einzelnen Schülerinnen und Schülern abhängig sind, sondern auch von der jeweiligen Schule (Hamburger u.a. 2005; Schelle 2005). Schülerinnen und Schüler mit Migrationshintergrund weisen unterdurchschnittliche Schulleistungen auf und in Schulen mit einem hohen Anteil von Schülerinnen und Schülern aus nicht-deutschsprachigen Familien, was in so genannten *Brennpunkten* – d.h. Quartieren, die auf Grund sozial-statistischer Daten vom ge-

---

4 Die Analyse struktureller Ungleichheiten im Bildungssystem, die internationale Vergleichsstudien wie TIMSS (Third International Mathematics and Science Studie 1996) und PISA (Programm for International Student Assessment) aufgezeigt haben, bildet den Ausgangspunkt neuerer Projekte in der schweizerischen Migrationsdiskussion (Schweizer PISA-Bericht, Bundesamt für Statistik 2002, Coradi u.a. 2003, Oelkers 2002, Rüesch 2001, Rosenberg 2001). „Unsere Schulen und ihr Umfeld werden sprachlich, kulturell und sozial immer heterogener" (EDK 2001, S. 5).

sellschaftlichen Durchschnittswert abweichen – der Fall ist, wird dieser Effekt noch zusätzlich negativ verstärkt (*Kippeffekt*), was in Untersuchungen im Rahmen der Programmbegleitung des Bund-Länder-Programms „Soziale Stadt" verdeutlicht wurde.

> „Die Grundschule im Modellgebiet Berlin-Kreuzberg-Kottbusser Tor beispielsweise wird von etwa 110 deutschen Kindern, 5 Kindern mit deutschem Paß und nichtdeutscher Herkunft, 120 Kindern mit ausländischem Paß und 300 Kindern mit türkischem Paß besucht" (...) Viele dieser Kinder beherrschen die Schulsprache Deutsch nicht im nötigen Maß und haben daher erhebliche Lernschwierigkeiten. Zu den Sprachproblemen der Kinder kommen häufig noch die der Eltern hinzu, so dass diese für die Schule nur wenig oder gar nicht erreichbar sind und die für die gemeinsame Erziehungsarbeit notwendige Kommunikation zwischen Schule und Elternhaus nicht ausreichend gewährleistet ist. (...) Erschwerend auf die Unterrichtssituation wirkt sich in vielen Gebieten auch eine hohe Fluktuation der Schülerschaft infolge häufig nur kurzer Wohndauer der Familien im Stadtteil aus. Oft ist dabei die Sorge der Eltern um die Bildungszukunft ihrer Kinder der Anlass, den Stadtteil zu verlassen" (Deutsches Institut für Urbanistik 2003).

Die strukturelle Benachteiligung von Migrantenkindern ist eine der wichtigsten aktuellen gesellschaftspolitischen Herausforderungen (Hummrich 2009; Diefenbach 2010). Neuere Untersuchungen aus der Migrationsforschung kommen zum Schluss, dass die derzeitige Organisation der lokalen Bildungssysteme keinen erkennbaren Beitrag zur Integration (im Sinne einer Angleichung des Bildungsverhaltens von deutschen und ausländischen Schülern) leistet (vgl. Radtke u.a. 2005). Dem Schulsystem gelingt es nicht, die sozialen und kulturellen Ungleichheiten zu kompensieren. „Motoren der sozialen und ethnischen Entmischung oder stadtteilbezogenen Homogenisierung der Bevölkerung sind der Arbeits- und Wohnungsmarkt, aber auch das lokale Schulsystem einer Gemeinde oder eines Kreises" (Radtke/Rathgeb 2003, S. 9). Schule hat damit nicht zu unterschätzende Auswirkungen auf den jeweiligen Stadtteil, in dem sie angesiedelt ist. Die Wechselwirkung zwischen Schule und Stadtteil kann problematisch werden.

> „Eine Schule in einem stigmatisierten Stadtteil kann Teil des dem Stadtteil zugeschriebenen Problems sein (Schulversagen), oder sie kann zum Teil der Lösung der Probleme im Stadtteil werden, wenn sie herkunftsunabhängig qualifizierte Übergänge und Abschlüsse ermöglicht (Schulerfolg)" (Radtke/Hullen 2004, S. 6).

Daraus ergeben sich neue Anforderungen sowohl an Stadtentwicklung als auch an Schule. Im besonderen geht es darum, herauszufinden, was die einzelnen Schulen in den jeweiligen Stadtteilen bzw. für die Stadtteile zur Lösung von Integrationsproblemen beitragen, oder ob sie u. U. Teil des Problems der Desintegration sind; dann geht es darum zu klären, wie sie dazu geworden sind und wie sie aus dieser Rolle herauskommen und Teil der Lösung werden können (siehe genauer Radtke u.a. 2005, S. 12f.).

Ansätze eines *lokalen Bildungs- und Integrationsmanagements* versuchen die Dimension der strukturellen Ungleichheiten und ihre Überwindung mit in die Überlegungen einzubeziehen. Dazu wird bspw. an US-amerikanische Konzepte der Schulpolitik angeknüpft, wie beispielsweise bei so genannten „Magnetschulen" (Weiß 1989). Das sind Schulen, die in Stadtteilen mit besonderen sozialen Problemen durch ihre materielle und personelle Ausstattung eine besondere Attraktivität über ihr direktes Einzugsgebiet hinaus entfalten und so der Entmischung der Schülerpopulation entgegenwirken sollen. In der Schweiz wird mit Projekten wie bspw. „Gute Schulen im multikulturellen Umfeld" (Rüesch 1999) oder „Qualität in multikulturellen Schulen" (QUIMS) versucht, den „Ansatz der lokalen Schulentwicklung dafür zu nutzen, die Schulqualität für eine sozial, kulturell und sprachlich heterogene Schülerschaft zu gewährleisten und zu verbessern" (Truniger 2005, S. 79). Dazu wird an nationale und internationale Erfahrungen, wie beispielsweise der französischen Diskussion zu sozialer Stadtentwicklung, der so genannten „Politik der prioritären Zonen" (Zones d'Education Prioritaires, ZEP), angeknüpft (Nicolet 2001).

Quintessenz: Der Diskurs zu Migrationsforschung stärkt die These, dass die jeweilige Schule das Abbild des Quartiers darstellt, in welchem sich diese Schule befindet (*Schule als Spiegel des Quartiers*). Gleichzeitig macht diese Diskussion deutlich, dass neben dem Lokalen immer auch die gesamtgesellschaftlichen Fragestellungen berücksichtigt werden müssen. Perspektiven, die rein endogen aus dem benachteiligten Stadtteil heraus angeregt werden, wie dies bildlich Münchhausen tat, der sich an den eigenen Haaren aus dem Schlamm zog, greifen zu kurz. Vielmehr bedarf es der gleichzeitigen Veränderung der benachteiligenden gesamtgesellschaftlichen Strukturen – d.h. es geht immer auch um *sozialpolitische* Fragestellungen. Deshalb darf die Raumdimension in Quartierentwicklungsprozessen nicht als territorial gefasste Größe verstanden werden, sondern sie kann nur über die sozialen Prozesse in all ihren Dimensionen erschlossen werden. Indem Räume „als ständig (re)produzierte Gewebe sozialer Praktiken" (Kessl/Reutlinger 2007a, S. 15; Reutlinger 2006) verstanden werden, gelingt es, die Ambivalenz zwischen „Materialität und sozialer Konstruiertheit des Raumes" auszubalancieren (Ahrens 2006, S. 235). An dieses Verständnis von Sozialraum schließt der gewählte theoretische Zugang unmittelbar an. In dem Moment, in dem die Bedeutungszusammenhänge von Schule im Kontext von Quartier rekonstruiert werden, kommen relevante lokale als auch gesamtgesellschaftliche Zusammenhänge in den Blick, da diese quasi das Material darstellen, aus denen sich die je konkreten Bedeutungs-zusammenhänge generieren. Schule wird damit nicht einfach als Akteurin innerhalb eines Bildungssystems, als Lern- oder Bildungsort für bestimmte Gruppen oder eben auch als ein lokaler territorial abgegrenzter Raum verstanden, sondern als Sozialraum, der sich im Interaktionsgeflecht herstellt und der über die Rekonstruktion erschlossen werden kann.

2.4 Der Stadtteil als Klammer der Schule und Jugendarbeit – Argumentationslinie in der Rede von der Sozialraum-orientierung

„Der Stadtteil/der Sozialraum ist sowohl für Schule als auch Jugendarbeit die wesentliche Klammer, aber in der Regel verfügen die Jugendarbeiter/innen eher als die Lehrer/innen über detaillierte Einblicke in die Lebenswelten von Kindern und Jugendlichen" (Deinet 2005c, S. 579).

In den vergangenen zwei Dekaden lassen sich in den verschiedenen deutsch-sprachigen sozialpädagogischen und sozialpolitischen Feldern Diskurse zum Raum nachzeichnen („geographische Wende in der Sozialen Arbeit und So-zialpolitik" vgl. Kessl/Reutlinger 2011; Reutlinger 2006). Damit geht die Tendenz einerseits weg von einer einzelnen Institution und den darin stattfin-denden Prozessen hin zum unmittelbaren Umfeld, zur vernetzten Kooperation sowie zum Stadtteilbezug, und andererseits weg von einer therapeutisierenden, aufs Individuum bezogenen Sichtweise hin zu seiner Lebenswelt. Diese Ent-wicklung steckt implizit in den drei bisher aufgezeigten Diskussionssträngen:

- In der Bildungsdiskussion wird das Schulumfeld mit berücksichtigt („lo-kale Bildungspolitik" bzw. „lokale Bildungslandschaft") und die Jugend-arbeit propagiert parallel dazu verstärkt die Orientierung an der „Lebens-welt" ihrer Adressatinnen und Adressaten,
- in der sozialen Stadtentwicklung werden „Stadtteile mit besonderem Ent-wicklungsbedarf" ausgemacht und Förderprogramme „gebietsbezogen" ausgerichtet,
- Strategien von kommunaler Integrationspolitik setzen auf eine enge Ko-operation der Kommunalpolitik mit der Stadtteilebene und den ethnischen Communities. Über die Förderung der Selbstorganisation benachteiligter Minderheiten soll den Herausforderungen der multikulturellen Realität be-gegnet und so ein konfliktfreies Zusammenleben der verschiedenen ethni-schen Gruppen im Stadtteil garantiert werden.

- Jedoch gilt auch für weitere Felder der Sozialen Arbeit, dass sich die Handlungs- und Politikstrategien räumlich präsentieren (vgl. ausführlich Reutlinger 2008b):
  - In der Diskussion um Regionalentwicklung im Zusammenhang mit einem „Europa der Regionen" werden (benachteiligte) Regionen gestärkt, Programme der Gemeinwesenökonomie fördern (alternative) lokale Wirtschaftssektoren zur Stärkung der vom Arbeitsmarkt ausgegliederten Menschen (vgl. Birkhölzer 2000; Elsen 2000),
  - die Verwaltungsmodernisierung setzt mit Prozessen der Regionalisierung sozialer Dienste, die ein Spar- und Effizienzsteigerungspotential verheißen, auf eine neue räumliche Gliederung der Städte (Regionalisierung sozialer Dienste) (Dahme/Wohlfahrt 2005),
  - die Hilfen zur Erziehung werden „integriert und flexibel" und unter der Formel „vom Fall zum Feld" die sozialräumlichen Ressourcen genutzt (vgl. Peters/Koch 2004),
  - die „community development"- bzw. Gemeinwesenarbeitsdiskussion setzt verstärkt auf die integrativen Stärken der Gemeinwesen (vgl. Hinte 2004),
  - die Gemeindepsychologie propagiert mit Empowermentstrategien die „Befähigung" benachteiligter Menschen und Gruppen, damit diese die Strukturen ihres Stadtteils ausbauen und ihr Schicksal stärker selbst in die Hand nehmen können,
  - und in der Prävention soll die „Nahraumorientierung" Sicherheit vermitteln (Treß 2002; kritisch Lindenberg/Ziegler).

Damit beziehen sich die hier angestellten Ausführungen zu *Sozialraum und Sozialer Arbeit* auf einen breiter gefassten Diskussionszusammenhang und nicht nur auf die enge Diskussion der „Sozialraumorientierung in der Kinder- und Jugendhilfe"[5]. An dieser Stelle geht es weniger um die Aufdeckung sämtlicher parallel stattfindenden und selten aufeinander bezogenen Diskussionen,

---

5   Bei dieser „engen Sozialraumdiskussion" im Kontext der erzieherischen Hilfen wird unter Sozialraumorientierung vornehmlich eine Flexibilisierung der Hilfen, verbunden mit der Nutzung sozialräumlicher Ressourcen, verstanden (vgl. Dahme/Wohlfahrt 2005). „Die aktuelle Diskussion um die Sozialraumorientierung in der sozialen Arbeit ist eng mit der Entwicklung der Verwaltungsmodernisierung in der Bundesrepublik verknüpft. Hierbei handelt es sich um einen umfassenden Prozess der Reorganisation kommunaler Verwaltungsaufgaben, in deren Zusammenhang geprüft werden soll, welche Auswirkungen das Handeln der Verwaltungsorganisationen auf das Entstehen und die Bewältigung sozialer Probleme haben. Hierzu gehört die Aufgabe, die sozialräumliche Auswirkung der Tätigkeit zu analysieren und zu verbessern" (Dahme/Wohlfahrt 2005, S. 264). Durch die enge Verbindung der Sozialraumdiskussion mit der Verwaltungsmodernisierung ist Sozialraumorientierung auch in den Mittelpunkt rechtlicher und rechtspolitischer Diskurse gerückt (vgl. Münder 2005).

sondern um die Verdeutlichung des folgenden Sachverhaltes: *Gegenwärtig wird der „Raum" in Zusammenhang mit der vielfach hergeleiteten Krise des Sozialstaates und den gesellschaftlichen Umbrüchen zur neuen Rahmung der sozialpädagogischen und sozialpolitischen Diskurse.*

Gleichzeitig findet parallel zur Auseinandersetzung mit neuen gebietsbezogenen Handlungskonzepten in der Sozialen Arbeit, der so genannten „Rede von der Sozialraumorientierung" (Kessl/Reutlinger 2010) ein intensiver interdisziplinärer Raumdiskurs statt (vgl. Löw 2001; Günzel 2009; Werlen/Reutlinger 2005). Jedoch bezieht sich die aktuelle Diskussion zu „Sozialraum und Soziale Arbeit" selten auf diese interdisziplinären Debatten, es existiert nur eine "vage und eher unsystematische Beziehung" (Abeling/Ziegler 2004, S. 271). In der Sozialen Arbeit geht es vor allem um „eine Umstrukturierung personenbezogener sozialer Dienstleistungen, in der die Prinzipien und Ziele Sozialer Arbeit über eine Mobilisierung lokaler Handlungsressourcen umgesetzt werden sollen" (ebd.). In der Regel wird mit einem Sammelsurium von wissenschaftlichen Raumkonzepten argumentiert. Nicht adäquate Raumkonzepte und -bilder werden so in der Sozialen Arbeit unreflektiert übernommen und in der Praxis eingesetzt, ohne sich über die Folgen im Klaren zu sein (vgl. Fritsche/Lingg/Reutlinger 2010). Gleichzeitig ist der Mainstream der engen „Sozialraumorientierung in der Kinder- und Jugendhilfe" fast ausschließlich mit rechtlichen und finanzierungstechnischen Fragen beschäftigt (vgl. beispielsweise den Schlagabtausch zwischen Hinte 2004 und Münder 2005) und kümmert sich wenig um die (sozial)räumlichen Implikationen einer allzu naiv verstandenen Orientierung am Sozialraum. Damit bleiben viele der gegenwärtigen Integrationsstrategien trotz der Verwendung einer sozialräumlichen Begrifflichkeit territorial beschränkt. Das heißt, dass sie sich auf ein verortetes Territorium in der Stadt oder Region (Schulumfeld, Stadtteil, Quartier, Gemeinwesen) beziehen.

> „Die Rede vom ‚Sozialraum' ist in den letzten Jahren – erstens – eine politisch immer einflussreichere Rede geworden. Zweitens ist sie in den meisten Fällen eine Rede von der ‚Benachteiligung', den ‚besonderen Entwicklungs-, oder ‚Integrationsbedarfen' der fokussierten ‚Sozialräume'. Die hierbei identifizierten Territorien – Stadtteile, Quartiere, Straßenzüge oder Wohnareale – werden also aufgrund einer negativen Qualifizierung in den Blick genommen (…). Drittens wird zwar immer wieder betont, dass der Terminus ‚Sozialraum' nicht ausschließlich eine territoriale Dimension betonen soll (…). Ziel ist es also, nicht nur das Territorium, sondern auch die dort angesiedelte Bevölkerungsgruppe in den Blick zu bekommen. Und dennoch stellt das Territorium den administrativen Ausgangs- [und End]punkt sozialraumbezogener oder -orientierter Interventionsstrategien dar" (Reutlinger/Kessl/Maurer 2005, S. 19).

Damit lässt sich zusammenfassen, dass sich die aktuelle Sozialraumdiskussion abspielt zwischen einer hoch aufgeklärten Diskussion um Raum (siehe interdisziplinäre Raumdiskussion) einerseits und der Tendenz zur Vereinfachung (Soziale Arbeit) andererseits. Das bedeutet, dass die Problemstellung im Sog der „Territorialisierung des Sozialen" (vgl. Kessl/Otto 2007) als „sozialgeographisches Muster (Wohngebiet, eingegrenzter Sozialraum, Planungsraum)" (vgl. Deinet 2005a) bzw. „Areal" verkürzt (vgl. Otto/Ziegler 2004a, b) und als Territorium „verdinglicht" wird (vgl. Reutlinger 2005a). Die Frage, ob die (benachteiligten) jungen Menschen mit ihren Gestaltungsprozessen überhaupt an territorial gefasste Räume anschließen können, wird in der Diskussion nicht gestellt. Damit schaffen es die aktuellen Debatten nicht, die verschiedenen auseinander gehenden Ebenen (Global – Lokal, Struktur – Handlung, Institution – Alltag) zusammenzubringen: Durch ihr Verharren in der bisherigen Logik können sie keine Möglichkeits- bzw. Ermöglichungsräume (insbesondere für benachteiligte junge Menschen) aufzeigen. Dies wäre jedoch notwendig, wollte man aus dem aktuellen Aneignungshandeln von Kindern für diese ermöglichende räumliche (und integrative) Strukturen entwickeln. Deshalb müsste eine postulierte Orientierung am Sozialraum diesen mit angemessenen Begrifflichkeiten in seiner eigenständigen Qualität erkennen. Dies setzt ein Verständnis von Sozialraum voraus, das über eine territoriale bzw. vereinfachende Definition von Sozialraum hinausweist.

Quintessenz: Aufgrund der bisherigen Argumentation lassen sich die Leerstellen bzw. die neu gewählten Ansatzpunkte in diesem Forschungsprojekt – quer zu den diskutierten Forschungssträngen – folgendermaßen bündeln:

In diesem Forschungsprojekt wird nach dem Bedeutungsgehalt des Sozialraums Schule aus der Perspektive von Kindern gefragt; bisher ist Schule primär als Bildungs- und Sozialisationsinstanz mit ihren Wirkungen untersucht oder es ist nach ihrer funktionalen Rolle in einem räumlich-lokalen Kontext gefragt worden.

In Anbetracht der Begriffsvielfalt Sozialraum, Sozialraumorientierung, Sozialräumliche Orientierung und der festzustellenden Diffusität des Begriffsgebrauchs in den verschiedenen Arbeitsfeldern wird in diesem Projekt von einer theoretisch begründeten Sozialraumdefinition ausgegangen. Diese Definition ermöglicht einen anderen empirischen Zugang zum Verhältnis von Quartier und Schule und führt zu einem vertieften Verständnis, das Ansatzpunkte für Entwicklungsprozesse erschließen soll.

Schließlich stellt sich in diesem Projekt die Frage, welche Aspekte/Inhalte des zu rekonstruierenden Sozialraums Schule in zwei Quartieren der untersuchten Stadt generalisierbar sind bzw. welche Inhalte für eine jeweilige Programmatik von Quartier- bzw. Schulentwicklung förderlich oder auch hinderlich sein können.

Die Aneignungschancen des Sozialraums Schule lassen sich demnach erst rekonstruieren, wenn dieser als sozial erzeugte Realität der betroffenen Akteursgruppen begriffen wird. Betrachtet man unter dieser Perspektive den aufgezeigten Forschungsstand, dann fehlt bisher sowohl ein klar explizites Verständnis von Sozialraum als auch ein empirischer Zugang zu dieser Realität.

3 Methodischer Zugang

Die Beziehung zwischen Schule und Quartier zu klären – und insbesondere den Einfluss der Schule auf die Quartierentwicklung – stellt ein äußerst komplexes Anliegen dar. Mit der vorliegenden Studie wurde ein Schritt unternommen, eine Wissenslücke in der Beziehung von Schule und Quartier zu bearbeiten, in dem sie aus der Perspektive von Kindern rekonstruiert wurde. Konkret wurde folgende Fragestellung (vgl. ausführliche Herleitung, S. 12ff.) bearbeitet:

Wie nehmen Kinder ihre Schule und ihr Quartier wahr und welche Beziehungen bestehen zwischen diesen „zwei Welten"? Was bedeutet Schule als System und konkreter Ort in einem bestimmten territorialen Kontext für Kinder? Wie zeichnet sich Schule aus der Kinderperspektive als Sozialraum aus?

Der Begriff Quartier wird in den ersten Kapiteln, der Literatur folgend, relativ uneinheitlich gebraucht. In Abgrenzung dazu wird im Folgenden mit zwei Begriffen gearbeitet, die unterschiedliche Perspektiven repräsentieren. Stadtteil wird dabei als territorialer Begriff verstanden, der dann benutzt wird, wenn von dem Gebiet in einer administrativen Sichtweise oder Logik die Rede ist, ein Gebiet mit einem klaren Zuschnitt, einer klaren Ordnung und klaren Grenzen. Wenn dagegen der Begriff Quartier Verwendung findet, geschieht das immer mit Bezug auf das subjektive Erleben der Kinder in einem relationalen Verständnis. Das Quartier ist durch externe und interne Handlungen sozial konstruiert, in seiner Größe überschaubar, Teil des alltäglichen Lebens und bietet ein Potenzial für die Identifikation seiner Bewohnerinnen und Bewohner (Oehler/Drilling 2010, S. 205ff.). Insofern ist das Quartier mehr als lediglich Stadtteil, da es diesem vor allem eine bestimmte subjektive Bedeutung und Qualität zuschreibt.

In diesem Kapitel wird zunächst die Erhebung mit Schwerpunkt auf den Erhebungsmethoden geschildert. Anschließend werden die Auswertungsverfahren mit dem Schwerpunkt ihrer konkreten Anwendung am gewonnenen Material dargestellt.

Mit den gewonnenen Ergebnissen wird nicht der Anspruch auf Repräsentativität der Studie erhoben. Allerdings wurden durchaus einige überindividuelle, verallgemeinerbare Muster für den Sozialraum Schule und für die Beziehung von Schule und Quartier als Aneignungs- und Ermöglichungsraum rekonstruiert (s. Kap. 4, 5).

3.1 Die Erhebung

Die Erhebung fand in vier Schulklassen statt – in je einer dritten und einer sechsten Primarschulklasse[1] zweier Schulhäuser benachbarter Stadtteile: zuerst im Schulhaus B, später im Schulhaus A. Durchgeführt wurde sie jeweils während zwei Unterrichtsstunden von der Klassenlehrerin bzw. dem Klassenlehrer, die sich freiwillig für die Teilnahme an der Untersuchung gemeldet hatten. Während der Erhebung waren zwei Personen des Forschungsteams anwesend, die den Unterricht beobachteten und den Schülerinnen und Schülern bei der Klärung von Fragen zur Verfügung standen. So sollte gewährleistet werden, dass der Rahmen für die Schülerinnen und Schüler möglichst mit der alltäglichen Unterrichtserfahrung übereinstimmt und sie durch das Forschungssetting nicht in ihren Erzählungen und Darstellungen gehemmt werden. Beim Einsatz der einzelnen Erhebungsinstrumente wurde, insbesondere orientiert an den Schülerinnen und Schülern der 3. Klassen, darauf geachtet, dass die zeitliche Vorgabe ihre Konzentrationsfähigkeit nicht überfordert und die gestellten Anforderungen abwechslungsreich zu bewältigen waren. Im Vorfeld der Unterrichtsstunde wurden das Vorgehen und der Ablauf mit den Lehrpersonen besprochen. Sie wurden aufgefordert, die einzelnen Aufgaben im Sinne der Erhebung einzuführen – allerdings berücksichtigend, dass sie die Schülerinnen und Schüler ihrer Klasse am besten kennen, um so mit entsprechenden Ausführungen und Detaillierungen Verständlichkeit herstellen und zur Motivation der Schülerinnen und Schüler beitragen zu können. Die Eltern wurden im Vorfeld in einem Brief sowohl über das Forschungsanliegen informiert als auch darüber, dass dieses von Schulleitung und Schulamt unterstützt wird. Die Erhebung setzte sich aus folgenden Teilen zusammen:

Subjektive Landkarten
Zunächst wurden die Schülerinnen und Schüler aufgefordert, subjektive Landkarten zu erstellen. Mit dieser Aufgabe wurde das Anliegen verfolgt, die räumliche Dimension des Alltags der Kinder rekonstruierbar zu machen – etwas zu erfahren über die Aufenthaltsorte der Kinder, über die Bedeutung des Stadtteils und die räumliche Ausdehnung über Stadtteilgrenzen hinweg, schließlich

---

1 Im Schulhaus B wurden Schulklassen befragt, in denen zwei Jahrgangsstufen gemeinsam unterrichtet wurden. Entsprechend handelte es sich hier um die 3. und 4. sowie um die 5. und 6. Jahrgangsstufe. Der besseren Lesbarkeit geschuldet, wird im Text durchgehend von der 3. beziehungsweise 6. Klasse die Rede sein.

über den Stellenwert von Schule innerhalb dieses Geflechts – zentral dabei ist die Perspektive der Kinder, das subjektive Erleben ihres Lebensraums. Auf Schule wurde in dieser ersten Aufgabenstellung jedoch bewusst nicht explizit eingegangen. Die Methode der subjektiven Landkarten wird in der Kinder- bzw. Kindheitsforschung ebenso eingesetzt wie in Sozialraumanalysen (vgl. Deinet/Krisch 2009). „Ziel der subjektiven Landkarten ist es, dass Kinder und Jugendliche die persönlichen Lebensräume und deren subjektive Relevanz rekonstruieren" (Daum 2010, S. 255) – ihre unmittelbare und nicht beeinflusste Sicht soll zum Ausdruck kommen, ihre raumbezogene Konstruktion von Wirklichkeit (vgl. ebd.). Grundsätzlich wird dabei die Lust der Kinder genutzt, sich im Zeichnen auszudrücken und so die eigenen Sichtweisen der sozialen Wirklichkeit darzustellen: Kinderzeichnungen gelten als Schlüssel zum Denken und Fühlen der Kinder (Reiß 2000).

Den Lehrpersonen stand zur Einführung der Aufgabe eine schriftliche Erläuterung zur Verfügung:

„Die Kinder zeichnen mit Bleistift die Orte auf ein weißes Blatt Papier, an denen sie sich aufhalten, die ihnen wichtig sind. Mit blauem Stift schreiben sie dazu, um welche Orte es sich handelt, was sie dort machen, mit wem sie dorthin gehen bzw. mit wem sie sich dort treffen. Mit grünem Stift schreiben sie dazu, wie sie dorthin kommen. Mit rot malen und benennen die Kinder schließlich Orte, die sie meiden."

Die Lehrpersonen wurden zudem darauf hingewiesen, dass es dem Forschungsanliegen entspricht, dass die Kinder sich eine eigene Struktur für die Gestaltung ihrer Landkarte überlegen.

Deshalb wurde darauf hingewiesen, dass es gut wäre, wenn die Lehrpersonen keine feste Struktur vorgeben, kein Beispiel an die Tafel malen, und auch zeitlich oder territorial keine Einschränkungen machen. Auf Letzteres wurde jedoch erst explizit bei der Erhebung im Schulhaus A hingewiesen, auf die Erfahrung reagierend, dass eine Lehrerin im Schulhaus B eine stark strukturierende Vorgabe gemacht hatte.

Stadtteilplan
Auf dem Stadtteilplan sollten die Kinder ihren Wohnort und einen Ort markieren, der ihnen besonders wichtig ist. Den Lehrpersonen wurde zur Einführung der Aufgabe dieser Text zur Verfügung gestellt:

„Jedes Kind markiert einen seiner Orte auf dem Stadtteilplan an der Tafel mit einem grünen Klebepunkt und begründet, warum die Wahl auf diesen Ort gefallen ist (Was ist dir an diesem Ort wichtig?). Wenn andere Kinder auch diesen Ort gewählt haben, können sie das gleich sagen. Außerdem klebt jedes Kind einen gelben Punkt für den Wohnort auf den Plan."

Vom Einsatz dieser Methode wurden keine interpretationsrelevanten Daten erwartet, sondern Zusatzinformationen bzw. Präzisierungen des in den subjektiven Landkarten Thematisierten. Aus diesem Grund wurde der Stadtteilplan von vornherein nicht unter einem bestimmten Rekonstruktionsverfahren betrachtet.

Aufsätze

Als letzte an die gesamte Klasse gerichtete Aufgabe wurden die Kinder direkt mit der Schule konfrontiert. In Aufsätzen sollten sie Schule als Ort des Lernens und als Ort des Spielens thematisieren. Ähnlich wie in Zeichnungen drückt sich auch in Texten von Kindern deren Lebenswelt aus. „Unter kindheitstheoretischem Aspekt stellen freie Texte einen authentischen Zugang zur Erlebnis-, Erfahrungs- und Gedankenwelt von Kindern in einem je historisch-sozialen Kontext dar" (Röhner 2000, S. 214). Zwar kann der freie Text in besonderer Weise als nicht reaktiv und als kindliches Selbstzeugnis von persönlichen Erfahrungen, Empfindungen und Gedanken angesehen werden (ebd., S. 206f.), doch ein fokussierender Zugang kann sich diese grundsätzliche Erkenntnis zu Nutze machen, indem offene und stimulierende Fragen zur subjektiven Einschätzung, wie etwa im narrativen Interview (vgl. z.B. Schneider 2009, S. 99f.), erzählgenerierend eingesetzt werden. Eine solche Fokussierung war für die Umsetzung des Forschungsvorhabens von Interesse, denn die Rekonstruktion der Aufsätze sollte Aussagen darüber zulassen, wie sich der Sozialraum Schule aus Kinderperspektive darstellt; also welche Bedeutung Schule als System und konkreter Ort aus der Perspektive von Kindern für deren Aneignung von Lebenswelt hat.

Die Lehrpersonen sollten die Schülerinnen und Schüler einen Aufsatz schreiben lassen, in dem diese sich mit fünf Fragen auseinander setzen sollten:

- Was bedeutet dir die Schule?
- Was machst du alles hier?
- Was freut dich an der Schule?
- Was gefällt dir nicht daran?
- Was könnte besser sein?

Die Lehrpersonen wurden darüber hinaus gebeten, die Fragen an die Tafel zu schreiben und zu erklären, dass die Schule Lern- und Freizeitort sein kann – während des Unterrichts und danach. Unter Schule als Ort ist demnach das gesamt Schulareal zu verstehen mit den Gebäuden, den Klassenzimmern, der Aula usw., wie auch das Gelände, der Pausenhof, der Spielplatz usw.. Zudem sollten die Lehrpersonen die Kinder auffordern, möglichst ausführlich zu schreiben und sie während der Bearbeitung der Aufgabe dazu motivieren, weiter zu schreiben und die zur Verfügung stehende Zeit auszunutzen.

Gruppengespräche
Im Anschluss an diese Aufgaben, die von allen Kindern der Schulklasse bearbeitet wurden, fanden Gruppengespräche statt. Aus jeder Klasse wurde jeweils mit drei Mädchen und drei Jungen eine weitere Schulstunde lang ein Gespräch geführt. Grundlage dafür bildeten die subjektiven Landkarten. Über die Gruppengespräche sollte ein größeres Kontextwissen erzielt werden. Sie dienten dazu Unklarheiten, Details oder Zusammenhänge in Bezug auf die subjektiven Landkarten zu klären oder besser zu verstehen. Entsprechend wurden sie keiner interpretativen Analyse unterzogen und es wird an dieser Stelle darauf verzichtet, das genaue Vorgehen zu beschreiben.

3.2 Die Auswertung

Bei der Analyse der in den Unterrichtsstunden gewonnenen Informationen wurde, der Unterschiedlichkeit der Daten gerecht werdend, mit zwei verschiedenen Methoden ausgewertet. Die subjektiven Landkarten wurden themenanalytisch und die Aufsätze feinstrukturanalytisch interpretiert. Beide Vorgehensweisen werden von Froschauer/Lueger (2003) ausführlich dargestellt und sind ursprünglich für die Analyse qualitativer Interviews gedacht. Insofern stellt ihre Anwendung auf subjektive Landkarten und Kinderaufsätze eine Abwandlung dar, die allerdings in beiden Fällen gerechtfertigt erscheint: (1) Gerade weil die Landkarten gezeichnet sind und die Karten aller befragten Kinder in die Auswertung mit einbezogen werden sollten, bot sich mit der Themenanalyse ein Verfahren an, mit dem nicht in erster Linie die Zeichnung interpretiert, sondern die gezeichneten Inhalte bzw. Themen festgehalten, strukturiert und verglichen werden konnten, also ein Vorgehen ohne besondere analytische Tiefe der Interpretationsleistung unter Wahrung des manifesten Textgehalts (ebd., S. 158f.). (2) Mit der Feinstrukturanalyse beziehen sich Froschauer/Lueger auf die objektive Hermeneutik. Nach deren Logik ist die Anwendung der Methode auf Kinderaufsätze anstatt auf Transkripte qualitativer Interviews unproblematisch, da eine ihrer zentralen Prämissen lautet, „*alle* in den Sozial-, Geistes- und Kulturwissenschaften relevanten Daten als Texte anzusehen" (Kraimer 2010, S. 205). Die Konkretisierung der Methoden in der Auswertung der Landkarten und Aufsätze wird im Folgenden dargestellt.

Die Themenanalyse der subjektiven Landkarten
Mit den Landkarten sollte die räumliche Dimension des Alltags der Kinder rekonstruiert werden. Um diese möglichst in aller Breite und Vielfalt erfassen zu können wurde mit der Themenanalyse ein Verfahren gewählt, mit dem alle 79 subjektiven Landkarten in der Auswertung berücksichtigt werden konnten. Die Themenanalyse ist ebenso „zur Analyse eines sozialen Systems geeignet" wie zur „Analyse der Spezifika einer Themendarstellung und des Zusammenhangs verschiedener Themen" (Froschauer/Lueger 2003, S. 111). Unter anderem werden die Anwendungsbedingungen formuliert, dass große Textmengen bearbeitet werden, dass der manifeste Gehalt von Aussagen im Zentrum steht und dass es um eine zusammenfassende Aufbereitung von Themen sowie um deren interne Differenziertheit geht (ebd., S. 158). Für das Anliegen, das in der vorliegenden Studie mit der Auswertung der subjektiven Landkarten verfolgt wurde, treffen diese Aspekte ebenso zu, wie der Anspruch des sparsamen, auf ein Mindestmaß beschränkten Umgangs mit Interpretationen. Da die Themen bei der Auswertung nicht nur benannt werden, sondern ihre Charakteristik, ihre Gemeinsamkeiten und Unterschiede herausgearbeitet werden sollen, ist zudem ein gewisses Verständnis für den Argumentationszusammenhang der Themen notwendig. (vgl. ebd., S. 159f.)

Bei der konkreten Umsetzung wurden in einem ersten Schritt die Landkarten nach Themen durchgesehen. Dabei wurde darauf geachtet, welche Themen die einzelnen Kinder eingebracht haben und ob es übergreifende Themen gibt, die sich im gesamten Material wiederfinden. Letztere wurden als Themenfelder angesehen, die sich dazu eignen, die vielfältigen Zeichnungen und Erläuterungen der Schülerinnen und Schüler vergleichend zu betrachten. Obwohl das Thema Schule in den subjektiven Landkarten lediglich am Rand erwähnt wurde, es aber im besonderen Maße im Forschungsfokus stand, wurde es als zusätzliches Themenfeld in der Auswertung berücksichtigt. Im nächsten Schritt wurden alle Äußerungen der Kinder nach Themenfeldern und nach Schulklassen erfasst und tabellarisch geordnet, um so den Vergleich innerhalb der Klassen, zwischen den Klassen und zwischen den Schulhäusern zu ermöglichen. Das Augenmerk lag auf der Herausarbeitung charakteristischer Elemente der Themendarstellung, mit welcher Unterschiede überhaupt erst deutlich gemacht werden konnten. Diese Vergleichsebenen dominieren auch die Darstellung der Ergebnisse in Kapitel 4.2 dieser Veröffentlichung.

Die Feinstrukturanalyse der Kinderaufsätze

Die Aufsätze sollten dazu beitragen, den Sozialraum Schule aus Sicht der Kinder rekonstruieren zu können. Um diese subjektiven Sinngebungen zu erschließen, wurde eine Auswertungsmethode gewählt, die intensiv am Text orientiert ist und latente Sinngehalte zum Vorschein bringen kann. Die Feinstrukturanalyse orientiert sich am sequenzanalytischen Verfahren der objektiven Hermeneutik nach Ulrich Oevermann und „zielt auf die Erfassung von Sinngehalten, die sich in der selektiven Abfolge kleinster Gesprächseinheiten reproduzieren." (Froschauer/Lueger 2003, S. 110) Zwar wird beim Einsatz der Methode ein hoher Zeitaufwand benötigt, der sich jedoch bei der Interpretation der Kinderaufsätze sehr gerechtfertigt hat, die – meist recht knapp gehalten – intensiv interpretiert werden mussten, um vom scheinbar Klaren abstrahieren zu können. Die formalen Anforderungen (ebd., S. 104ff.) an die Interpretation wurden insbesondere hinsichtlich der extensiven Textauslegung ohne Zeitdruck in einer Gruppe (mind. zwei Personen) eingehalten. Die personelle Trennung von Erhebung und Interpretation dagegen konnte nur bedingt eingehalten werden: immerhin war eine Interpretin nicht an der Entwicklung der Erhebungsmethoden und auch nicht an der Erhebung im Schulhaus B beteiligt. Auch eine zweite Interpretationsgruppe konnte nicht eingesetzt werden.

Die Aufsätze wurden entlang einzelner Sinneinheiten (ein Wort bis zu einem Satz) in konsequent sequentieller Reihenfolge bearbeitet. Das von Froschauer/Lueger vorgeschlagene Auswertungsschema (ebd. S. 119) wurde zunächst übernommen, jedoch mit Blick auf die Fragestellung des Projekts um den Punkt *Raum* erweitert. In der Spalte *Raum* sind die Interpretationen der in den Aufsätzen enthaltenen räumlichen Bezugnahmen festgehalten worden. Ziel dieser Erweiterung war die konsequente Berücksichtigung der kindlichen Konstitution des Sozialraums Schule während der Auswertung.

Paraphrase	Intentionen/ Funktionen	latente Bedeutung	Rollen- verteilung	Raum	Anschluss- optionen/ Prüfung
...	...	...	...	...	...

Abbildung 1: ergänztes Auswertungsschema zur Feinstrukturanalyse.

Zunächst wurden die Aufsätze des Schulhauses B ausgewertet, wobei zwischen Aufsätzen der 3. und 6. Klasse abgewechselt wurde. Besondere Aufmerksamkeit kam der Anfangsphase der Aufsätze zu, da die Kinder auch meist zu Beginn auf die erste Frage (Was bedeutet dir die Schule?) geantwortet haben. Die Auswertung eines Aufsatzes endete, wenn sich eine Erschöpfung der

Interpretationsmöglichkeiten eingestellt hatte und keine neuen Erkenntnisse festgehalten werden konnten. Die Auswertung der Aufsätze einer Klasse wurde abgeschlossen, sobald sich eine Sättigung der Interpretationen zeigte und keine neuen Erkenntnisse, Hypothesen und Akzentuierungen hinzukamen. Scheinbar kontrastierende Aufsätze wurden schließlich noch zur Bestätigung bzw. Verwerfung der Sättigung herangezogen.

Im Anschluss an die Auswertung der einzelnen Aufsätze mittels des abgebildeten Schemas sind Memos verfasst worden, die zwar noch die Besonderheiten jedes Falles bzw. jedes Aufsatzes zum Vorschein bringen, jedoch schon auf einer höheren Abstraktionsstufe angesiedelt sind. Parallel zur Interpretation sind Hypothesen gesammelt worden, die während der nachfolgenden Interpretationen bestärkt, verändert oder verworfen wurden.

Unter Anwendung dieses aufwendigen Analyseverfahrens konnten schlussendlich 13 Aufsätze feinstrukturanalytisch ausgewertet werden, bis sich schließlich über alle vier Schulklassen hinweg eine Sättigung des Materials eingestellt hatte und keine neuen Erkenntnisse mehr festgehalten werden konnten.

In der folgenden Auswertungsphase standen die Memos und Hypothesen im Zentrum. Aus den Memos aller ausgewerteten Aufsätze haben sich Kategorien herauskristallisiert, die im Zuge einer Systematisierung zueinander ins Verhältnis gesetzt wurden.

Die gewonnenen Kategorien fungierten anschließend als eine Art Codesystem, mit dem nochmals alle Aufsätze geprüft und kodiert wurden. Dadurch konnten einige Kategorien geschärft und angepasst werden. Die Kategorien sind also zunächst mittels Feinstrukturanalyse aus dem Material entstanden und anschließend nochmals ans Material rückgebunden worden. Das Ergebnis dieser zwei Analyseschritte ist eine Gesamtfigur, die im Kapitel 4.3 erläutert wird.

4 Quartier und Schule aus der Perspektive von Kindern – die empirischen Ergebnisse

In diesem Kapitel wird zunächst der Rahmen der Untersuchung vorgestellt: die Stadt, die Stadtteile und die Schulhäuser, in denen die Erhebung stattgefunden hat, werden derart porträtiert, dass sie eine anschauliche Grundlage bieten zur Einordnung der empirischen Ergebnisse, welche darauf folgend geschildert werden. Zunächst werden dabei die Ergebnisse aus der Auswertung der subjektiven Landkarten bezüglich von sechs rekonstruierten Themen über den Alltag der Kinder im Quartier vorgestellt sowie im Vergleich der Altersstufen und Schulhäuser diskutiert. Anschließend wird die Interpretation der Aufsätze zunächst in ihrer Gesamtfigur der Themen bezüglich der Bedeutung von Schule dargestellt, um sie dann ebenfalls differenziert und vergleichend nach Altersstufen und Schulhäusern zu betrachten.[1]

4.1 Setting, Kontext und Rahmen der Untersuchung

Die Untersuchung fand in einer mittelgroßen Schweizer Stadt mit circa 35.000 Einwohnerinnen und Einwohnern statt. Die Stadt liegt im deutschsprachigen Teil der Schweiz und befindet sich im weiteren Agglomerationsraum einer Großstadt.

Die wirtschaftliche Vergangenheit der Stadt war von Metallindustrie, Chemie und von der Uhrenbranche geprägt. In den letzten Jahrzehnten konnten sich jedoch moderne Technologieunternehmen und der Dienstleistungssektor mehr und mehr durchsetzen. Zudem zählt mittlerweile auch die Tourismusbranche als wichtiger wirtschaftlicher Zweig.

Im Verlauf der industriell geprägten Jahrzehnte entstanden einige Wohnsiedlungen für die Arbeiterinnen und Arbeiter der Industrieunternehmen, die vorzugsweise in geographischer Nähe zu den Betrieben errichtet wurden. Aufgrund des in den letzten Jahrzehnten vollzogenen Strukturwandels und des damit verbundenen Abbaus von Arbeitsplätzen im Industriesektor verloren diese Wohnsiedlungen nach und nach ihre langjährigen Bewohnerinnen und Bewohner. Begleitet wurde dieser Prozess seit den 1980ern durch eine Zunahme der Immobilienspekulation, wodurch auch die bauliche Substanz und Ausstattung

---

1   Die Ergebnisse der Untersuchung sind durchgängig anonymisiert worden. Alle Hinweise auf die Stadt, die Stadtteile, die Schulhäuser, auf Lehrpersonen sowie Schülerinnen und Schüler wurden verfremdet. Verwendete Namen für Personen oder Stadtteile sind frei erfunden.

der Siedlungen in Mitleidenschaft gezogen worden ist. In der Folge konnten die Wohnungen immer weniger an Personen aus der Schweizer Mittelschicht vermietet werden. Die Wohnungen wurden vorzugsweise an Migrantinnen und Migranten aus den unteren Einkommensschichten vergeben. Im Zuge dieser Segregationsprozesse verloren einige dieser ehemals beliebten Wohnsiedlungen ihr *gutes Image* und wurden vom Stadtrat zu „prioritär zu behandelnden" Entwicklungsgebieten erklärt.

Es sind im Wesentlichen zwei dieser Entwicklungsgebiete, die auch in das hier vorgestellte Forschungsprojekt integriert sind.

Ein strenges einheitliches Schweizer Schulsystem gibt es in dem Sinne nicht. Die Ausgestaltung ist Sache der Kantone, so dass sich die Schulsysteme je nach Kanton mehr oder weniger stark unterscheiden. Dies wirkt sich vor allem auf die Anzahl der Jahre aus, die für Kindergarten (zwischen ein und drei Jahren) und Primarschule (vier bis sechs Jahre) vorgesehen sind. Jedoch strebt der Bund seit einigen Jahren eine strukturelle Harmonisierung der kantonalen Schulsysteme an. Diese Harmonisierung kann als Gegentendenz zum stark ausgeprägten Föderalismus der Schweiz gesehen werden, der den einzelnen Kantonen und Kommunen eine gewichtige Rolle bei der inhaltlichen Ausgestaltung des Schulbereichs einräumt. Diese gesamtschweizerischen Bestrebungen haben jedoch kaum Auswirkungen auf die hier interessierenden Schulhäuser, da viele Bedingungen der schweizweiten Harmonisierung in den Schulhäusern bereits umgesetzt bzw. erfüllt waren. Trotz dieser Bestrebungen bleibt den einzelnen Schulhäusern immer noch ein recht großer Gestaltungsspielraum, so dass für diese Untersuchung weniger das Schweizer Schulsystem, als vielmehr die konkreten Regelungen und Konzeptionen der beiden untersuchten Schulhäuser von Interesse sind (siehe auch Kapitel 4.1.1. und 4.1.2).

In der Untersuchungsstadt gibt es insgesamt 36 Kindergärten, Primar- und Sekundarschulhäuser, wobei im Fokus der Untersuchung zwei Primarschulen standen. Die Verteilung der Schülerinnen und Schüler auf die unterschiedlichen Schulhäuser erfolgt durch Gebietszuschnitte (Schulkreise), die jeweils einem Schulhaus zugeordnet werden. Dabei wird auf akzeptable Schulwege (Fußläufigkeit), ausgeglichene Klassenzahlen, möglichst gleichmäßige Verteilung sogenannter benachteiligter Kinder (die aufgrund ihres Wohnorts identifiziert werden) sowie Zuteilung von Geschwistern im gleichen Schulhaus geachtet. Die Gebiete werden jedes Jahr neu verhandelt und können dementsprechend von Jahr zu Jahr leicht variieren. Dabei gibt es keine strenge Ausrichtung an den administrativen Stadtteilgrenzen, so dass Stadtteil und Schulkreis nicht deckungsgleich sein müssen. Ist ein Stadtteil relativ groß und verfügt über viele Einwohnerinnen und Einwohner, kann es zum Beispiel zwei Schulkreise innerhalb des Stadtteils geben. Eine mögliche Folge davon ist, dass ein Kind dem Schulhaus x zugewiesen wird, während das Nachbarkind auf der gegenüberliegenden Straßenseite dem Schulhaus y zugewiesen wird.

Neben der territorialen Logik von administrativen Stadtteilgrenzen und Schulkreisen gibt es schließlich noch offiziell ausgewiesene Entwicklungsgebiete.

Die drei Logiken administrativer Gebietszuschneidung (Stadtteil, Schulkreis, Entwicklungsgebiet) überlagern beziehungsweise überschneiden sich zum Teil.

In den beiden folgenden Kapiteln werden die beiden für die Untersuchung relevanten Stadtteile und ihre Entwicklungsgebiete sowie die beiden untersuchten Schulhäuser vorgestellt.

4.1.1 Der Stadtteil A und sein Schulhaus A

Der Stadtteil A liegt im Nord-Westen der Stadt. Im Vergleich mit anderen Stadtteilen erstreckt er sich über eine relativ große Fläche und gehört zu den einwohnerstärksten der Stadt. Er liegt recht nahe der Innenstadt und wird an drei Seiten von Wald und Feldern eingerahmt. Topographisch bildet die Fläche des Stadtteils ein etwas erhöhtes Plateau.

Im Stadtteil sind diverse Sportstätten angesiedelt, wie zum Beispiel ein Fußballplatz mit angrenzenden Trainingsplätzen, eine Schwimmsportanlage mit Hallen- und Freibad sowie Tennisplätze – alles befindet sich in unmittelbarer Nachbarschaft zum Schulhaus (siehe Abbildung 2). Zusätzlich befinden sich in unmittelbarer Nachbarschaft zum Schulhaus noch ein Spielplatz und eine Kleingartensiedlung. Das ganze Areal mit Schulhaus, Sportstätten und Kleingartensiedlung liegt sehr zentral im Stadtteil.

Der geltende Zonenplan zeigt die vorgesehene Nutzungsform für alle Parzellen des Stadtteils an. Für die Wohnzonen sind zusätzlich die erlaubten Geschosszahlen angegeben.

Der Zonenplan für den Stadtteil gibt darüber Aufschluss, dass der Stadtteil im Wesentlichen zwei verschiedene Nutzungsarten vorsieht. Im Zentrum des Stadtteils ist eine relativ große Fläche als Zone für öffentliche Bauten, Anlagen und Grünflächen festgelegt. Hier liegen unter anderem auch das Schulhaus, die oben erwähnten Sportstätten sowie die Kleingartenanlage.

Erinnerungsprotokoll Stadtteilspaziergang[2]

Die Gebiete Schulhaus mit Umgebung und Entwicklungsgebiet unterscheiden sich stark in ihrem Erscheinungsbild. Rund um das Schulhaus ist die Gegend durch Ein- und wenige Mehrfamilienhäuser, gepflegte Parks und Grünanlagen geprägt. Das Gesamtbild der Häuser lässt auf eine eher gut situierte Wohngegend schließen. In diesem Stadtteil sind keine Restaurants oder Läden angesiedelt, es scheint, als ob hier nur gewohnt wird. Richtung Stadtzentrum befindet sich so etwas wie ein Dorfkern mit einem Bushäuschen und einem Restaurant. Der großzügig angelegte und sehr gepflegte Park, welcher sich in unmittelbarer Nähe des Schulhauses und des Spielplatzes befindet, vermittelt das Gefühl, sich in einem Erholungsgebiet einer Großstadt zu befinden. Auch die vielen Grünanlagen mit Spielgeräten für Kinder und verschiedene Sportangebote und die Schrebergärten neben dem Schulhaus vermitteln ein ähnliches Gefühl und unterstreichen die Atmosphäre einer grünen Wohngegend mitten in der Stadt. Das Gebäude einer Klinik, welches an den Park angeschlossen ist, wirkt herrschaftlich.

Die restliche Fläche des Stadtteils ist fast ausschließlich als Wohnzone deklariert, wobei sich die Geschosszahlen größtenteils zwischen zwei und drei Vollgeschossen bewegen (nur bei einer Parzelle sind vier Geschosse erlaubt). Lediglich das am Rand des Stadtteils gelegene Entwicklungsgebiet ist komplett als Wohnzone mit vier Vollgeschossen bzw. als gemischte Wohn- und Gewerbezone definiert.

Erinnerungsprotokoll Stadtteilspaziergang

Im Entwicklungsgebiet hingegen merkt man, dass man sich am Stadtrand befindet. Es gibt hier fast nur Wohnblocks, die etwas anonym wirken. Sie sind größtenteils saniert oder eine Sanierung ist im Gange. Es fällt auf, dass die neusanierten Gebäude oftmals mit farbigen Fassaden bestückt wurden. Hier findet sich wenig Anregendes für Kinder, ein zwei Spielgeräte und der nahe gelegene Wald. Das Gebiet, in welchem das Schulhauses steht, ist von hier mit dem Bus in rund 10 Minuten erreichbar und die Busse fahren gemäß Fahrplan bis kurz vor Mitternacht. Vor einem Wohnblock wirbt eine Immobilienfirma auf einer Informationstafel für leerstehende Wohnungen. Die Mietzinse sind einkommensabhängig abgestuft. Ein Industriegebäude und ein Nachtclub vermitteln eine Atmosphäre, welche an einen Agglomerationsort erinnert.

---

2 Die Erinnerungsprotokolle dienen lediglich dazu, sich die Stadtteile und die Schulhausareale etwas besser, „lebendiger" vorstellen zu können.

Nach Norden und Westen hin wird der Stadtteil von mehreren Parzellen umrahmt, die als Freihaltezonen deklariert sind (z.b. Wiesen); dahinter schließen sich große Waldflächen an. Nach Osten hin wird die Wohnzone mit einem Grünstreifen von einer schmalen Industriezone mit Dienstleistungen abgeschirmt. Erst hinter dieser Industriezone beginnt die Wohnzone eines anderen Stadtteils. Die Begrenzungen des Stadtteils durch Freihaltezonen (Wiesen, Wald) und Industriezonen sind in Abbildung 2 mit Linien dargestellt.

Es verlaufen weder stark befahrene Straßen noch Bahnlinien durch den Stadtteil. Lediglich beim Übergang von der Innenstadt zum Stadtteil sind einige Parzellen entlang der Hauptstraße als lärmvorbelastet angezeigt.

Am Rand des Stadtteils zur Innenstadt liegt ein zweites Schulhaus, welches ebenfalls von Kindern aus dem Stadtteil besucht wird. Dies liegt daran, dass die Grenze zwischen zwei Schulkreisen durch den Stadtteil verläuft und diesen in zwei Schulkreise unterteilt. In welches Schulhaus die Kinder gehen, ist abhängig von ihrem Wohnort und welchem Schulkreis dieser zugeordnet wird.

Obwohl drei für das Forschungsprojekt relevante territoriale Logiken auf der Maßstabsebene der Stadt existieren, sind die Stadtteile die einzigen Gebietszuschnitte, für die sozialstatistische Daten verfügbar sind. Einige demographische Punkte sollen hier kurz dargestellt werden.

Im gesamtstädtischen Vergleich wohnen im Stadtteil A relativ viele junge Menschen bis zu 19 Jahren. Dafür ist der Anteil an Personen im erwerbsfähigen Alter bis zu 65 Jahren vergleichsweise gering, wenn auch nicht besonders auffällig. Bei den Personen über 65 Jahren liegt der Stadtteil im Mittelfeld der Verteilung in der Stadt.

Auch bei der durchschnittlichen Haushaltsgröße im Stadtteil gibt es gesamtstädtisch gesehen keine Besonderheiten. Da keine aktuellen Daten zu den Haushaltstypen (Ein- und Mehrpersonenhaushalte) vorliegen, ist dieser Wert jedoch wenig aussagekräftig.

Gut ein Drittel der Stadtteilbevölkerung gehört der evangelisch-reformierten Kirche an, etwa ein Viertel der römisch-katholischen Kirche. Beide Anteile sind im städtischen Vergleich unauffällig. Lediglich der Anteil islamischer Bevölkerung ist im Stadtteil vergleichsweise hoch.

Insgesamt sind im Stadtteil über 70 Nationalitäten vertreten. Drei Viertel der Ausländerinnen und Ausländer sind deutscher, italienischer, serbischer, mazedonischer oder kroatischer Nationalität (absteigende Reihenfolge nach Prozent der Personen). Insgesamt hat gut ein Viertel der Stadtteilbevölkerung keine Schweizer Nationalität, was einem vergleichsweise hohen Anteil entspricht.

Diese Aussagen basieren auf den sozialstatistischen Daten der Stadt aus dem Jahr 2009. Daten zu Ausbildungsabschlüssen und Haushaltstypen wurden erst im Verlauf der Volkszählung im Jahr 2010 erhoben und sind noch nicht verfügbar (zum Zeitpunkt der hier vorliegenden Publikation waren lediglich Daten aus den Jahren 2005 und 2000 verfügbar), so dass hier nicht auf diese Kategorien eingegangen werden kann.

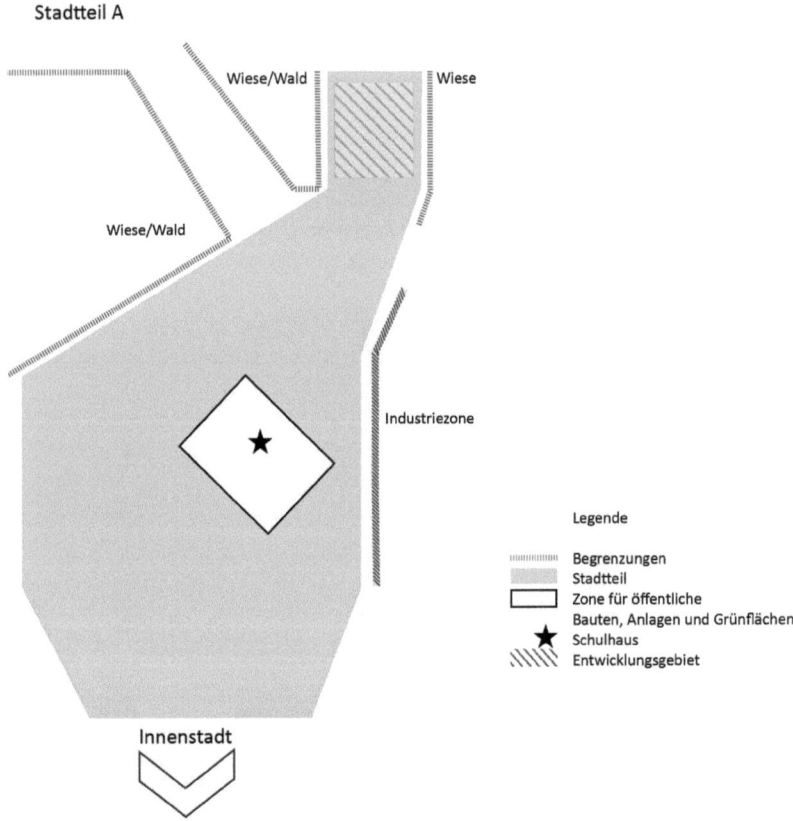

Abbildung 2: abstrahierte Karte Stadtteil A.

Das hier interessierende Schulhaus A liegt im Zentrum des Stadtteils und in unmittelbarer Nachbarschaft zu den Sportanlagen und der Kleingartensiedlung (siehe Abbildung 2). Auf dem Schulhausgelände selber gibt es einen Pausenhof mit farbigen Spielfeldern („Himmel und Hölle"), Tischtennisplatten und Sitzgelegenheiten sowie einen kleinen Spielplatz mit diversen Spielgeräten.

Erinnerungsprotokoll Stadtteilspaziergang

*Auf dem Schulareal stehen drei Gebäudetrakte. Das eine Haus mit Gie-
beldach wurde in den 1950er Jahren erbaut (ein Teil scheint renoviert,
der andere Teil nicht renoviert worden zu sein).*

*Beim zweiten Gebäude handelt es sich um ein Backsteingebäude mit
überdachtem Pausenplätzchen; daneben steht ein weiteres kleines
Häuschen. Das Pausenareal wird von diesen drei Gebäudeteilen umrahmt, wodurch eine Art Innenhof entsteht. Am Eingang zum Gelände
steht eine Verbots- respektive Benutzungstafel der Stadt. Das Schulareal wirkt sauber und gepflegt, farbig und lebendig, obwohl hier zurzeit
keine Kinder spielen oder unterrichtet werden. Unter dem überdachten
Pausenplatz steht eine Tafel auf der (wahrscheinlich von den Kindern)
in verschiedenen Sprachen „Grüezi" geschrieben ist. Auf dem Boden
sind zahlreiche farbige Spiele (Himmel/Hölle, Figuren usw.) aufgemalt.
Auf dem Gelände ist ein Spielplatz mit Spielgeräten, Tischtennistischen,
Sitzgelegenheiten und Bäumen angelegt. Zugänge sind einerseits vorne
über die Hauptstraße und hinter dem Schulhausareal auf der Seite der
Sporthalle erschlossen. Rund um das Schulhaus ist die Gegend von den
großen Sportanlagen (Fußballstadion, Schwimmbad, Sporthalle) und
den dazugehörigen Parkplätzen geprägt.*

Das Schulhaus A ist eine Primarschule, in die Kinder nach dem Besuch des
Kindergartens und vor der Oberstufe gehen. Die Kinder verbringen hier sechs
Jahre (1. bis 6. Klasse; Alter 6 bis 12). Nach diesen sechs Jahren Primarschule
erfolgt die Aufteilung auf die unterschiedlichen Schulformen der Sekundarstufe I.

Das Schulhaus A wird von zwei Lehrpersonen geführt, die als Vorstehende
fungieren, aber dennoch in den normalen Lehrbetrieb eingebunden sind. Das
bedeutet, die beiden Lehrpersonen sind nicht als hauptamtliche Schulleitung
tätig, sondern sind lediglich Kontakt- und Ansprechpersonen des Schulhauses.
Sie sind weiterhin hauptsächlich Lehrpersonen, werden aber mit vier Lektionen pro Woche entlastet.

Die Klassenlehrerinnen und -lehrer unterrichten bis auf Ausnahmen (z.B.
textiles und nichttextiles Werken) alle Fächer in *ihrer* Klasse. Pro Klasse werden durchschnittlich etwa 20 Kinder unterrichtet. Ein Drittel aller Kinder an
diesem Schulhaus wird als Ausländerinnen und Ausländer gezählt. Für Kinder mit sprachlichen Schwierigkeiten gibt es neben dem regulären Unterricht
speziellen Deutschunterricht, der während des Normalstundenplans stattfindet.

Über die Mittagszeit haben die Kinder Gelegenheit einen privat geführten
Mittagstisch zu besuchen, wo sie eine Mahlzeit erhalten und die Zeit bis zum

Nachmittagsunterricht überbrücken können. Diese Einrichtung befindet sich 300 Meter vom Schulhaus entfernt und wird je nach Wochentag von zehn bis zwanzig Kindern besucht.

Für Kinder mit Unterstützungsbedarf gibt es Klein- bzw. Förderklassen, denen diese Kinder zugeteilt werden. Diese Klassen werden jedoch nicht im gleichen Schulhaus unterrichtet.

Ein aktuelles Leitbild ist an diesem Schulhaus nicht vorhanden. Ebenso gibt es kein Büro für die Schulsozialarbeit, die aber bei Bedarf angefragt werden kann (in einem solchen Fall werden auch Räumlichkeiten zur Verfügung gestellt) beziehungsweise regelmäßig im Schulhaus präsent ist.

4.1.2 Der Stadtteil B und sein Schulhaus B

Der Stadtteil B liegt im Nord-Osten der Stadt. Begrenzt wird er im Süd-Osten durch eine Bahnlinie und eine Autobahn, welche den Stadtteil ebenfalls im Osten und Norden umschließt. Im Westen wird der Stadtteil durch Waldflächen begrenzt. Der Stadtteil weist nach Süden hin eine *Öffnung* auf, indem parallel zur Autobahn einige Straßen in Richtung Innenstadt verlaufen. Flächenmäßig ist dieser zweite Stadtteil kleiner als der erste.

Über den gesamten Stadtteil sind lediglich vier Parzellen für öffentliche Bauten, Anlagen und Grünflächen ausgewiesen. Die größte dieser Parzellen bezieht sich auf das hier relevante Schulhaus. Süd-westlich davon liegt das Areal einer Kirche. Eine Fläche im Osten des Stadtteils wird von einem Spielplatz für jüngere Kinder eingenommen, der allerdings auch von älteren Kindern genutzt wird, wodurch hin und wieder Nutzungskonflikte entstehen. Im Norden des Stadtteils liegt schließlich noch das Gelände eines Kindergartens (siehe auch Abbildung 3).

Quer durch den Stadtteil verläuft seine Hauptstraße, auf der auch die Busse des öffentlichen Nahverkehrs in Richtung Innenstadt bzw. in den Nachbarstadtteil verkehren.

Am nördlichen Rand des Stadtteils, aber jenseits der Autobahn, befinden sich eine Sporthalle sowie Fußball- und Tennisplätze.

Die Infrastruktur des Stadtteils hat sich in den letzten Jahren dahingehend verändert, dass die Filiale eines großen Supermarktes im Stadtteil geschlossen worden ist. Für größere Einkäufe müssen die Bewohnerinnen und Bewohner entweder zu einem Supermarkt im benachbarten Stadtteil oder in die Innenstadt fahren. Im Stadtteil selbst gibt es unter anderem einen kleinen türkischen Supermarkt sowie vereinzelt kleine Stadtteilläden. Zusätzlich finden sich im Stadtteil einige Kleingewerbe wie eine Bäckerei mit Postagentur, Friseurläden und einige Kneipen.

Neben dem Spielplatz für die jüngeren Kinder gibt es noch einen kleineren und etwas abgelegenen Bolzplatz, den vor allem die älteren Kinder nutzen, aber sehr kritisch bewerten – nicht zuletzt wegen seiner Lage in einem Gebiet, das mit einer spezifischen Bevölkerungsgruppe in Verbindung gebracht wird. Daneben nutzen die Kinder zum Teil auch das kürzlich umgestaltete Schulhausgelände als Freizeitort.

Der Zonenplan macht deutlich, dass dieser Stadtteil einerseits als Wohnzone und andererseits als Industriezone deklariert ist. Relativ viele Parzellen sind als Wohnzonen mit vier Vollgeschossen markiert. Dies ist vor allem entlang der Hauptstraße, im nördlichen Teil des Stadtteils und entlang der Bahnstrecke der Fall. Dazwischen liegen Wohnzonen mit zwei bis drei Vollgeschossen. Die Industriezone befindet sich ebenfalls an der Hauptstraße, wobei es sich hier nicht um mehrere Dienstleistungsfirmen und Detailhandel handelt, sondern um das relativ große Firmenareal eines Pharmaunternehmens. Im dahintergelegenen Waldstück befindet sich außerdem ein größeres Krankenhaus. Entlang der Bahnstrecke ist ein Streifen zusätzlich als Industriezone mit Dienstleistungen eingerichtet.

Im Vergleich zum ersten Stadtteil sind offiziell ausgewiesene Flächen für Freizeitaktivitäten im zweiten Stadtteil eher eingeschränkt (bei einer vergleichsweise hohen Wohndichte). Diese Dichte und Beengtheit wird nicht zuletzt durch die Lage zwischen Wald, Autobahn und Gleisen noch verstärkt.

Erinnerungsprotokoll Stadtteilspaziergang

Trotz Angrenzung an die Autobahn hört man kaum Autolärm. Der Stadtteil ist mit vielen Grünflächen durchzogen. Es besteht einiges an Kleingewerbe (Coiffeur, kleine Läden und Restaurants) und die Gegend wirkt dörflicher, je weiter man in den Stadtteil eintaucht. Wenn man sich begegnet, wird gegrüßt. Der Stadtteil scheint gut an den öffentlichen Verkehr angeschlossen zu sein, es verkehren regelmäßig Busse und die Bushaltestellen liegen nicht allzu weit auseinander. Vom Hauptbahnhof ist der Stadtteil in drei Minuten mit dem Bus erreichbar. Die Menschen kennen sich aus und können Auskunft geben, wenn man sie nach dem Weg fragt. Wenn man mit dem Bus vom Zentrum her in den Stadtteil fährt, liegt eingangs links ein großes Industrieareal. Der Stadtteil liegt auf einer Anhöhe und ist von seiner Topographie her eher hügelig, mit kleinen verwinkelten Sträßchen durchzogen und bietet teilweise einen Blick auf die Stadt.
Richtung Autobahn stehen eher Einfamilienhäuser mit Gärten und kleine Mehrfamilienhäuser oder Reihenhäuschen mit Garten oder Balkon, es stehen hier auch etwas größere, moderne Mehrfamilienhäuser. Es

fällt auf, dass die Zugänge zu einigen dieser Häuser mit einer Durch-
gangsbeschränkung („Privat") bezeichnet sind.
Auf der anderen Seite der Hauptstraße (bergseitig) stehen einige große
Mehrfamilienhäuser mit Grünanlagen und Balkonen (ca. 1960er/1970er
Jahre), weiter oben stehen wieder eher Einfamilienhäuser.
Die Hauptstraße trennt das Gebiet in zwei Teile.
Verlässt man den Stadtteil Richtung Stadtgrenze, wird es ländlicher, immer
wieder aber müssen größere, befahrene Straßen überquert werden.
Ein Spielplatz, welcher in der Nähe des Schulhauses liegt, wirkt großzügig
und sauber. Eine Sportanlage ist vom Stadtteil her zwar zu Fuß in ungefähr
15 Minuten erreichbar, es müssen aber doch einige Male rege befahrene
Straßen überquert werden. Die Umgebung der Sportanlage ist natürlich
gehalten, fast ein wenig verwildert und bietet sich für einen Spaziergang
an. Neben Angeboten wie einem Fußballplatz, Tennisplätzen, einem Bas-
ketballfeld (mit Betonboden) ist auch ein Skaterpark mit Rampen usw. vor-
handen.
Im Stadtteil Richtung Norden befindet sich dann auch eine alte Tankstelle,
mitten im Wohngebiet und durch einen Gartenzaun abgegrenzt, der aller-
dings offen steht. Das Gelände liegt in einem Kessel und kann nicht einge-
sehen werden. Von dem Tankstellengebäude existiert nur noch eine Wand,
welche besprayt wurde. Obwohl das Gelände sauber und aufgeräumt ist,
wirkt es ein wenig abenteuerlich.

Ein Großteil der Fläche des Stadtteils ist seit 2003 als Entwicklungsgebiet definiert. Seit 2004 wurde eine Arbeitsgruppe aus städtischen Vertreterinnen und
Vertretern sowie Personen des Stadtteils gebildet, die in regelmäßigen Sitzun-
gen Vorschläge für mögliche Verbesserungen im Stadtteil erarbeitet. So wurde
in einer Situationsanalyse dieser Gruppe unter anderem darauf hingewiesen,
dass die Bausubstanz vielerorts schlecht ist. Außerdem hat die zum Teil er-
hebliche Lärmbelastung in der Nähe von Autobahn und Bahngleisen zu einem
Segregationsprozess geführt. Die lärmbelasteten Wohnungen (Mehrfamilienhäuser, Blocks) werden vorwiegend von Migrantinnen und Migranten be-
wohnt, während andere, ruhigere Zonen des Stadtteils von Einfamilienhäusern
geprägt sind. Die Arbeitsgruppe stellte weiterhin fest, dass Stadtteilläden zunehmend verschwunden sind und der Stadtteil allgemein ein schlechtes Image
in der Stadt bekommen hat.

Eine Konsequenz aus den Vorschlägen der Arbeitsgruppe war die feste An-
siedlung der Quartierarbeit mit Quartiertreffpunkt, der die zukünftige Mitte
des Stadtteils bilden sollte. Außerdem wurde eine Befragung der Stadtteilbevölkerung durchgeführt, deren Ergebnisse in einen Maßnahmenplan eingeflos-

sen sind. Zusätzlich sind 70 Stellenprozent für die Jugendarbeit im Stadtteil geschaffen worden. Seit Kurzem gibt es auch einen Schulsozialarbeiter, der sowohl mit Jugend- wie auch Quartierarbeit eng kooperiert.

Im Stadtteil leben ca. 7.000 Personen. Damit folgt der Stadtteil B bei den Einwohnerzahlen direkt auf den Stadtteil A. Im Stadtteil B leben vergleichsweise viele Kinder bis zu sechs Jahren – der Anteil liegt geringfügig höher als in allen anderen Stadtteilen der Stadt. Bei den Kindern und Jugendlichen zwischen sechs und 19 Jahren liegt der Anteil im städtischen Mittelfeld. Dafür wohnen im Stadtteil wiederum relativ viele Personen im erwerbsfähigen Alter zwischen 19 und 65 Jahren. Schließlich ist der Anteil an älteren Personen ab 65 vergleichsweise niedrig. Im Vergleich mit den anderen Stadtteilen kann die Stadtteilbevölkerung als relativ jung bezeichnet werden.

Der Wert der durchschnittlichen Haushaltsgröße liegt im städtischen Mittelfeld. Ohne jedoch auf Daten zu den Haushaltstypen zurückzugreifen, ist dieser Wert nicht sehr aussagekräftig. Da aktuelle Daten zu den Haushaltstypen derzeit nicht vorliegen, kann an dieser Stelle keine Aussage zum Verhältnis von Ein- und Mehrpersonen-Haushalten gemacht werden.

Der Anteil an Personen römisch-katholischer beziehungsweise evangelisch-reformierter Konfession ist im Stadtteil ausgeglichen. Gleichzeitig bedeutet dies, dass im Stadtteil mit knapp unter 30% der geringste Anteil an evangelisch-reformierten Personen zu finden ist. In den übrigen Stadtteilen der Stadt bewegt sich dieser Wert zwischen 35% bis 45% (in einem neu eingemeindeten Stadtteil liegt er sogar bei 65%). Der Anteil der Konfessionslosen ist im städtischen Vergleich unauffällig, dafür ist der Anteil islamischer Konfession höher als in den anderen Stadtteilen. Ebenso liegt der Anteil der Personen, die mit der Sammelkategorie „andere Konfessionen" erfasst werden, deutlich höher als in den anderen Stadtteilen (je nach Vergleichsstadtteil ist der Wert mindestens doppelt so hoch).

Auch in diesem Stadtteil sind über 80 Nationalitäten vertreten, wobei türkische, deutsche, italienische, kroatische und serbische Nationalitäten am stärksten vertreten sind (absteigende Reihenfolge nach Anzahl der Personen). Der Anteil an Personen ohne Schweizer Nationalität ist in diesem Stadtteil deutlich höher als in Stadtteil A.

Diese Aussagen basieren auf den sozialstatistischen Daten der Stadt aus dem Jahr 2009.

Wie auch beim ersten Stadtteil sind Daten zu Ausbildungsabschlüssen und Haushaltstypen nur aus den Jahren 2005 und 2000 vorhanden, so dass hier zu diesen Kategorien keine Aussagen gemacht werden.

Fast der komplette Stadtteil ist einem Schulkreis und damit dem hier interessierenden Schulhaus B zugeordnet. Hier gehen also (wie im ersten Fall) Kinder aus dem Entwicklungsgebiet und dem restlichen Teil des Stadtteils in die gleiche Schule. Das Schulhaus liegt direkt an der Hauptstraße, die den Stadtteil mittig durchzieht und in eine obere und untere Hälfte teilt.

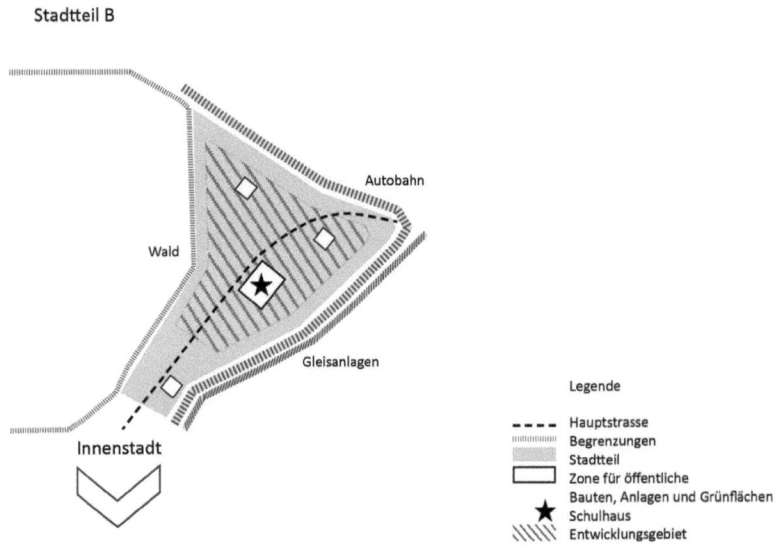

Abbildung 3: abstrahierte Karte Stadtteil B.

Das an der Hauptstraße gelegene Schulhaus B besteht aus zwei Gebäuden (Neu- und Altbau), wobei die Fassade des Altbaus kurz vor dem Unterrichtsbesuch des Forscherteams renoviert wurde. Um die beiden Gebäude erstreckt sich der Pausenhof, über den verschiedene Spielgeräte verteilt sind (Kletterturm, Rutschbahn, Tischtennistische, eine Feuerstelle sowie ein Wasserspiel). An den Pausenhof angrenzend befindet sich ein Sportfeld mit Betonboden, auf dem die Begrenzungslinien verschiedener Sportfelder markiert sind. Ebenfalls angrenzend befindet sich eine als Fußballplatz genutzte Rasenfläche, auf der auch Fußballtore stehen.

Erinnerungsprotokoll Stadtteilspaziergang

Das Schulareal und die Schulgebäude wirken von außen betrachtet sauber und herausgeputzt, allerdings auch ein wenig steril, das hat aber eventuell damit zu tun, dass das Schulareal nicht belebt ist, da Schulferien sind. Es fällt aber auf, dass beispielsweise kaum Bastelarbeiten an den Fenstern hängen oder dass außer den moderat farbig gehaltenen Fassadenteilen und dem Logo des Schulhauses alles etwas grau/braun gehalten ist. An einem Schaufenster sind einige Aktivitäten und Angebote angeschlagen. Es wird dort für Deutschkurse für Mütter geworben. Die Zugänge zum Areal sind von Süden und Westen über ein kleines Sträßchen erreichbar, von Norden her über die Hauptstraße. Von der Stadt wurden Tafeln aufgestellt, auf denen die Benutzungsregeln und -verbote aufgeführt sind. Auf dem Pausenplatz sind einige Spielgeräte wie Klettergelegenheiten, Rutschbahn, Tischtennistische und auch eine Feuerstelle vorhanden. Hinter Glas (beim Eingangsbereich zum Gebäude B) sind neben verschiedenen Abfallbehältern einige Skateboards aufgestapelt. Ob diese in der Pause von den Kindern benutzt werden dürfen, ist nicht klar.

Das Schulhaus wird seit dem Jahr 2003 als integrative Schule geführt. Das bedeutet, dass *lernschwächere* Schülerinnen und Schüler nach Möglichkeit in den Regelklassen bleiben, dort am Unterricht teilnehmen und sonderpädagogisch betreut werden. Separative Unterstützungsformen werden dann eingeleitet, wenn integrative Formen nicht möglich sind.

Im Leitbild der Schule wird dementsprechend auf die Heterogenität der Schülerinnen und Schüler hingewiesen. Außerdem wird die Ermöglichung sowohl von individuellem Lernen als auch von gemeinschaftsbildenden Unterrichtsformen betont. Im Leitbild wird die Schule auch als multikulturelle Stadtteilschule bezeichnet.

Erreichen Kinder das Lernziel der Regelklasse nicht, wird für sie ein individueller Förderplan mit persönlichen Lernzielen ausgearbeitet, nach dem die Kinder weiterhin in der Regelklasse lernen. Während vier Lektionen pro Woche ist eine heilpädagogische Lehrperson in jeder Klasse anwesend und arbeitet mit einzelnen Kindern oder mit Kleingruppen und unterstützt die Klassenlehrerin beziehungsweise den Klassenlehrer.

Seit einigen Jahren nimmt das Schulhaus an einem Schulversuch zu teilautonom geleiteten Schulen teil. Das heißt, an diesem Schulhaus sind zwei Lehrpersonen mit jeweils etwa einem Drittel ihrer Arbeitszeit als Schulleitung tätig.

Von den Lehrpersonen des Schulhauses wird die Strategie einer Öffnung der Schule zum Stadtteil angestrebt. Im Zuge dieser Strategie finden z.B. Deutschkurse für fremdsprachige Mütter im Schulhaus statt. Einige Monate nach der Datenerhebung wurde eine feste Stelle für Schulsozialarbeit am Schulhaus eingerichtet. Der Schulsozialarbeiter steht zudem in engem Kontakt mit den für den Stadtteil zuständigen Quartier- und Jugendarbeiterinnen und -arbeitern.

4.2   Subjektive Landkarten über Orte und Beschäftigungen der Kinder

Die Aufgabe, *subjektive Landkarten* zu zeichnen, führen die Schülerinnen und Schüler sehr unterschiedlich aus. Die Varianten sind vielfältig. Manche Bilder sind sehr ausführlich, nahezu plastisch gezeichnet und den Betrachtenden erscheint das Bild wie eine bunte Erzählung aus dem Kinderleben. Andere Bilder geizen nahezu mit Informationen, sind sperrig und spärlich in der Mitteilung, weisen nur vereinzelte Aspekte des Kinderalltags auf. Nur wenige Kinder wählen eine Darstellungsform, die an einen Stadtplan(ausschnitt) erinnert, mit einem Wegenetz und nachvollziehbaren Proportionen. Die meisten Kinder suchen eine individuelle Darstellungsform: Viele zeichnen kleine Bilder, die unterschiedlich auf ihrem Blatt angeordnet sind; teilweise in einer strengen Ordnung, die ein Bild neben das andere reiht, teilweise vermittelt die Anordnung den Eindruck einer willkürlichen oder zufälligen Verteilung der Bildchen auf dem Blatt. Manche Kinder spielen mit den Proportionen, zeichnen eine oder mehrere Dinge besonders groß. Andere geben ihrer subjektiven Landkarte ein klares Zentrum[3] und zeichnen andere Orte dazu in einem bestimmten Verhältnis. Die Kinder beschränken sich bei ihren Zeichnungen nicht auf den Alltag im Stadtteil beziehungsweise in der Stadt, sondern beziehen auch Besonderheiten wie Urlaubsreisen mit in ihre Bilder ein. Ganz wenige Kinder beschränken sich darauf, nur einen Ort zu malen. Anderen scheint der Platz für ihre Mitteilungen auf dem Blatt kaum auszureichen. Zwischen diesen beiden Polen gibt es eine breite Streuung. Dem Bedeutungsgehalt dieser unterschiedlichen Gestaltungen der subjektiven Landkarten wurde in dieser Analyse jedoch nicht nachgegangen.

Die Rekonstruktion der Landkarten fand themenanalytisch statt – die Themen der Landkarten sollten benannt und ihre Charakteristik herausgearbeitet werden. Diesem Fokus konnte auf der Grundlage von sechs Themen, die im Material sichtbar wurden, gefolgt werden. Über diese Themen wird im Folgenden in fünf Abschnitten berichtet: über die Familie, die freien Aktivitäten mit Peers und Vermeidungsorte der Kinder, die organisierten kinderkulturellen Aktivitäten, das Alleinsein und schließlich über die Schule. Die Darstellung folgt der Logik, die beiden Schulhäuser und Klassenstufen miteinander zu vergleichen, um sowohl typische Unterschiede zwischen den Gruppen als auch

---

3   Aufgrund der im dritten Kapitel erwähnten strukturierten Vorgabe der Lehrerin der 6. Klasse aus dem Schulhaus B zeichnen alle Schülerinnen und Schüler dieser Klasse eine subjektive Landkarte mit dem Zentrum „zu Hause", um welches sich alles andere gruppiert.

deren typische Gemeinsamkeiten herauszuarbeiten. Abgeschlossen werden diese Kapitel jeweils mit einem verallgemeinernden Fazit.[4]

4.2.1 Die Familie als emotionaler Rückhalt und als Ermöglichung räumlicher Aneignung durch die jüngeren Kinder

Viele der Kinder aus den 3. Klassen thematisieren in ihren Landkarten die Familie. Was berichten die etwa 9-jährigen Mädchen und Jungen bezüglich ihrer Familien über Orte, die ihnen wichtig sind und was sie dort tun? Die Kinder aus dem Schulhaus B berichten von Aktivitäten mit der Familie die Freizeit, die Lebens- bzw. Haushaltsführung sowie zum Teil die Ferien betreffend.

Die Familien verbringen ihre Freizeit gemeinsam im Schwimmbad (auch Badi genannt), bei Kinobesuchen, fahren Fahrrad, besuchen die Chilbi[5] und anderes (Abb. 4).

Abbildung 4: Mädchen, 3. Klasse, Schulhaus B

---

4 Bei allen Abbildungen im Kapitel 4.2 handelt es sich um Detailausschnitte von subjektiven Landkarten
5 Schweizerischer Begriff für Jahrmarkt, Kirchweih, Dorffest.

Im Freizeitbereich spielt bei einigen wenigen Kindern auch die Beziehung zu den Geschwistern eine Rolle. Sie sind nicht nur bei Aktivitäten mit der Familie dabei, sondern werden als Spielgefährten auf dem Spielplatz, beim Fußballspiel oder auch am Computer erwähnt. Ein Mädchen schildert differenziert: „Mit Schwester, Halbschwester und Halbbruder im Tierheim Kätzchen streicheln." Mit den Eltern gehen sie in die Stadt oder in einem Nachbarstadtteil einkaufen. Ein Mädchen beschreibt: „Mit Mami in den Migro, zu Mc Paper, Exliberis[6]. Mit Papa zu Mc Donald."[7]

Wenige Kinder erwähnen auch, dass sie mit den Eltern in Ferien gehen. Bei einem Mädchen erhält das so einen großen Stellenwert, dass sie das Flugzeug groß und zentral auf ihr Blatt malt und alle anderen Dinge darum herum gruppiert. Auch das Zuhause und die Wohnung selbst spielt bei einer Reihe von Kindern eine Rolle, ohne dass das, was dort stattfindet, besonders thematisiert wird. Ein Junge erwähnt das Computerspiel mit dem Bruder, ein Mädchen, dass sie mit den Eltern Musik hört und fernsieht. Die anderen belassen es bei der Benennung des Zustands des zu-hause-seins: „Mein Haus: mit meiner Familie" oder „Mit Mama und Papa zu Hause" sind Beispiele dafür.

Abbildung 5: Mädchen, 3. Klasse, Schulhaus A

---

6 Die Migros-Genossenschaft ist das größte Detailhandelsunternehmen in der Schweiz. Ex Libris gehört zur Migros-Gruppe und ist spezialisiert auf das multimediale Segment (Bücher, Musik, Film, Software etc.).

7 Was in diesem Kapitel als Zitat gekennzeichnet ist, ist nicht unbedingt de facto in diesen Sätzen von den Kindern formuliert worden. Die einzelnen Begriffe stehen teilweise verstreut über die Landkarte, einzelnen Orten zugeordnet. Bezogen auf dieses Zitat wurde jeweils für den Bereich Migros, McPaper und Ex Libris ein kleines Bild gemalt und „Mami" wurde daneben geschrieben (vgl. Anleitung subjektive Landkarte in Kap. 3). Die von den Kindern gewählte Schreibweise bleibt erhalten.

Die gleichaltrigen Kinder aus dem Schulhaus A betrachten das Zuhause etwas konkreter: Die Kinder, die das zu Hause sein mit den Eltern erwähnen, beschreiben entweder Aktivitäten (spielen, fernsehen) oder sprechen stärker Emotionales an, sei es das Ausruhen mit Mama, sich mit der Familie vor dem Kamin aufwärmen oder das Schmusen mit den Eltern (Abb. 5).

Wenige Kinder erwähnen ihre Geschwister als Spielgefährten, vor allem zu Hause. Aktivitäten der ganzen Familie beziehen sich auf Freizeitaktivitäten wie Wandern, Skifahren oder Schwimmbadbesuche. Bei einem Jungen füllt allein der Schwimmbadbesuch die gesamte subjektive Landkarte aus: „Mit der Familie in die Badi, schwimmen, ins Wasser springen, spielen." Wenige Kinder berichten auch hier von den Ferien im Ausland als wichtigem Erlebnis. Ein Mädchen schreibt: „Mit der Familie nach Gran Canaria fliegen und am Meer spielen." Bei anderen Kindern sind diese Ferienerlebnisse mit Besuchen der im Ausland lebenden Großeltern gekoppelt.

Die Kinder der 6. Klasse äußern sich bezüglich der Familie deutlich seltener. Die 12-jährigen Schülerinnen und Schüler aus dem Schulhaus A berichten zwar von ähnlichen Aktivitäten mit den Eltern wie die jüngeren Kinder – der emotionale Aspekt von Familie findet hier allerdings keine weitere Erwähnung.

Bei den älteren Kindern aus dem Schulhaus B konzentriert sich das Berichten über das Familienleben im Vergleich mit den jüngeren Kindern auf konsumorientierte Tätigkeiten. Das gemeinsame Einkaufen mit den Eltern im Einkaufszentrum im Nachbarstadtteil oder in der Innenstadt wird von einigen Kindern thematisiert. „Mit Mutter in der Stadt einkaufen" oder „Mit Eltern in Neblingen" einkaufen werden zu zentralen Aussagen der Kinder über das Familienleben. Über weitere familiäre Aktivitäten berichten nur noch wenige Kinder. Ein emotionaler Bezug zur Familie wird von den Schülerinnen und Schülern dieser Klasse aber ebenso wenig berichtet, wie von den gleichaltrigen Kindern aus dem Schulhaus A.

Fazit

Grundsätzlich kann festgehalten werden, dass die Familie für die jüngeren Kinder einen relativ hohen Stellenwert hat, der unterschiedliche Aspekte beinhalten kann, zu denen aber ein familiäres Innen gehört, mit Beschäftigungen und emotionaler Zuwendung im Bereich des Zuhauses. Insbesondere Letzteres ist interessant und macht deutlich, was an anderer Stelle noch deutlicher gezeigt wird: das Verhältnis von Anspannung und Entspannung (Kap. 4.3.1, thematische Gruppe: Handlungen). Für Kinder, die sich hierzu geäußert haben, ist das Zuhause ein wichtiger Ort der Entspannung.

Das Außen – als zweiter Aspekt – beschreibt Aktivitäten, die wie in einer konzentrischen Ausdehnung den Ort des zu Hause überwinden. Nahräumliche

Aktivitäten, denen die Kinder auch mit ihren Peers nachkommen (könnten), werden durch weniger alltägliche Erfahrungsbereiche auch in der räumlichen Ausdehnung erweitert und durch das Besondere ergänzt. Familie erfüllt aus Kindersicht sowohl den Sinn emotionalen Rückhalts als auch die Funktion der Begleitung bei der Überschreitung häuslicher Grenzen: sie ermöglicht räumliche Aneignung durch das Aufsuchen attraktiver Orte. Die konkrete Ausgestaltung differiert sowohl zwischen den Kindern der beiden Stadtteile als auch innerhalb der Stadtteile. Inwieweit dabei aber die Grenzen des Stadtteils überschritten werden müssen, ist in besonderem Maß abhängig von der Enge und Begrenztheit des Stadtteils – oder anders ausgedrückt, vom Anregungspotential des Stadtteils, von der Ermöglichung, die in seiner Attraktivität für das kindliche und familiäre Alltagsleben liegt.

Ein anderer Unterschied zwischen den Stadtteilen ist überdeutlich: Es verdichtet sich der Eindruck, dass die jüngeren Kinder aus dem Schulhaus A weniger stark mit Fragen der familiären Alltagsbewältigung konfrontiert sind als die gleichaltrigen Kinder aus dem Schulhaus B. Kein Kind aus dem Schulhaus A berichtet vom gemeinsamen Einkaufen mit den Eltern. Für einen Teil der jüngeren Kinder aus dem Schulhaus B gehört das jedoch zum Familienleben dazu – und ist ein Aspekt räumlicher Ausdehnung und Aneignung. Bei den älteren Kindern spitzt sich dieser Unterschied stadtteilspezifisch zu. Das Außen wird also nicht nur durch die Attraktivität der Orte für Freizeitaktivitäten bestimmt, sondern auch durch Orte der alltäglichen Lebensführung. Dieser Stellenwert ist aber beschränkt auf die Alltagsreflexion der Kinder aus dem Schulhaus B.

Enge versus Weite und Begrenztheit versus Offenheit sind Aspekte der Stadtteile, die bereits über das Thema der Familie transportiert werden, die einen Einfluss auf die Perspektive von Ermöglichung und Aneignung haben; Aspekte, die in der Raumaneignung der Kinder mit ihren Peers noch deutlicher werden.

4.2.2 Mit den Peers unterwegs – Aneignungsräume innerhalb und außerhalb des Stadtteils

Im Stadtteil B gibt es einen zentral gelegenen Spielplatz, den die Kinder in ihrer Freizeit gerne nutzen (Abb. 6 und 7). Hier ist „mit Freunden alles möglich" – ein Ort im Quartier, ein Aneignungsraum, der sich sowohl bei den jüngeren als auch den älteren Kindern großer Beliebtheit erfreut, auch wenn er das Manko hat, dass dort kein Fußball gespielt werden darf. Ein nahe gelegener Bolzplatz ist durch seine Randlage im Stadtteil keine wirkliche Alternative zum Fußball spielen, welches eine wichtige Beschäftigung der Schülerinnen und Schüler beider Altersstufen und beider Stadtteile darstellt.

Abbildung 6: Mädchen, 3. Klasse, Schulhaus B

Abbildung 7: Junge, 6. Klasse, Schulhaus B

Einige der jüngeren Kinder aus dem Schulhaus B halten sich gerne in unmittelbarer Nachbarschaft ihres Wohnortes auf (Abb. 8). Äußerungen wie „zu Hause mit Freundinnen" oder „in meiner Strasse"[8] sind die typischen Bezeichnungen für diese Orte, an denen sie sich mit einem oder mehreren Kindern treffen. Der Spielplatz stellt neben dem Zuhause und dem Spielen in der Nachbarschaft die einzige Alternative zum Schulgelände innerhalb des Quartiers dar. Letzteres ist zudem mit seiner großen Freifläche, einem Spielplatz, ei-

---

8   Die schweizerische Rechtschreibung sieht kein „ß" vor.

nem Fußballfeld, Tischtennisplatten u.a. ein attraktiver Ort. Unter den Kindern ist das Schulgelände allerdings ein umstrittener Freizeitort. Die einen nutzen, die anderen meiden ihn.

Abbildung 8: Junge, 3. Klasse, Schulhaus B

Dem Stadtteil B muss grundsätzlich konstatiert werden, ein Stadtteil mit für Kinder recht niedrigem Anregungspotenzial zu sein. Zudem finden sich in ihm Orte, die von den Kindern gemieden werden und die somit zu Begrenzungen in der räumlichen Aneignung der Kinder führen. Zum Teil ist es das Schulgelände, zum Teil eine verlassene Tankstelle, die von einem wild wuchernden Waldgrundstück umgeben und einer Hecke mit Jägerzaun begrenzt ist und um die der Mythos rankt, Treffpunkt der „Drögeler"[9] zu sein (Abb. 9).

---

9   Drogenkonsumentin oder Drogenabhängiger.

Folglich suchen Kinder nach Alternativen. Nicht nur mit den Eltern erweitern sie ihren Horizont alltäglicher Beschäftigung über die Quartiergrenzen hinaus: auch mit ihren Peers besuchen manche Kinder vor allem das Freibad, aber auch das Hallenbad, die im Stadtteil A liegen, sie besuchen die Chilbi und vereinzelte andere Orte in anderen Teilen der Stadt. Selbst die jüngeren Kinder fahren mit dem Bus in die Stadt, gehen mit ihren Peers ins Kino, in Geschäfte wie McPaper oder Manor[10] und zu McDonald's. Mit diesem Interesse an der Innenstadt entsteht der Eindruck, dass ein Teil dieser Kinder bereits einem jugendlichen Lebensentwurf folgt – ein Eindruck, der bei den jüngeren Kindern aus dem Schulhaus A überhaupt nicht entsteht.

Abbildung 9: Mädchen, 3. Klasse, Schulhaus B

Die älteren Kinder aus dem Schulhaus B sind mit der Suche nach alternativen Orten und mit der Verlagerung der Aktivitäten aus ihrem Quartier heraus deutlich stärker beschäftigt als die jüngeren. Die zentralen Freizeitaktivitäten der älteren Schülerinnen und Schüler in ihrem Quartier sind das Fußball spielen beim Schulhaus, auf einem Fußballfeld am nordwestlichen Rand des Stadtteils oder auf dem Spielplatz. Letzterer ist auch sonst ein beliebter Treffpunkt zum Spielen, Rumhängen oder Sport treiben. Aber auch hier entstehen Begrenzungen. Die verlassene Tankstelle wird aus dem oben geschilderten Grund ebenfalls gemieden; darüber hinaus auch Orte innerhalb und außerhalb des

---

10 Schweizerische Warenhauskette.

Stadtteils, die negativ besetzt sind: entweder weil dort negative Erfahrungen gemacht wurden (z.b. Schlägerei, langweilig) oder weil die Gebiete stigmatisiert sind (z.B. „Albaner") (Abb. 10 und 11).

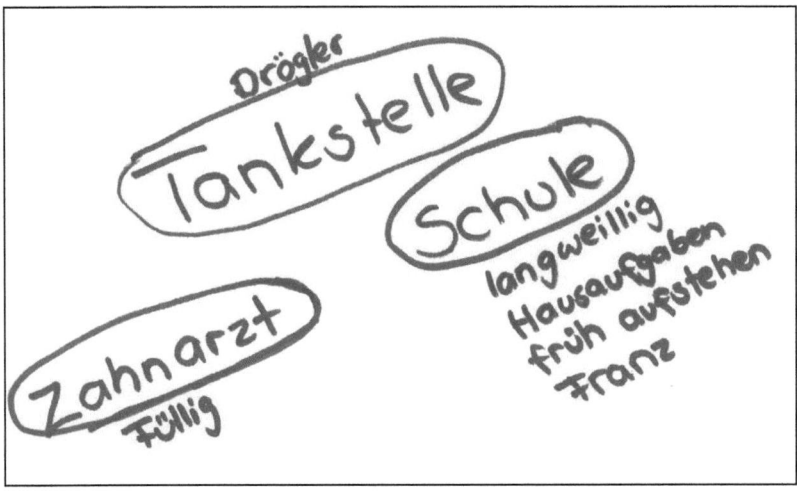

Abbildung 10: Mädchen, 6. Klasse, Schulhaus B

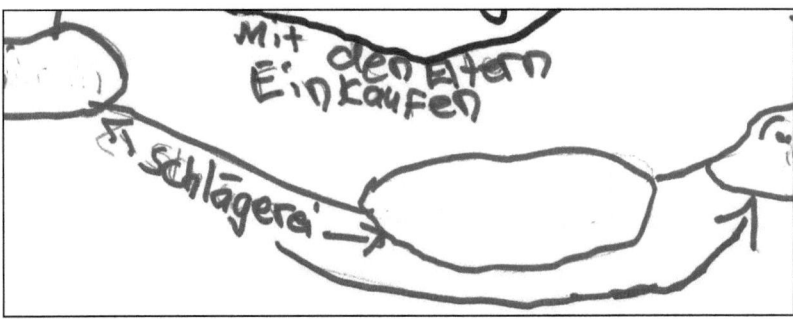

Abbildung 11: Junge, 6. Klasse, Schulhaus B

Das Schwimmbad im Nachbarstadtteil A gehört auch bei den älteren Kindern aus dem Schulhaus B zu den Lieblingsfreizeitorten – ansonsten gibt es viele einzelne Orte, an denen Kinder speziellen Interessen nachgehen, wie zum Beispiel Eislaufen oder Fischen am Fluss. Interessanter Weise erwähnt nur ein Mädchen das Zuhause als Ort gemeinsamer Treffen mit Freunden – im Unterschied zu den anderen drei Klassen spielt die unmittelbare Nachbarschaft bei den älteren Schülerinnen und Schülern des Schulhauses B in ihrer Freizeit keine besondere Rolle; das Zuhause bleibt dem Familiären vorbehalten.

Zur wichtigsten Freizeitaktivität der Älteren wird allerdings das Rumhängen, Rumlaufen oder Chillen (Abb 12 und 13). Zwar eignet sich dafür auch der Spielplatz, meistens jedoch bezeichnen die Kinder als wichtige Chillorte solche außerhalb des Stadtteils. Das Schulgelände sowohl des Primarschulhauses als auch des Schulhauses der Orientierungsschule eines Nachbarstadtteils gehören als stadtteilnahe Orte zu solchen Treffpunkten, ebenso wie das Einkaufszentrum im selben Nachbarstadtteil, der Bahnhof, vor allem aber die Innenstadt.

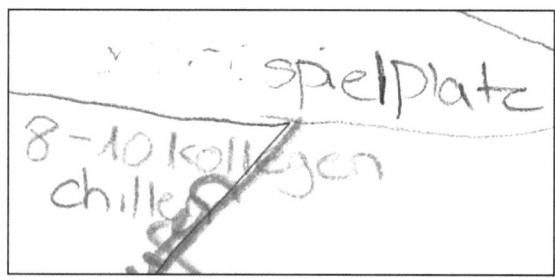

Abbildung 12: Junge, 6. Klasse, Schulhaus B

Abbildung 13: Junge, 6. Klasse, Schulhaus B

Die Innenstadt eignet sich aber nicht nur, um „mit Kollegen herum chillen" zu können oder „In der Stadt mit 4 Kollegen spazieren", sondern auch als Ort des Konsums: Neben dem Rumhängen ist sie für Mädchen und Jungen ein Ort für Shopping mit Freundinnen und Freunden. Ein Mädchen differenziert das in ihrer subjektiven Landkarte sehr deutlich: Mit drei Freundinnen geht sie in der Stadt einkaufen, mit fünf Freundinnen geht sie in einem Nachbarstadtteil einkaufen und mit vier Freundinnen geht sie in der Stadt spazieren.

Und ein Junge konkretisiert seine Tätigkeiten: In der Stadt geht er mit Kollegen in den Modellbauladen und Feuerwerk kaufen, im Einkaufzentrum geht er sich

„mit 1 bis 3 Kollegen Electronic anschauen". Im Einkaufszentrum, im Wald und auf dem Spielplatz hängt er hingegen ab.

Die jüngeren Kinder aus dem Schulhaus A gehen ihren freien Aktivitäten im Großen und Ganzen in ihrem Quartier nach. Wie bei den jüngeren Kindern aus dem Schulhaus B finden Treffen mit anderen Kindern in der unmittelbaren Nachbarschaft statt. Sie treffen sich mit anderen Kindern zu Hause und spielen im eigenen Zimmer oder sie sind beim Nachbarn, im Garten oder auf der Straße. Die meisten Aktivitäten finden allerdings an anderen Orten im Stadtteil statt: Sie treffen sich mit anderen Kindern in der Badi zum Schwimmen und Springen, im Wald zum Hütten bauen oder Feuer machen sowie auf Fußballfeldern zum Fußball spielen (Abb. 14 und 15) – auch Spielplätze und die Eisbahn werden als wichtige Freizeitorte genannt. Das Schulgelände wird von diesen Kindern nicht explizit als Spielort in der Freizeit erwähnt – obwohl nicht klar ist, ob sich die Kinder nicht auch auf dem Fußballfeld am Schulhaus treffen. An dieser Aufzählung kann erneut gesehen werden, dass das Anregungspotenzial des Stadtteils A deutlich höher ist als das des Stadtteils B.

Abbildung 14: Junge, 3. Klasse, Schulhaus A

Konsum, wie er im Leben der Kinder aus dem Schulhaus B eine Rolle spielt, wird von den jüngeren Kindern aus dem Schulhaus A in ihren subjektiven Landkarten nicht berichtet. Ihre freie Zeit ist bestimmt vom Spielen mit Peers. Die Freizeitmöglichkeiten, die die Kinder im Stadtteil geboten bekommen, machen ein Verlassen desselben, um freien Aktivitäten nachzugehen, überflüssig. Allerdings handelt es sich um ein großes Quartier, nicht alle Orte sind für die Kinder schnell zu Fuß zu erreichen. So

benützen Kinder teilweise auch innerhalb ihres Quartiers den Bus, um an be-
stimmte Orte zu kommen. Es ist dann zumindest zeitlich ein sehr relativer
Unterschied, ob ein Kind beispielsweise aus der nördlichsten Gegend des
Stadtteils A mit dem Bus zum Schwimmbad fährt, oder ein Kind aus dem
Nachbarstadtteil B.

Abbildung 15: Junge, 3. Klasse, Schulhaus A

Bei den drei Jahre älteren Kindern aus dem Schulhaus A lässt sich beobachten, dass sich die zentralen Interessen, die wir bei den Jüngeren beobachten, wiederfinden, sie zum Teil jedoch ausgeprägter berichtet werden. Zudem differenziert sich das soziale Leben im Peerkontext aus. Auch hier werden Aktivitäten in der unmittelbaren Nachbarschaft beschrieben. Manche Kinder treffen sich zu Hause oder in der näheren Umgebung, beispielsweise im nahen Wald, dem nahen Spielplatz oder auf dem nahen Parkplatz des Supermarkts mit Freundinnen und Freunden, um miteinander zu spielen oder anderen Aktivitäten nachzugehen. Die wichtigsten Orte abseits der unmittelbaren Nachbarschaft stellen Spielplätze – darunter auch der Schulspielplatz – und Fußballfelder dar. Ein Mädchen, das genau diese beiden Tätigkeiten beschreibt, zeichnet in ihrer subjektiven Landkarte den nah am Wohnort liegenden Spielplatz und das Schulareal als Spielorte ein; Fußball spielt sie ebenfalls auf dem Spielplatz oder auf dem Coop[11]-Parkplatz nahe des Wohnorts sowie auf dem Fußballfeld in der Nähe der Schule. Aber auch der Wald und die Badi bleiben attraktive Freizeitorte, ebenso werden der Park, die Eisbahn und einige andere Orte im Quartier genannt. Aktivitäten außerhalb des Stadtteils werden kaum berichtet. Lediglich ein Mädchen berichtet von Besuchen bei einer Freundin auf dem Bauernhof – und hier ist sie auf die elterlichen Fahrdienste angewiesen. Für die freien Aktivitäten der Kinder mit ihren Peers sind solche Fahrdienste für beide Schulhäuser und beide Altersgruppen untypisch und stellen eine Ausnahme dar. Die Freizeitaktivitäten erreichen die Kinder in der Regel allein oder mit Gleichaltrigen zu Fuß, mit Roller, Kickboard oder Fahrrad sowie mit dem Bus.

Bei den älteren Schülerinnen und Schülern aus dem Schulhaus A findet sich eine leichte Tendenz der Ausdehnung ihrer Aktivitäten in die Innenstadt. Wenige Kinder berichten davon – allerdings liegt der Schwerpunkt der Berichte nur bedingt beim Shoppen; gemeinsam Essen spielt eher eine Rolle und vielleicht noch stärker das gemeinsame Erleben und sich Inszenieren als Jugendliche: „Ich gehe in die Stadt mit Freunden, weil ich gerne unter Leuten bin." Diese Beschreibung eines Jungen zielt auf das gemeinschaftliche Erleben, ohne einer besonderen Aktivität nachzugehen (Abb. 16).

---

11 Coop ist das zweitgrößte Detailhandelsunternehmen der Schweiz.

Abbildung 16: Junge, 6. Klasse, Schulhaus A

Es ist die Abgrenzung vom Spiel: das Chillen, Rumhängen etc. wird auch für die älteren Kinder aus dem Schulhaus A zu einer wichtigen Freizeitbeschäftigung. Für ihre Aktivitäten im Stadtteil beschreiben das einige Schülerinnen und Schüler: Sei es durch das gemeinsame auf der Bank an der Bushaltestelle sitzen und sich zu unterhalten, mit dem Freund oder dem Nachbarn zu reden, sich am Brunnen zu treffen, Spaß zu haben oder nach draußen zu gehen und sich zu unterhalten. Der Unterschied zu den Gleichaltrigen aus dem Nachbarstadtteil B ist der, dass die Kinder aus dem Schulhaus A auch im eigenen Quartier chillen – und sich nicht gezwungen fühlen, die Quartiergrenzen zu überschreiten. Zunehmend suchen zwar auch diese Kinder die Innenstadt auf. Das eigene Quartier besitzt jedoch – wohl auch hier durch seine Größe und die Vielfältigkeit seiner impliziten Möglichkeiten – genügend Attraktivität, um dort seine Zeit zu verbringen.

Auch die Kinder – allerdings eher die älteren – aus dem Schulhaus A benennen Orte, die sie meiden. Diese bleiben jedoch unspezifisch, werden dominiert von der Angst „in der Nacht allein im Wald" zu sein und – das ist entscheidend – führen zu keiner Begrenzung der Kinder, die eine Alternative suchen ließe, die vom bzw. im Stadtteil nicht geboten wird.

Fazit

Insbesondere die Bedeutung des Spielplatzes im Stadtteil B verweist darauf, dass sowohl jüngere als auch ältere Kinder das Bedürfnis haben, sich innerhalb ihres Quartiers aufzuhalten. Begrenztheit sorgt allerdings dafür, dass die Kinder sich stärker aus dem Quartier heraus orientieren, als sie eigentlich wollen. Diese Begrenztheit liegt einerseits im grundsätzlich als gering erlebten Anregungspotenzial des Quartiers, andererseits wird sie im Erleben der Kinder verstärkt durch das Berichten von Vermeidungsorten. Insofern kann von doppelter Begrenztheit gesprochen werden, die von den älteren Kindern häufiger, nachdrücklicher berichtet wird als von den jüngeren. Dies verwundert aber nicht angesichts der Tatsache, dass sich die Aktivitätsinteressen bei den älteren Kindern beider Stadtteile im Vergleich mit den jüngeren ausdifferenzieren – und damit auch die Orte und Räume ihrer Aktivitäten.

Der Mangel an Ermöglichung zwingt die Kinder nahezu aus ihrem Quartier heraus. Die Kinder finden Alternativen an Orten in anderen Teilen der Stadt, die sie für ihre Aktivitäten gezielt aufsuchen, wenn es beispielsweise ums Baden oder Sport treiben, aber teilweise auch wenn es ums Chillen geht – Ermöglichungsräume, die zu ihren Aneignungsräumen werden. Darüber hinaus ist Chillen, Rumhängen und Rumlaufen als wichtigste Freizeitaktivität der älteren Schülerinnen und Schüler ebenso wie ihre konsumorientierten Aktivitäten stärker im Sinne einer jugendlichen Inszenierung zu verstehen, für die Freiräume zur Verfügung stehen müssen. Damit ist naheliegend, warum die älteren Schülerinnen und Schüler aus dem Schulhaus A besser innerhalb ihres Quartiers rumhängen können als die gleichaltrigen Mädchen und Jungen aus dem Schulhaus B. Der Stadtteil mit seiner Größe und seinem Anregungspotenzial ermöglicht mehr oder lässt mehr zu. Dabei geht es nicht nur um die expliziten Möglichkeiten, die im Stadtteil A relativ zentral verortet sind (Badi etc., vgl. Abb. 2: abstrahierte Karte) und von den Kindern des Stadtteils ebenso genutzt werden, wie von Kindern aus dem Nachbarstadtteil, sondern vor allem um die impliziten Möglichkeiten, die dezentral gegeben sind (Brunnen, Bushaltestellenhäuschen etc.) und die es den Kindern erlaubt, ihrer wichtigsten Freizeitaktivität gemeinsam mit ihren Peers innerhalb des Quartiers nachzugehen.

Offen bleibt, ob das Image des Stadtteils die Kinder in ihren Entscheidungen, bestimmte Orte innerhalb oder außerhalb des Stadtteils aufzusuchen, in irgendeiner Weise beeinflusst und damit zur möglichen Begrenztheit beiträgt. Eine solch kritische Thematisierung des eigenen Quartiers findet in den subjektiven Landkarten nicht statt.

4.2.3 Allein in gewohnter Umgebung – aber selten einsam

Mit den Peers oder der Familie gemeinsam etwas unternehmen ist für die Kinder deutlich interessanter, als sich allein zu beschäftigen. Dass sie sich zu Hause oder an anderen Orten alleine aufhalten, nehmen die Kinder eher selten in ihre subjektive Landkarte mit auf. Wenige der älteren Schülerinnen und Schüler aus dem Schulhaus A berichten von Aktivitäten, die sie allein unternehmen: sie sind zu Hause allein und lesen, spielen oder puzzeln dort. Ein Mädchen geht mit dem Hund in den Wald.

Etwas häufiger berichten die jüngeren Kinder aus dem Schulhaus A von Beschäftigungen, denen sie alleine nachgehen: zu Hause lesen, mit X-Box und Computer spielen, Fernsehen, im Zimmer spielen und „im Schrank sitzen und liegen mit meiner Katze oder allein". Aber es gibt auch Kinder, die allein ins Schwimmbad gehen oder auf den Spielplatz, die allein im Wald spazieren gehen oder in die Kirche. Ein Mädchen ist allein im Garten fröhlich (Abb. 17).

Abbildung 17: Mädchen, 3. Klasse, Schulhaus A

In ganz ähnlichem Ausmaß berichten die jüngeren Kinder aus dem Schulhaus B vom Alleinsein. Diejenigen unter ihnen, die es nur zu Hause sind, geben nicht an, was sie dort alleine tun. Außerhalb der Wohnung gehen manche Jungen allein zum Kiosk, zum Lebensmittelladen und zum Döner-Stand. Andere Kinder gehen allein in den Wald, auf eine Blumenwiese oder führen den Hund aus.

In der Regel wird parallel zu der Beschäftigung allein auch von Aktivitäten mit den Peers und/oder der Familie berichtet. Ganz wenige der Kinder scheinen jedoch relativ einsam zu sein. Und das sind nicht unbedingt Kinder, die berichten, dass sie sich alleine beschäftigen, sondern solche, die einfach so gut wie keine Informationen – insbesondere über andere Kinder – in ihre subjektive Landkarte einzeichnen.

Dass die Kinder dieser drei Schulklassen wenige Informationen über ihr Alleinsein in ihre subjektive Landkarte einzeichnen, verwundert nicht; sie waren dazu nicht explizit aufgefordert. Etwas anders verhält sich dies bei den älteren Schülerinnen und Schülern des Schulhauses B. Die Lehrerin hat in der Einführung eine Struktur als Beispiel vorgegeben, die das zu Hause zum Ausgangspunkt der Aktivitäten der Kinder setzt. Entsprechend berichten diese Kinder häufiger vom Alleinsein. Da es sich dabei aber sehr häufig um Dinge handelt, die sie zu Hause machen, müssen wir einfach von einem Artefakt ausgehen. Der PC, Gamen und Fernsehen sind die Hauptbeschäftigungen der Kinder zu Hause – und zudem berichten noch einige, dass sie die Hausaufgaben alleine machen. Darüber hinaus finden wenige Aktivitäten im Stadtteil statt, spazieren gehen, den Hund ausführen oder alleine Fahrrad fahren. Auch wenn hier ausführlicher beziehungsweise von mehr Kindern von Beschäftigungen berichtet wird, denen sie alleine nachgehen, bestätigt sich hier nur, was bereits durch die subjektiven Landkarten der Kinder der drei anderen Schulklassen beschrieben wurde.

Fazit

Das Zuhause ist der vornehmliche Ort, an dem die Kinder alleine Aktivitäten nachgehen. Verlassen sie die Wohnung, dann sind ihre Aktivitäten auf das eigene Quartier beschränkt. Alleinsein unterstützt eher Aktivitäten in einem gewohnten räumlichen Rahmen. Zumindest Aneignung neuer Orte setzt insofern anscheinend Interaktionspartner und -partnerinnen voraus – Peers oder die Familie. In den subjektiven Landkarten finden sich keine Hinweise darauf, dass das Alleinsein in irgendeiner Weise in den Zusammenhang mit dem Anregungspotenzial des Stadtteils in Zusammenhang gebracht werden kann.

4.2.4 Vielfalt des Individuellen – individuelle Interessenverwirklichung in kinderkulturellen Angeboten

Nur sehr wenige der jüngeren Kinder aus dem Schulhaus B berichten von der Teilnahme an organisierten kinderkulturellen Angeboten. Der Besuch von Pfadi und Cevi, den katholischen und evangelischen PfadfinderInnengruppen, wird dabei hauptsächlich angegeben (Abb. 18). Die Treffen finden im Cevi- bzw. Pfadi-Haus oder im Wald statt. Die Kinder erreichen die Orte per Fahrrad oder zu Fuß. Ein Mädchen berichtet, dass sie mit dem Bus dorthin fährt oder von den Eltern mit dem Auto gefahren wird. Auch ein Junge, der seinem Lieblingssport Tennis im Verein nachgeht, wird mit dem Motorrad zum Tennisplatz gefahren.

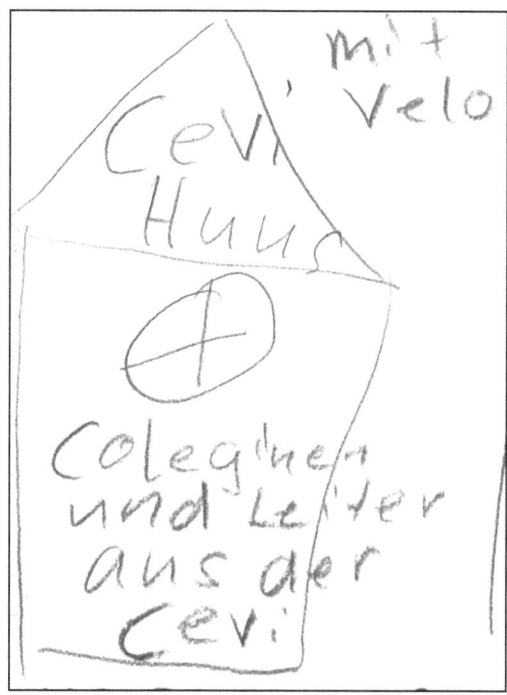

Abbildung 18: Mädchen, 3. Klasse, Schulhaus B

Auch Kinder aus dem Schulhaus A beschreiben in ihren subjektiven Landkarten kinderkulturelle Angebote. Von diesen jüngeren Schülerinnen und Schülern werden hauptsächlich Kindergruppenangebote von Verbänden besucht: PfadfinderInnen, Blauring und Jungwacht. Ansonsten treiben die Kinder Sport; hauptsächlich spielen sie Fußball, aber auch Handball und Ballett werden genannt. Erreicht werden die Angebote zu Fuß, mit dem Trottinet[12], häufig aber auch mit dem Bus, selbst wenn das Training im Stadtteil stattfindet. Ein Mädchen und ein Junge berichten, dass sie

---

12 Roller

zu ihren Vereinsaktivitäten immer beziehungsweise teilweise mit dem Auto gefahren werden.

Bei den um drei Jahre älteren Schülerinnen und Schülern beider Schulhäuser nehmen organisierte Freizeitbeschäftigungen zu und differenzieren sich aus. Je die Hälfte der älteren Schülerinnen und Schüler aus jeder der befragten Klassen der beiden Schulhäuser nehmen diese Angebote in Anspruch. Die Kinder aus dem Schulhaus A gehen dabei vor allem sportlichen Aktivitäten nach: Fußball, Turnen, Handball, Tennis, Wasserball, Eishockey und Reiten. Außer Reiten sind das alles Vereinssportarten, die Kinder in ihrem Quartier ausüben können. Die Entfernung für die Kinder ist jedoch unterschiedlich, so dass das Training teilweise zu Fuß oder mit dem Fahrrad (Abb. 19), teilweise mit dem Bus erreicht wird. Der Reiterhof ist mit dem Bus erreichbar – allerdings berichtet ein Mädchen, von ihrer Mutter mit dem Auto dorthin gefahren zu werden. Neben den sportlichen Angeboten spielt auch die Cevi bei den Kindern aus der 6. Klasse weiterhin eine Rolle – wenn auch eine marginale und im Vergleich zu der 3. Klasse unbedeutendere.

Abbildung 19: Junge, 6. Klasse, Schulhaus A

Bei den Schülerinnen und Schülern aus dem Schulhaus B ergibt sich ein ähnliches Bild. Die meisten Kinder, die organisierten Aktivitäten nachgehen, beteiligen sich an Teamsportarten. Dominant ist bei ihnen allerdings der Fußball. Andere spielen Basketball, Volleyball oder Tennis, gehen zum Schießstand, zum Tanztraining oder zum Eissportclub. Ein Mädchen hat Musikunterricht in der Stadt und ein anderes besucht einen Englischkurs. Auffallend ist, dass die

Schülerinnen und Schüler für die meisten Aktivitäten den Stadtteil verlassen: zwei Jungen erreichen ihr Fußballtraining zu Fuß und ein Junge den Tennisplatz mit dem Fahrrad. Die anderen Kinder müssen alle mit dem Bus zu ihren Angeboten fahren oder werden alternativ mit dem Auto dorthin gefahren. Cevi und Pfadi, die bei den jüngeren Kindern aus dem Schulhaus B die dominante Rolle spielen, werden von den älteren überhaupt nicht erwähnt.

Fazit
Die Nutzung regelmäßiger kinderkultureller Angebote spielt bei den jüngeren Kindern noch eine untergeordnete Rolle. Familie und freie Aktivitäten mit Peers sind deutlich wichtiger. Wenn sie organisierte Angebote wahrnehmen, dann sind das zumeist Gruppenangebote von Verbänden. Bei den älteren Schülerinnen und Schülern nimmt die Teilnahme an organisierten Angeboten zu. Das Interesse an den Gruppenangeboten, die die Jüngeren wahrnehmen, geht jedoch zurück; stattdessen wecken Sportvereine verstärkt das Interesse der Mädchen und Jungen. Diese Aktivitäten stillen dabei nicht nur das Interesse, einer bestimmten Aktivität mit anderen Kindern und zumeist in der Gruppe nachzugehen, sondern sie gestatten den Kindern vor allem, individuelle Interessen zu verfolgen, die in freien Aktivitäten mit den Peers oder in der Familie nicht oder nicht in dem Umfang oder der Intensität und Qualität befriedigt werden können. Vereine werden insofern einer bestimmten Heterogenität gerecht, „nämlich der von den Kindern eingebrachten Vielfalt des individuell Besonderen" (Zeiher 2009, S. 120). Aber auch hier zeigt sich, dass Kinder aus dem Schulhaus A Vereinsaktivitäten überwiegend im eigenen Quartier nachgehen können – der Verein gehört quasi zum Quartier. Die älteren Kinder aus dem Schulhaus B hingegen müssen ihr Quartier mehrheitlich verlassen, um ihren Vereinsaktivitäten nachgehen zu können. Diese Aneignungsräume setzen immer ein bestimmtes Interesse voraus, welches über die Interaktion mit Peers und Familie hinausgeht, die die Organisation freier und familiärer Aktivitäten bestimmt.

4.2.5 Die Schule – Ort mit Potenzial und doch am Rand

Obwohl Schule einen großen Teil des Alltags der Schülerinnen und Schüler ausmacht, wird sie in den subjektiven Landkarten relativ selten thematisiert. Sie wird von den Kindern eher am Rand oder gar nicht erwähnt – darüber sollten die folgenden Ausführungen nicht hinwegtäuschen. Werden die subjektiven Blickwinkel der Kinder betrachtet, die sich zur Schule äußern, dann hat Schule fünf Funktionen:

- Schule hat einen *interaktiven Aspekt*. Im Vordergrund steht das gemeinsame Tun mit Anderen.
- Schule ist zudem Ort des *Lernens*. Lernen kann als gemeinschaftlich erlebt, aber auch als individuelles Tun oder als nicht näher spezifizierte Beschäftigung begriffen werden.
- Schule kann zudem als Schulhausareal Bedeutung über den Unterricht hinaus bekommen als gemeinschaftlicher Treffpunkt in der Freizeit, als *Freizeitort*.
- Und Schule wirkt zurück auf das Zuhause der Kinder – oder wird nach Hause verlängert, weil sie dort in der Regel alleine *Hausaufgaben machen* und lernen.
- Schule erzeugt aber auch Abwehr oder *Distanz*: Langeweile, Hausaufgaben, frühes Aufstehen, generell das Lernen oder – vor allem bei Mädchen – Mathe. Aber auch bestimmte Lehrpersonen sorgen dafür, dass Schülerinnen und Schüler Schule lieber meiden würden.

Die Thematisierung negativer Aspekte von Schule bezieht sich bei den jüngeren Schülerinnen und Schülern aus dem Schulhaus B stark auf Schule und Unterricht. Das Zeichnen von Schule bleibt aber eher unspezifisch: ein roter Kasten (Vermeidungsort) wird „Schule" benannt. Manche Kinder werden aber auch deutlicher. Mädchen bezeichnen Mathe oder Rechnen als etwas Negatives. Ein weiterer für manche der jüngeren Kinder (Jungen) aus dem Schulhaus A negativer Aspekt ist es, Hausaufgaben machen zu müssen. Wobei es hier keinen Konsens der Kinder gibt: Hausaufgaben können auch positiv erlebt werden.

Wenn die älteren Schülerinnen und Schüler sich kritisch mit Schule auseinandersetzen, dann werden Mathe und das Lernen, der Zwang zum frühen Aufstehen und zu Hausaufgaben genannt. Langeweile lässt sich als Hauptproblem feststellen. Außerdem nennen einige Schülerinnen und Schüler konkrete Lehrpersonen, die sie lieber meiden würden. Diese kritische Auseinandersetzung findet nur bei den Älteren im Schulhaus B statt. Dies könnte an einer leicht differenten Einführung in die Aufgabe liegen. Wahrscheinlicher sind aber Gründe, die in der jeweiligen Schulhauskultur zu suchen sind – die wiederrum zusammenhängt mit der Situation im Stadtteil.

Die Auseinandersetzung findet allerdings differenziert statt: Schule wird nicht pauschal verurteilt – den negativen Aspekten werden positive gegenüber gestellt. Und in der Regel findet die negative Benennung von Schule so statt, dass sie nicht im Zentrum der subjektiven Landkarte platziert ist – was als Verweis darauf betrachtet werden kann, dass diese Kritik nicht zentral für das Alltagsleben ist. Dass sie trotzdem im Schulentwicklungsprozess ernst genommen werden sollte, zeigt sich wiederum vor allem in den Aufsätzen. Aber bereits in den subjektiven Landkarten wird deutlich, dass sich die Schülerinnen und Schüler differenziert mit Schule auseinander setzen und interessiert daran sind, dass Schule sich positiv entwickelt. Sie wollen sich nicht langweilen, sie wollen bestimmte Lehrpersonen nicht, sie leiden unter Mathe – aber sie finden Schule, ganz konkret ihr Schulhaus, grundsätzlich positiv.

Schule hat für die meisten Schülerinnen und Schüler positive und negative Aspekte. Je älter sie sind, desto differenzierter stellen sie das dar. Selten wird die Schule ins Zentrum der subjektiven Landkarte gestellt. In einem Beispielfall, in dem das doch geschieht, wird auch deutlich, dass negative Benennungen von Schule oft mit positiven einhergehen (Abb. 20): Die Schule wird ins Zentrum des Bildes gesetzt und farblich als lieber zu meidender Ort gezeichnet, aber der Junge erwähnt positiv, dass er dort all seine Kollegen trifft. Nicht das komplette Schulgelände wird rot gezeichnet, sondern lediglich die Gebäude, in denen Unterricht stattfindet. Zuerst hat der Junge die Schule mit Gelände – unter den Gebäuden ist noch der Sportplatz der Schule zu erkennen – mit Bleistift gezeichnet. Erst im letzten Schritt malt er das Gebäude rot an – er folgt damit chronologisch der Aufgabenstellung.

Um dieses Zentrum Schule herum sind mit „Mein Haus", einem beliebten Ausflugsziel und Wahrzeichen der Stadt, der Chilbi und dem Stadtteil-Spielplatz andere Orte gemalt (Abb. 21). Der Junge gibt detailliert an, mit welchem seiner Freunde er sich dort aufhält. Nur in der Schule trifft er sich mit allen; jedem der anderen Orte ist eine Teilgruppe zugeordnet. In dieser Differenziertheit gehen nur wenige Kinder vor. Dass Schule ein wichtiger Ort zur Stiftung von Freundschaften ist, ist umfangreich in Studien belegt. Hier zeigt sich, dass die in der Schule gepflegten Beziehungen eine Wirkung in den Freizeitbereich der Kinder haben.

Abbildung 20: Junge, 3. Klasse, Schulhaus B, im Zentrum der subjektiven Landkarte

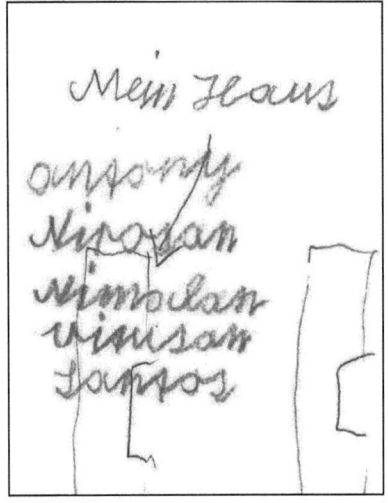

Abbildung 21: Derselbe Junge

Werden die Namen betrachtet, die an den unterschiedlichen Orten der Freizeit genannt werden, tauchen alle bei „Mein Haus" auf. Die Nachbarschaft ist dann die Schnittmenge mit der Schule, die für die Freizeit relevant ist. Zumindest in diesem Fall haben Nachbarschaft und Schule entscheidende Funktionen für die Beziehungen des Schülers. Es scheint so, dass die Beziehungen der Schule über den Freizeitbereich hinaus verweisen. Nicht mit allen Kollegen, die er in der Schule trifft, hat er auch in seiner Freizeit Kontakt. In dieser Betonung ist Schule ein wichtiger Ort: sie erweitert soziale Kontakte.

Die interaktiven Aspekte von Schule werden von den Schülerinnen und Schülern beider Klassenstufen hervorgehoben. Das Lernen mit der Klasse, die Gemeinschaft mit den Mitschülerinnen und Mitschülern, der Sportunterricht.

Drei Aspekte verweisen von der Schule in die Freizeit der Kinder:

- Die Kinder haben mit ihren Mitschülerinnen und -schülern auch in der Freizeit Kontakt.
- Die Hausaufgaben stellen ein – hauptsächlich aber kritisiertes – Instrument zur Verlängerung von Schule in den außerschulischen Alltag dar.
- Das Schulgelände wird für manche Kinder zum Freizeitort.

Der erste Punkt wurde bereits für den Beispielfall dargestellt. Allerdings lässt sich das auf Grund unspezifischer Bezeichnungen in den Kinderzeichnungen nur in relativ geringem Umfang rekonstruieren. Und auf die Frage der Hausaufgaben soll hier nicht weiter eingegangen werden, da sie für unsere Fragestellung keine wichtigen Erkenntnisse beisteuert.

Im dritten Punkt unterscheiden die Schulhäuser sich wieder. Zwar kann für beide gezeigt werden, dass das Schulgelände in der Freizeit der Kinder eine Rolle spielt. Aber in deutlich größerem Ausmaß und differenzierter Auseinandersetzung gilt das für die Schülerinnen und Schüler des Schulhauses B. Es könnte vermutet werden, dass das mit der Attraktivität des Geländes zu tun hat. Das Schulhaus bietet eine sehr weitläufige Freifläche mit unterschiedlichen Spielmöglichkeiten: Spielplatz, Tischtennisplatte, Sportplatz, geteerte Fläche,

Rasenfläche. Wahrscheinlicher ist aber, dass das am mangelnden Anregungspotenzial des Stadtteils B liegt. Es gibt – wie bereits oben diskutiert – nur wenige Orte, an denen sich Kinder in ihrem Quartier aufhalten können oder wollen. Dass kritische ältere Schülerinnen und Schüler den Ort als Freizeitort ablehnen, wenn sie von Schule enttäuscht sind, verweist zudem darauf, dass der Ort nicht trennbar ist vom Erleben der Schule als Bildungsinstitution.

Kinder, die im Quartier A leben, haben vielfältigere Freizeitmöglichkeiten. Für sie ist auch ein attraktives Schulgelände nur ein möglicher von vielen attraktiven Orten, die Freizeit zu verbringen.

Fazit

Zentrale Wirkung von Schule auf den Alltag zeigt sich durch die Interaktionen der Schüler und Schülerinnen in ihrer Schulklasse. Die Interaktionsqualität kann zur Aneignung des außerschulischen Raumes beitragen. Nachbarschaftliche Peer-Beziehungen werden durch schulische ergänzt und begünstigen die Erweiterung der Aufenthaltsorte in der Freizeit.

Dass das Schulgelände in einem Stadtteil mit hohem Anregungspotenzial in der Freizeit der Kinder keine große Rolle spielt, überrascht nicht. Dass es allerdings – selbst bei grundsätzlich hoher Attraktivität – von Kindern eines Stadtteils mit niedrigem Anregungspotenzial in den subjektiven Landkarten häufig gar nicht erwähnt wird und von manchen Schülerinnen und Schülern abgelehnt wird, ist insbesondere unter dem Gesichtspunkt interessant, dass das Schulhaus (vgl. Profil Schulhaus B) den Anspruch hat, sich zum Quartier hin zu öffnen. Die subjektiven Landkarten bieten keine Aufklärung dieser Irritation. Bei der Auswertung der Kinderaufsätze wird aber deutlich werden, dass die Öffnung der Schule zum Quartier und damit zum Alltag und zur Lebenswelt der Schülerinnen und Schüler einhergeht mit einer erhöhten Erwartungshaltung ihrerseits an ihr Schulhaus.

4.3 Kinderaufsätze über die Bedeutung von Schule

Die Kinder haben sich in ihren Aufsätzen mit verschiedenen Themen auseinandergesetzt, die über die Feinstrukturanalyse herausgearbeitet werden konnten. In diesem Kapitel werden die so gewonnenen Erkenntnisse aus den Kinderaufsätzen vorgestellt. Welche Themen dies sind und in welchem Verhältnis sie zueinander stehen, zeigt die nachfolgende Figur (Abb. 22).

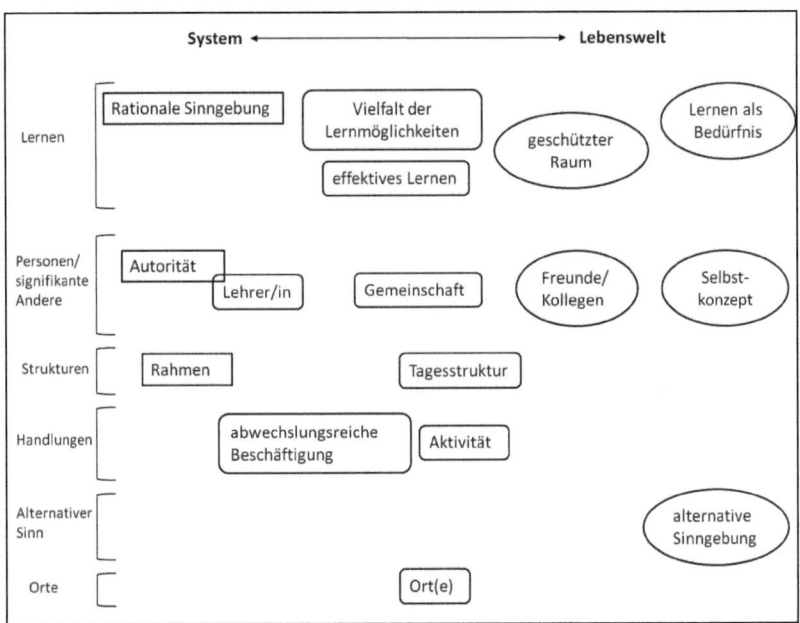

Abbildung 22: Gesamtfigur der Themen, mit denen sich die Kinder in ihren Aufsätzen auseinandersetzen.

Die Figur weist auf horizontaler Ebene eine Verlaufsdimension mit den zwei Polen *System* und *Lebenswelt* auf. Dies soll zunächst widerspiegeln, dass die Kinder in ihren Aufsätzen Schule teilweise als abstraktes System beschreiben, teilweise aber auch Schule als immanenten Teil ihrer Lebenswelt wahrnehmen. Beides geschieht über die Auseinandersetzung mit bestimmten Themen, aus denen sich die Figur zusammensetzt. Themen, die auf eine Auseinandersetzung mit Schule als System verweisen, erscheinen somit auch in der Figur näher am Pol *System*. Setzen sich die Kinder hingegen mit Themen auseinander, die in den Aufsätzen einen stärkeren Lebensweltbezug aufweisen, sind diese näher am Pol *Lebenswelt* angesiedelt.

Während die einzelnen Themen direkt aus dem empirischen Material gewonnen wurden, stellen die Pole System und Lebenswelt sowie die nachfolgend beschriebenen thematischen Gruppen ein Gerüst dar, um die Themen zu systematisieren bzw. zueinander in Beziehung zu setzen.

Auf vertikaler Ebene gibt es sechs thematische Gruppen, unter die jeweils ähnliche Themen gefasst sind. So wurden die Themen der ersten Zeile unter der Gruppenbezeichnung *Lernen* zusammengefasst. In der zweiten Zeile finden sich *Personen bzw. signifikante Andere.* Themen der dritten Zeile stehen mit *Strukturen* in Verbindung, während in der vierten Zeile *Handlungen* angesprochen werden. Die thematische Gruppe *alternative Sinngebung* beinhaltet nur dieses eine Thema und steht der *rationalen Sinngebung* der ersten Zeile (Lernen) als Gegen-Kategorie diametral gegenüber. Schließlich werden noch *Orte* (sowohl der Ort Schule als auch andere Orte) als gesondertes Thema aufgeführt.

In den folgenden Kapiteln werden zunächst die einzelnen thematischen Gruppen als Ergebnis der Feinstrukturanalyse dargestellt und erläutert. Anschließend wird die Figur in ihrer je unterschiedlichen Ausformung in den einzelnen Klassen vorgestellt, um schließlich im letzten Schritt eine die vier Klassen vergleichende Perspektive einzunehmen.

4.3.1 Die thematischen Gruppen

Die feinstrukturanalytische Interpretation bildete das Kernstück der Auswertung der Kinderaufsätze. Aus dieser intensiven Auseinandersetzung mit dem Material wurden die Themen generiert, die in den thematischen Gruppen zusammengefasst wurden. Im Folgenden werden die thematischen Gruppen und ihr Zustandekommen erklärt sowie mit Zitaten aus den Kinderaufsätzen verdeutlicht.

1. Thematische Gruppe: Lernen „Für mich bedeutet die Schule Lernen."
In vielen Aufsätzen der Kinder wird Schule im Zusammenhang mit Lernen thematisiert. Dabei wird Schule teilweise mit rationalen Sinngebungen belegt, indem zum Beispiel das Lernen in der Schule mit einem zukünftigen Arbeitsplatz in Verbindung gebracht wird. „Am Anfang hab ich gedacht, dass Schule blöd ist, aber ohne Schule keine Arbeit." Einige Kinder begreifen Schule als Vorbereitung auf ein zukünftiges Berufsleben und geben der Schule dadurch einen rationalen und zukunftsgerichteten Sinn. „Schule bedeutet mir eigentlich viel, weil ich später auch einen gescheiten Beruf will erlernen und dafür brauche ich die Schule."

Neben der zukunftsgerichteten rationalen Sinngebung wird Schule mit dem Fokus Lernen auch stärker alltagspraktisch thematisiert. So setzen sich die Kinder beispielsweise mit der Vielfalt der Lernmöglichkeiten auseinander, die sie in der Schule positiv erfahren („dass wir Computer haben") oder vermissen („Es sollte mehr Computer haben"). Wie an der (mangelnden) Nutzung verschiedener Lernmöglichkeiten zum Teil Kritik geübt wird, geschieht dies ebenfalls mit Blick auf die Effektivität des Lernens. So fordert ein Mädchen zum Beispiel „(…) eine Mädchenklasse. Grössere Zimmer, bequeme Stühle, und ein Platz wo ich gut konzentrieren kann". In einer anderen Klasse heißt es „Mir gefällt nicht, dass unser Lehrer bei Tests uns keine Noten gibt, so weiss ich nicht wo ich stehe". Die Kinder setzen sich also mit den spezifischen Bedingungen und Praxen, die sie in der Schule erleben, auseinander und formulieren zum Teil konkrete Kritik – dies jedoch kaum in den 3. Klassen, sondern eher bei den älteren Kindern der 6. Klassen.

Kategorien, die innerhalb der thematischen Gruppe *Lernen* eher mit der unmittelbaren Lebenswelt der Kinder verknüpft scheinen, sind die Themen *geschützter Raum* und *Lernen als Bedürfnis*. Aussagen zu diesen Kategorien haben einen unmittelbar alltagspraktischen Bezug, schildern teilweise konkrete Situationen und drücken emotionales Erleben aus.

In ihren Aufsätzen thematisieren einige Kinder Lernen zum Teil als Bedürfnis, indem sie Lernen in der Schule mit Spaß oder Freude in Verbindung bringen – „Die Schule bedeutet mir Spass, weil man Dinge lernt" oder „Mir bedeutet die Schule sehr viel, weil ich lernen kann!". Zu diesem Thema gibt es ausschließlich positiv konnotierte Aussagen der Kinder.

Das Thema *geschützter Raum* muss hingegen etwas differenzierter betrachtet werden. In Verbindung mit Lernen wird Schule teilweise nicht als geschützter Raum wahrgenommen und beschrieben, sondern dieser wird als solcher explizit eingefordert – „Es wäre viel, viel besser, wenn man Mädchenklassen und Jungenklassen machen würde, so gäbe es auch weniger Streit und Diskussionen" oder „Ich finde es blöd, wenn paar Kinder einfach nicht die Regeln einhalten. Und dass es manchmal bei den Jungs zu Prügeleien kommt.". Während der Pause oder in der Freizeit wird Schule zum Teil ebenfalls nicht als geschützter Raum erlebt – „Wenn jemand hereinplatzt und das Spiel kaputt macht.". Jedoch gibt es in Pausen und Freizeit durchaus auch positives Erleben von Schule als geschützten Raum – „Mich freut es, dass wir ungestört hier Velofahren dürfen".

2. Thematische Gruppe: Personen/signifikante Andere „… und es ist auch schön mit so viel Kindern zusammen zu sein!"
In einigen Aufsätzen setzen sich die Kinder mit unterschiedlichen Personen und Gruppen auseinander. Diese reichen von der eigenen Persönlichkeit (Selbstkonzept) über Freunde/Kollegen und die Klassengemeinschaft bis zu abstrakt bleibenden Autoritäten, die nicht konkret benannt werden.

„Wenn etwas Neues gebaut wird, dass sie es fester anbinden …" – die angesprochene Person bleibt hier abstrakt, dennoch wird deutlich, dass dieser Person eine Entscheidungsmacht zugesprochen und sie somit als Autorität erlebt wird. Neben abstrakt bleibenden Autoritäten beziehen sich die Kinder auch auf Lehrpersonen, die gerade nicht abstrakt bleiben, sondern als konkrete, erlebte Personen beschrieben werden – „Mir gefällt, dass Frau Merzen nicht nur auf die anderen Kinder schaut, sondern auch auf mich". Neben Autoritäten und Lehrpersonen, die eher mit dem System Schule in Verbindung gebracht werden, werden andere Personen(gruppen) als tendenziell oder vollständig der Lebenswelt zugehörig beschrieben. So erscheint die Schulklasse als motivierende und positiv erlebte Gemeinschaft, die unmittelbar zur Schule gehört – „Die Schule gefällt mir, weil wir was Gemeinsames machen...." oder auch „... und es ist auch schön mit so viel Kindern zusammen zu sein!". In diesen Aussagen wird Schule als etwas erlebt, das gemeinsam mit Anderen stattfindet und dadurch motivierend ist. Auf diese Gemeinschaft beziehen sich allerdings nur Kinder der 6. Klasse. Auf die Kategorie Freunde/Kollegen verweisen sowohl Aussagen aus den 3. wie auch aus den 6. Klassen. „Die Schule bedeutet mir die Freundschaft.", „Ich finde es toll, dass ich in der Schule Kolleginnen und Freundinnen treffe." oder „...und man lernt auch Freunde kennen, was ich sehr wichtig finde!" sind Aussagen, welche die zentrale Funktion von Schule für soziale Kontakte unterstreichen. Diese sozialen Kontakte sind losgelöst vom System Schule und verweisen stärker auf die Lebenswelt der Kinder. Die letzte Kategorie dieser thematischen Gruppe bezieht sich auf Aussagen, in denen die Kinder ihre eigene Rolle ansprechen und/oder reflektieren – „Mir gefällt, dass ich das machen darf was ich will." Diese Aussage bezieht sich auf die unterschiedlichen Rollen des Kindes während der Pause und dem Unterricht. Während die Unterrichtszeit von der Lehrperson strukturiert wird, stellt die Pause eine frei gestaltbare Zeit dar.

3. Thematische Gruppe: Strukturen/Vorgaben „Mehr Freizeit, keine Hausaufgaben, später Schule."
Schule in Verbindung mit Strukturen und Vorgaben wird in den Aufsätzen unter den Themen Rahmen und Tagesstruktur verhandelt. Zum Rahmen zählen Aussagen, durch die das Vorhandensein des Systems Schule als erlebte Institution thematisiert wird. Dazu zählt die Tatsache, zur Schule gehen zu müssen, die Regelmäßigkeit von Schule (Schule findet von Montag bis Freitag jeden Tag statt), festgelegte Unterrichtsfächer oder die Hausaufgaben. „Mich freut es eigentlich nicht, jeden Tag in die Schule zu gehen", „Man könnte die Schulstundenaufteilung besser machen", „Mir gefällt Mathe nicht gut", „Die Hausaufgaben gefallen mir nicht".

In Aussagen zur konkreten Tagesstruktur werden beispielsweise Anfang und Ende von Schule oder die Pausenlänge angesprochen – „Pause könnte länger sein und die Tests abschaffen, am Nachmittag immer frei..., weil man

mehr Zeit hat um Abzumachen", „Mir gefällt nicht, dass man so früh aufstehen muss, um in die Schule zu gehen."
Der Übergang zwischen den beiden Kategorien ist jedoch fließend.

4. Thematische Gruppe: Handlungen „Ich mache in der Schule Rechnen und Turnen, lernen, spielen."
Einige Aussagen verweisen darauf, dass Schule stark mit Aktivität verbunden wird. Lernen und Pause als Wechsel von Anspannung und Entspannung verweist auf eine kognitive Ebene – „beim Lernen: muss man sich anstrengen, konzentrieren", „...Mathe, Zeichnen,...natürlich mach ich auch Pause". Neben Anspannung und Entspannung beschreiben einige Kinder auch positiv erlebte körperlich-sportliche und künstlerische Aktivitäten – „In der Schule spiele ich am liebsten Fussball". Schließlich wird Schule auch als Ort geschätzt, an dem Freundschaften entstehen und gepflegt werden können – „Ich lerne, spiele und ich sehe meine Freundinnen.", „Ich lerne und spiele mit Freunden, man trifft viele gute Freunde und in der Pause, dass man sich erholen kann...".
Unabhängig von der Frage, welche die Kinder in ihrem Aufsatz beantworten, scheint Schule etwas zu sein, das für sie auf kognitiver und affektiver Ebene aktiv erlebt wird.
Neben Schule als expliziten Ort der Aktivität gibt es auch Aussagen, die zwar ebenfalls handlungsbezogen sind, aber eher Formen abwechslungsreicher Beschäftigung thematisieren – „Mich freut, dass wir einen Ausflug machen", „Ich freue mich aber auch immer, wenn wir in der Schule etwas besonderes machen". Bei dieser Kategorie geht es zwar immer noch um Handlungen, der Fokus liegt aber nicht ausschließlich auf den Kindern selbst als Aktive, sondern bezieht Personen mit ein, die für Inhalte, Organisation und Strukturierung von Schule verantwortlich sind.

5. Thematische Gruppe: Alternative Sinngebung „Die Schule bedeutet mir Spass."
Neben rationalen auf Zukunft gerichteten Sinngebungen, wie sie in der ersten thematischen Gruppe beschrieben werden, formulieren einige Kinder auch Alternativen dazu. Diese Alternativen bleiben manchmal eher abstrakt – „Die Schule ist etwas Grosses", werden von manchen Kindern aber auch recht konkret ausformuliert – „Die Schule bedeutet mir viel, weil es gibt ja Kinder, die nicht in die Schule gehen können". Neben diesem Gefühl der Privilegiertheit, das teilweise mit Schule verbunden wird, bedeutet Schule für manche Kinder aber auch „Spaß haben" oder „Freundschaft" – „Die Schule bedeutet mir die Freundschaft." In einer 6. Klasse wird zudem von Erfolgserlebnissen gespro-

chen, die für die Kinder große motivierende Bedeutung haben und meist mit guten Noten verbunden werden.

6. Thematische Gruppe: Ort(e) „Mir bedeutet die Schule das Klettergerüst."
Der konkrete Ort Schule, seine materielle Gestaltung sowie seine Funktion im Alltag der Kinder sind ebenfalls Gegenstand einiger Aussagen. Dabei wird die materielle Anordnung und Gestaltung zum Teil kritisch gesehen – „Mir gefällt nicht, dass es einen Neu- und Altbau gibt" – bzw. es werden Verbesserungsvorschläge gemacht – „Es könnte mehr Pflanzen haben. Ich wünsche mir, dass wir mehr Schaukeln haben. Dass wir farbige Wände haben; und einen Brunnen". Die Wichtigkeit der materiellen Ausstattung des Ortes Schule wird aber insgesamt betont – „Mir ist an der Schule der Spielplatz wichtig", „Es gefällt mir, dass sie einen neuen Fussballplatz gemacht haben". Diese materielle Ausstattung scheint auch bei der Bewertung der Freizeitqualitäten des Ortes Schule eine wichtige Rolle zu spielen – „Ich würde mehr hierhin kommen, wenn es mehr Spielmöglichkeiten geben würde", „In der Schule spiele ich auch manchmal und es freut mich, dass es viel Platz hat zum Spass haben." Die Schule kann als Freizeitort auch komplett ausscheiden wenn Schule und Freizeit Gegenkonstrukte sind, die sich auch räumlich nicht überschneiden – „Ich persönlich arbeite alles in der Schule und spiele lieber im Park", „In der Freizeit bin ich ungestört und kann mich gut ausruhen und schlafen und shoppen". Die Auseinandersetzungen mit dem Ort Schule reichen von konkreten Verbesserungsvorschlägen oder Kritik bis hin zu Wünschen oder Schilderungen der „Traumschule".

4.3.2 Die Differenzierung der Gesamtfigur – Portraits der einzelnen Schulklassen

Die oben beschriebenen Themen und ihre Konstellation in der Gesamtfigur zeigen sich in allen vier Klassen auf unterschiedliche Art und Weise. Nicht jede Kategorie ist in jeder Klasse repräsentiert, und bestimmte Kategorien erhalten in den verschiedenen Klassen je andere Nuancen. Um die Spezifik jeder Klasse greifbar zu machen, werden im Folgenden Portraits der Klassen gezeichnet, die immer kurz zusammengefasst werden. Die Portraits dienen anschließend als Basis für vergleichende Überlegungen. Zur besseren Anschaulichkeit ist für jede Klasse die Themenfigur mit den in dieser Klasse angesprochenen Themen eingefügt.

Schulhaus A, 3. Klasse

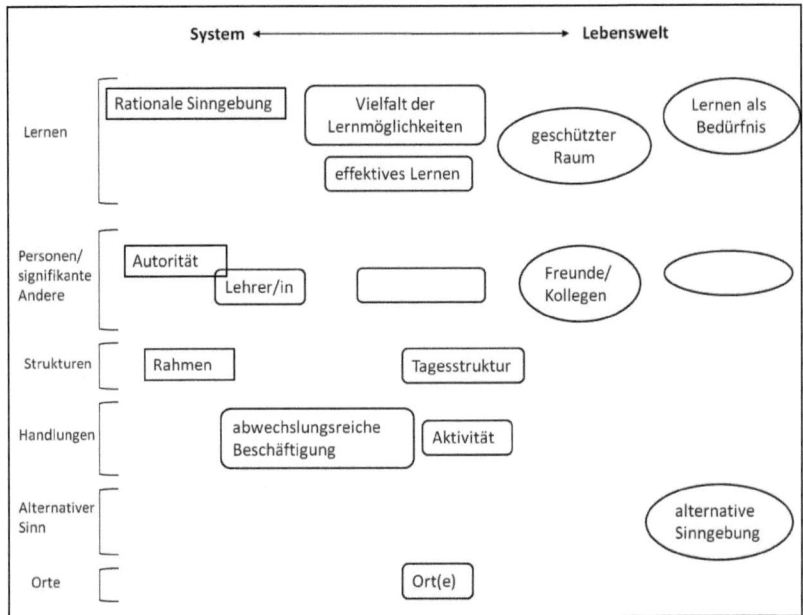

Abbildung 23: Themenfigur der 3. Klasse in Schulhaus A

„Die Schule ist etwas Wichtiges." – so beginnt ein Mädchen der 3. Klasse ihren Aufsatz, bei dem sie die einzelnen Fragen durchnummeriert, ihre Antworten in Schreibschrift kurz und knapp dahinter schreibt und für jede neue Antwort auch eine neue Zeile beginnt. Inwiefern Schule für sie wichtig ist, beschreibt sie leider nicht genauer. Was wichtig daran ist, bleibt abstrakt. Auch andere Kinder der Klasse verweisen auf die Wichtigkeit der Schule und verbinden diese teilweise noch mit der Wichtigkeit des Lernens. „Es bedeutet mir viel, weil man sehr viel lernt und das ist sehr wichtig." Warum jedoch Lernen für sie wichtig ist, erklären auch sie nicht. Über die Wichtigkeit, die dem Lernen zugesprochen wird, erhält Schule einen rationalen Sinn, auch wenn die Kinder keine explizite Begründung für die Wichtigkeit des Lernens angeben und dieser Sinn somit eher abstrakt und diffus bleibt. Zusätzlich zur Wichtigkeit des Lernens wird auch betont, dass Lernen Spaß und Freude macht – „Ich finde das ist schön, wenn man etwas lernt" oder „Die Schule bedeutet mit Spass, weil man Dinge lernt".

Daneben erscheint Lernen aber auch als ein persönliches Bedürfnis, wenn z.b. ein Mädchen schreibt „Mir bedeutet die Schule sehr viel, weil ich lernen kann!". Ein Junge beantwortet die Frage nach der Bedeutung von Schule zudem mit einer Differenzierung des Lernens – „dass ich lerne und dass ich neue Sachen lerne". Die Kinder dieser Klasse fordern keine Verbesserungen ihres Lernens im Hinblick auf effektiveres Lernen, wie es bei Kindern anderer Klassen der Fall ist. Es wird aber zum Beispiel gelobt, „dass wir mit Geld rechnen". Zur Vielfalt der Lernmöglichkeiten äußert sich nur ein Mädchen mit der Forderung, es sollten mehr Spiele gespielt werden.

In den Aufsätzen schreiben einige Kinder auch von Konflikten, die sie klar negativ bewerten. Andere Kinder werden als „nicht so nett" beziehungsweise „böse" beschrieben. Oder anders gesagt, „es gibt Streit, das ist nicht gut." Diese Kinder verbinden mit Schule demnach auch Konflikte und keinen durchgehend geschützten Raum. Forderungen nach einem geschützten Raum sind jedoch in beiden 3. Klassen noch eher zurückhaltend. Weniger als Konflikt beziehungsweise fehlenden geschützten Raum beschreiben einige Kinder ihre Erfahrungen mit Regeln. Sie beschreiben bestimmte Sanktionen als negative Erfahrungen und kritisieren einzelne Regelungen – „dass man fragen muss, ob man aufs WC darf". In einem Aufsatz äußert ein Kind auch den Wunsch nach mehr Mitspracherecht beziehungsweise danach abzustimmen, „was für ein Thema wir haben". Alle Aussagen beziehen sich aber nicht auf eine konkrete angesprochene Person (auch wenn zum Teil nur die Lehrerin gemeint sein kann), sondern auf Regelungen beziehungsweise eine abstrakt bleibende Autorität. Die konkrete Lehrerin der Klasse wird hingegen positiv beschrieben – „Die Lehrerin ist lustig", „...wir so eine nette Lehrerin haben".

Formen von Gemeinschaft sprechen die Kinder ebenso wenig an wie ein Selbstkonzept. Hingegen gibt es einige Aussagen, in denen Schule damit verbunden wird, Freunde zu finden oder Freunde zu treffen, was wiederum mit einer positiven Wahrnehmung von Schule verknüpft wird – „Ich finde die Schule schön, weil man dort seine Freunde trifft" oder auch „dass man neue Freunde findet, freut mich".

Zum Rahmen von Schule wird die Tatsache der Hausaufgaben in allen Aussagen dazu durchweg negativ beschrieben – „dass es Hausaufgaben gibt, gefällt mir nicht". In einigen Aufsätzen werden die Hausaufgaben an sich jedoch nicht zur Disposition gestellt, sondern es wird ihr Umfang kritisiert – „Die Hausaufgaben können weniger sein". Neben den Hausaufgaben als Teil des Rahmens von Schule greifen die Kinder noch die Ferien, bestimmte Schulfächer und die Pausenregelungen auf – „Ich denke, dass wenn es regnet, wir können grosse Pause in die Klassenzimmer haben". In den teilweise gleichen Aufsätzen, in denen der Rahmen von Schule angesprochen wird, beschäftigen sich die Kinder auch mit der durch Schule erzeugten Tagesstruktur. Dabei werden vor allem die Pausen als zu kurz wahrgenommen – „Mir gefällt nicht, dass wir nur 10 min. Pause haben". Außerdem wird der regelmäßige Nachmittagsunterricht kritisiert, jedoch ohne weitere Erklärung. Die Äußerungen zur Tagesstruktur, die durch Schule entsteht, sind jedoch alle negativ.

Viele Kinder dieser Klasse thematisieren Schule als einen Ort kognitiver und emotionaler Aktivität. So schreiben die Kinder zur Frage was sie alles in der Schule machen: „lernen, Spielen mit Freunden, Spass haben" oder „hier spiele ich und lerne". Einige Kinder kombinieren in ihren Antworten Lernen und Spielen als Aktivitäten, andere beziehen sich nur auf Aktivitäten im Unterricht „Ich Rechne und Schreibe, Bastle, Zeichne" oder beschreiben ihre Lieblingsaktivitäten, die sich dann aber nicht auf den Unterricht beziehen „In der Schule spiele ich am liebsten Fussball". Gemeinsam ist den Antworten, dass Schule als Ort vielfältiger Aktivität wahrgenommen wird.

Neben der Beschreibung von Aktivitäten thematisieren die Kinder aber auch positiv wahrgenommene, abwechslungsreiche Beschäftigungen im Sinne von Angeboten durch die Schule, die weder als Lernen noch als Spielen charakterisiert werden. Antworten wie „dass ich in der Schule Handarbeit habe, gefällt mir" oder „mich freut, dass wir einen Ausflug machen" beziehen sich nicht nur auf Aktivitäten der eigenen Person, sondern implizieren eine Organisation beziehungsweise ein strukturiertes Angebot durch Andere.

Als eine Art Gegenentwurf zu den oben beschriebenen eher rationalen Sinngebungen von Schule schreiben einige Kinder dieser Klasse der Schule auch alternative Bedeutungen zu. So schreibt ein Junge zum Beispiel „mir bedeutet die Schule viel Spass zu haben". Spaß als Bedeutung von Schule und damit keine auf Zukunft gerichtete rationale Bedeutung thematisieren auch andere Kinder dieser Klasse („Es bedeutet mir Spass"). Ein Mädchen der Klasse schreibt aber auch von einer wahrgenommenen Privilegiertheit, die sie mit Schule verbindet: „Mich freuts, dass ich kann zu Schule gehen, weil manche Kinder können das nicht."

Kinder dieser Klasse, die der Schule einen alternativen Sinn geben, erwähnen bis auf eine Ausnahme in ihren Aufsätzen keine rationalen auf Zukunft gerichteten Sinngebungen. Ein Junge verbindet jedoch in seinem Aufsatz Schule gleichermaßen mit Lernen und Spielen. Umgekehrt äußern Kinder, die Schule einen rationalen Sinn geben, keine zusätzlichen alternativen Sinngebungen.

Setzen sich die Kinder mit Schule als konkreten Ort auseinander, geschieht dies ausnahmslos in kritischer Art und Weise. Dabei werden hauptsächlich der Spiel- sowie der Fußballplatz beschrieben („mir gefällt an der Schule nicht der Spielplatz"). Verbesserungsvorschläge hinsichtlich des Spielplatzes sind, dass dieser so aussehen solle wie vor einem kurz zuvor durchgeführten Umbau und dass dieser größer sein solle („Ich wünsche, dass der Spielplatz so wie früher wird, mit der orangenen Rutschbahn.").

Zum Fußballplatz gibt es ebenfalls konkrete Verbesserungsvorschläge: ein Junge wünscht sich einen Grasbelag, ein andere Junge weist hingegen darauf hin, dass der Platz generell „echter" aussehen solle, wobei er den Vergleich mit den Plätzen der Profi-Spiele im Fernsehen heranzieht. Tore, Gras und Eckballfahnen werden von ihm konkret als Verbesserungselemente benannt.

Das Schulhaus und der Pausenhof werden als konkrete Orte nur einmal angesprochen. Auch hier sind es Verbesserungsvorschläge hinsichtlich der Gestaltung wie zum Beispiel mehr Pflanzen, mehr Schaukeln, farbige Wände und ein Brunnen. Ob Schule auch Freizeitort für die Kinder ist, kann aus den Aufsätzen nicht rekonstruiert werden bzw. Schule wird von den Kindern nicht explizit als Freizeitort beschrieben.

Zusammenfassung

Schule wird von einigen Kindern der 3. Klasse des Schulhauses A mit einem rationalen und auf die Zukunft gerichteten Sinn verbunden, wobei diese Wichtigkeit der Schule für die Zukunft mit dem Lernen verknüpft wird. Einen konkreten Zukunftszweck benennen die Kinder jedoch nicht. Und auch warum ihnen Lernen wichtig ist, schreiben sie nicht. Der Sinn von Schule auf rationaler Ebene bleibt im „wichtig" verborgen und damit abstrakt.

Weiterhin setzen sich die Kinder stark mit dem Rahmen von Schule und kognitiven sowie emotionalen Aktivitäten in verschiedenen Kombinationen auseinander. Zum Rahmen von Schule ist in einigen Aufsätzen von konkreten Verbesserungsvorschlägen die Rede. Außerdem thematisieren sie das Zusammensein mit Freunden, ihre Tagesstruktur, den Ort Schule und auch alternative Sinngebungen. Das Zusammensein mit Freunden wird durchweg positiv mit Schule verknüpft. Hingegen werden die durch Schule generierte Tagesstruktur sowie der konkrete Ort negativ beschrieben beziehungsweise die Kinder schlagen für beide Kategorien Verbesserungsmöglichkeiten vor. Als alternative Sinngebungen beschreiben die Kinder vor allem, dass Schule ihnen Spaß beziehungsweise Spaß zu haben bedeutet. Überhaupt nicht thematisiert wird hingegen das Erleben einer Gemeinschaft in der Schule.

Schulhaus A, 6. Klasse

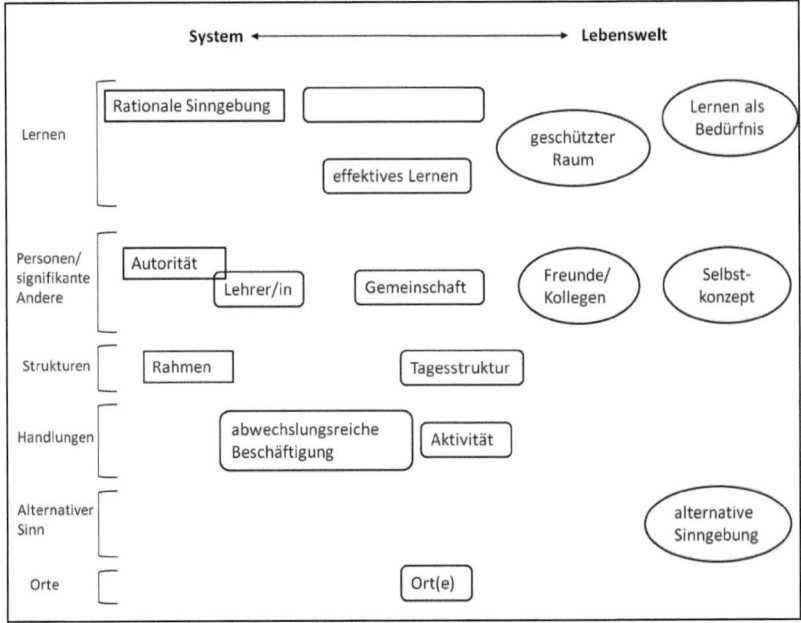

Abbildung 24: Themenfigur der 6. Klasse in Schulhaus A

In dieser Klasse konkretisieren die Kinder den rationalen Sinn, den sie Schule geben, zunehmend. So heißt es zum Beispiel: „Die Schule ist wichtig für das weitere Leben" oder auch „Schule bedeutet mir eigentlich viel, weil ich später auch einen gescheiten Beruf will erlernen und dafür brauche ich die Schule". Den rationalen und auf Zukunft gerichteten Sinn von Schule sehen diese Kinder also in der Qualifizierung für eine spätere Erwerbsarbeit. Andere Kinder dieser Klasse verbinden Schule ebenfalls mit einer Art Qualifizierung ohne jedoch Erwerbsarbeit oder Berufsleben explizit zu erwähnen („aus Fehlern lernen ist manchmal schwierig …", „… keine Noten, ich weiss dann nicht richtig wo ich stehe.", „Meistens finde ich auch den Lernstoff gut.", „Ich lerne in der Schule praktische Sachen wie Lesen, Schreiben…."). Zudem wird in manchen Aufsätzen betont, dass Schule auf das Erwachsenenleben vorbereite („…ich lerne wie es ist, wenn man erwachsen ist…", „aber man lernt auch Sachen fürs Leben wie man im Leben später mit so was umgehen muss.").

Schule wird also in diesen Aufsätzen mit Formen der Qualifizierung verbunden; entweder zweckgerichtet für Erwerbsarbeit oder allgemeiner das Erwachsenenleben, oder auch auf keinen Zweck hin gerichtet.

Eng verbunden mit dem rationalen Sinn von Schule sind auch Äußerungen, die sich mit effektivem Lernen beschäftigen. So kritisieren zum Beispiel einige Kinder, dass es bei Tests keine Noten gibt und dadurch die Selbsteinschätzung erschwert würde.

In einigen Aussagen wird Schule unter dem Aspekt geschützter Raum beschrieben, jedoch eher negativ. So wird kritisiert, dass sich manche Kinder nicht an geltende Regeln halten und es zu Prügeleien in der Pause komme. Ein anderes Kind beschreibt, dass es sich bei Tests und dem Zeugnisgespräch nicht wohl fühle, da es sehr aufgeregt sei. Dieses Kind kritisiert explizit das Zeugnisgespräch, da es dort im Beisein von mehreren erwachsenen Personen „dann wie schlecht dargestellt" wird.

Neben der oben beschriebenen Wichtigkeit des Lernens auf rationaler Ebene lassen sich auch Aussagen finden, die auf ein Bedürfnis nach Lernen bei den Kindern schließen lassen. Lernen wird dabei durchweg positiv bewertet („... viel lernen kann ...", „... weiterhin lernen will ...", „Es freut mich, dass viel Neues kommt.").

Auf der Ebene der Personen/signifikante Andere sprechen die Kinder alle vier Themen an. Autoritäten bleiben hier wie in der 3. Klasse desselben Schulhauses abstrakt und werden nur durch „niemand" oder „man" erwähnt. In einem Aufsatz erscheint Autorität aber auch nicht personell gebunden, sondern lediglich als Regelsystem („Und die Regeln hier finde ich auch toll, sie sind total gerecht.").

Abstrakt bleiben zum Teil auch die Lehrpersonen wenn ein Mädchen schreibt „Es freut mich wie die Lehrer den Kindern das Lernen beibringen".

Thematisieren die Kinder das Erleben einer Gemeinschaft, wird diese von allen positiv beschrieben. Bei einigen Kindern steht ein gemeinsames Erleben im Vordergrund („schön mit so viel Kindern zusammen zu sein", „Die Schule gefällt mir, weil wir was Gemeinsames machen"). Andere Kinder thematisieren eher individuell-emotionale Bezüge (Kolleginnen, Freundinnen treffen; mit anderen Kindern über Erlebnisse austauschen). In einem Aufsatz wird diese erlebte Gemeinschaft auch unter rationalen Gesichtspunkten geschildert („...ich lerne mit meinen Mitmenschen umgehen und sie besser kennen lernen"). Die zur erlebten Gemeinschaft zählenden Mitglieder gehen entweder im „wir" auf oder werden konkreter als Kollegen/Kolleginnen, Freunde/Freundinnen oder Kinder bezeichnet.

Dass Schule als zentraler Ort für Peer-Beziehungen beziehungsweise Freundschaften wahrgenommen wird, kommt dann zum Vorschein, wenn die

Kinder davon schreiben Freunde in der Schule zu treffen beziehungsweise zu sehen oder auch neue Freundschaften dort erst zu schließen ("...und man lernt auch Freunde kennen, was ich sehr wichtig finde!", "Mich freut an der Schule, dass man da die Kolleginnen wieder trifft"). Auch solche Aussagen verbinden die Kinder zum Teil mit rationalen Argumenten ("Mich freut an der Schule, dass man gute Freunde findet und dabei auch was lernt").

Hinweise auf das Selbstkonzept der Kinder lassen sich nur aus zwei Aussagen entnehmen. Ein Kind sieht es als positiv, dass es am Mittag zu Hause nicht helfen muss, sondern ein Mittagessen bekommt (von wem wird nicht beschrieben). Das andere Kind spricht davon, dass man sich an vielen und schwierigen Hausaufgaben überarbeiten kann, aber "zum Glück ist das bei uns noch nicht so." Beide Aussagen verweisen eher auf ein kindliches Selbstkonzept, deuten aber ebenfalls darauf hin, dass diese Kinder auch *Raum zum Kindsein* erleben.

Den Rahmen von Schule thematisieren die Kinder dieser Klasse nur in Bezug auf die Gewichtung beziehungsweise das Verhältnis bestimmter Unterrichtsfächer. So fordern sie zum Beispiel mehr Sportstunden oder eine allgemein "bessere" Schulstundenaufteilung. Aussagen zum Rahmen von Schule werden aber nicht weiter konkretisiert.

Die Forderung nach mehr Sportstunden findet sich auch in Aussagen zu der von Schule generierten Tagesstruktur. Diese unmittelbar erlebte Tagesstruktur beschreiben die Kinder wesentlich ausführlicher und konkreter. "Wir könnten auch längere Pausen haben, z.B.: wir haben jetzt 15 min. Pause, es wäre aber besser wir hätten 20 min. Pause." Neben den zu kurz wahrgenommenen Pausenlängen kritisieren die Kinder vor allem das frühe Aufstehen ("Was mir aber gar nicht gefällt, ist, dass einige um 6:15 aufstehen müssen, wenn sie um 7:30 Schule haben."). Außerdem setzen sich die Kinder mit dem Thema Hausaufgaben auseinander, allerdings in sehr unterschiedlicher Weise. Hausaufgaben werden in den Aufsätzen als Verhinderung von Freizeitbeschäftigungen gesehen oder auch als überflüssige "Repetition". Ein Kind ist aber auch der Meinung das Hausaufgabenpensum wäre zu gering.

Wie auch in der 3. Klasse schreiben die Kinder in der 6. Klasse davon, dass sie Schule als Ort der Aktivität und der abwechslungsreichen Beschäftigung erleben. Neben lernen, spielen und Freunde treffen thematisieren die Kinder in der 6. Klasse jedoch noch die Pause explizit als Zeit der Erholung.

Abwechslungsreiche Beschäftigung erleben die Kinder vor allem im Wechsel der verschiedenen Unterrichtsfächer beziehungsweise in unterschiedlichen Arten des Lernens. So differenziert beispielsweise ein Kind zwischen lernen im Klassenzimmer, spielerischem Lernen und Spielen: "ich lerne und spiele, wenn wir im Schulzimmer sind, lernen wir, aber wenn wir beim Französisch sind, lernen wir spielerisch und beim Turnen spielen wir und trainieren manchmal Kondition." Daneben verweisen die Kinder darauf, dass sie in der Schule allgemein „viele Sachen" und auch manchmal „etwas besonderes" machen. Die in der Schule erlebte Abwechslung erscheint in allen Aufsätzen als positives Merkmal von Schule: „...natürlich freut mich auch, dass man immer Abwechslung hat in der Schule und nicht immer nur lernen muss...".

Als Gegenpol zu den rationalen auf Zukunft gerichteten Sinngebungen von Schule schreiben einige Kinder der Schule auch einen alternativen Sinn zu. Dieser bleibt mal abstrakt positiv „Mir bedeutet es viel, dass ich in die Schule gehen darf". Mal wird, ähnlich zur 3.Klasse, von einem Gefühl der Privilegiertheit geschrieben: „Die Schule bedeutet mir viel, weil es gibt ja Kinder, die nicht in die Schule gehen können." Ebenfalls Parallelen zur 3. Klasse finden sich, wenn in einigen Aufsätzen Schule mit Spaß haben, Spielen und Lachen bzw. Freunden oder „viele nette Menschen" verknüpft wird.

Zusätzlich wird in der 6.Klasse jedoch noch von persönlichen Erfolgserlebnissen in der Schule gesprochen, die mit einer bestimmten Leistung beziehungsweise guten Noten in Verbindung gebracht werden: „An der Schule freut mich, dass man immer ein Erfolgserlebnis hat, wenn man etwas geleistet hat ..."

Eine weitere Parallele zur 3. Klasse lässt sich in den Auseinandersetzungen mit dem Ort Schule erkennen. Auch in der 6. Klasse thematisieren die Kinder den Ort Schule ausnahmslos kritisch. Jedoch zeigt sich hier eine Verschiebung. Die Kinder thematisieren hier lediglich den Pausenhof und den Fußballplatz, während der Spielplatz für sie keine Rolle zu spielen scheint beziehungsweise als „für die Kleinen" beschrieben wird. Ebenso solle die Gestaltung des Pausenhofes stärker an den Bedürfnissen der älteren Kinder ausgerichtet sein. Der Fußballplatz wird in allen Aussagen als zu klein beschrieben beziehungsweise es wird ein zweiter Platz eingefordert. Inwiefern es Nutzungskonflikte um diesen Platz gibt, wird aus den Aufsätzen jedoch nicht klar.

Neben den kritischen Auseinandersetzungen mit dem Ort Schule erscheint Schule aber auch als geschätzter Freizeitort. Die Kinder verabreden sich zum Teil nachmittags an der Schule und freuen sich dann, „dass es viel Platz hat zum Spass haben." Als Freizeitort scheint der Ort Schule durchaus positive Qualitäten zu besitzen, auch wenn der Ort während der Schulzeit eher kritisch betrachtet wird.

Zusammenfassung

In den Aufsätzen der 6. Klasse werden einige Aspekte zunehmend konkretisiert, wie zum Beispiel der rationale Sinn von Schule (Qualifizierung), die erlebte Gemeinschaft oder die durch Schule generierte Tagesstruktur. Schule als Ort der Qualifizierung wird sowohl zweckgerichtet (Erwerbsarbeit) als auch zweckungerichtet beschrieben. Formen von Gemeinschaft, zu der Freundinnen oder Freunde, aber auch allgemein „Kinder" gezählt werden, werden positiv beschrieben. Den Rahmen von Schule thematisieren die Kinder nur über ihre Kritik an bestimmten Schulfächern, die jedoch nicht generell in Frage gestellt, sondern eher als notwendiges und akzeptiertes Übel thematisiert werden („und ich mag französisch nicht sehr gerne...“). Mit der erlebten Tagesstruktur und der abwechslungsreichen Beschäftigung in der Schule setzen sich die Kinder sehr differenziert auseinander und benennen sowohl Missstände als auch Positives sehr konkret. Formulieren die Kinder alternative Sinngebungen, lassen sich zwar Parallelen zur 3. Klasse erkennen, neu hinzu kommt jedoch der Aspekt der persönlichen Erfolgserlebnisse in der Schule – vor allem in Verbindung mit guten Noten. Ebenfalls Ähnlichkeiten zur 3. Klasse lassen sich in den Auseinandersetzungen mit dem Ort Schule erkennen, wobei Kinder der 6. Klasse ihre Schule auch als Freizeitort positiv thematisieren.

Schulhaus B, 3. Klasse

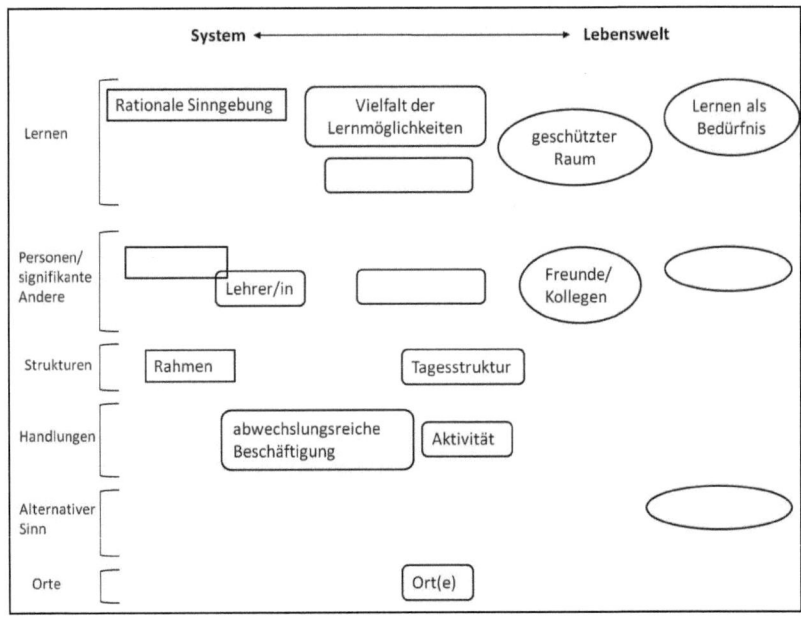

Abbildung 25: Themenfigur der 3. Klasse in Schulhaus B.

„Am Anfang hab ich gedacht, dass Schule blöd ist, aber ohne Schule keine Arbeit." – so beginnt ein Aufsatz aus der 3. Klasse des Schulhauses B. Die Fragen sind in Schreibschrift hinter Spiegelstriche geschrieben; darunter finden sich jeweils die Antworten, die mit jeder Frage knapper ausfallen. Ähnlich wie in diesem Aufsatz wird auch in anderen Aufsätzen Schule mit einem rationalen zukunftsgerichteten Sinn belegt. Dabei fällt insbesondere zur 3. Klasse des ersten Schulhauses auf, wie konkret und differenziert einige Kinder diesen Sinn beziehungsweise Zukunftszweck von Schule benennen: „Mir bedeutet die Schule die Vorbereitung der Oberstufe." Daneben gibt es aber auch Aussagen, die etwas diffuser bleiben und lediglich dem Lernen eine besondere Rolle zuweisen („In der Schule ist das wichtigste, dass man lernt."). Lernen scheint aber nicht nur auf rationaler Ebene „wichtig", sondern auch für Kinder dieser Klasse ein Bedürfnis zu sein: „Mir gefällt an der Schule, dass wir etwas lernen." Eine Gleichzeitigkeit von rationalem Sinn von Lernen beziehungsweise Schule und der Artikulation von Lernen als Bedürfnis findet sich in den Aufsätzen jedoch nicht. Die Kinder thematisieren entweder das eine oder das andere.

Mit der Art und Weise des Lernens setzen sich die Kinder in ihren Aufsätzen nicht explizit auseinander. Ein Mädchen kritisiert jedoch, dass wenig gespielt wird, obwohl viele Spiele vorhanden seien.

Als geschützter Raum wird Schule nur von zwei Kindern aufgegriffen. Dies geschieht einmal positiv, indem Schule als Raum wahrgenommen wird, der Spielen zulässt. Die zweite Äußerung bezieht sich auf die Aufteilung der Schulgebäude in Neu- und Altbau (siehe auch Kategorie Ort). Dieses Kind möchte lieber im Altbau sein, da es dort Freundinnen/Verwandte hat, einen Lehrer dort wertschätzt und den Neubau als „langweilig und streng" wahrnimmt.

Mit Lehrpersonen setzen sich die Kinder in ihren Aufsätzen kaum auseinander. Neben der eben erwähnten Wertschätzung eines Lehrers wird in einem weiteren Aufsatz die Anwesenheit einer bestimmten Lehrerin positiv geschätzt, die Sanktionen durch einen Lehrer wiederum kritisiert.

Ähnlich wie in beiden Klassen des Schulhauses A thematisieren die Kinder auch in der 3. Klasse des Schulhauses B die zentrale Rolle von Schule für Freundschaften. Auch hier wird darauf hingewiesen, dass Schule der Ort ist, an dem Freundschaften nicht nur gepflegt werden, sondern auch entstehen: „Aber mich freut es, dass dank der Schule sehr viele Freunde habe." Diese zentrale Rolle von Schule für Peer-Beziehungen geht sogar so weit, dass Freundschaft auch als alternativer Sinn von Schule erscheint (siehe Kategorie alternativer Sinn).

Das Erleben einer Gemeinschaft oder ein Selbstkonzept werden in den Aufsätzen dieser Klasse nicht angesprochen.

Beim Rahmen von Schule sind es im Vergleich zur 3. Klasse des Schulhauses A weniger Auseinandersetzungen mit den Hausaufgaben, als vielmehr Tätigkeiten wie Rechnen oder auch die Tatsache von Schule an sich beziehungsweise ihre Regelmäßigkeit („Mich freut es eigentlich nicht, jeden Tag in die Schule zu gehen."), die kritisch gesehen werden.

In den teilweise gleichen Aufsätzen, in denen der Rahmen von Schule angesprochen wird, verweisen die Kinder auch auf ihre erlebte Tagesstruktur. So wird zum Beispiel in einem Aufsatz der Schule ein hoher Stellenwert zugeschrieben, da das Kind viel Zeit in der Schule verbringt („Weil ich fast den ganzen Tag in der Schule bin."). Kritik oder Verbesserungsvorschläge werden in den Aufsätzen weniger explizit geäußert als in der 3. Klasse von Schulhaus A. So werden zum Beispiel die Pausen in den Aufsätzen positiv erwähnt, die hingegen im Schulhaus A (in beiden Klassen) Gegenstand vermehrter Kritik waren.

Wie in beiden Klassen von Schulhaus A beschreiben auch die Kinder dieser Klasse Schule als Ort der Aktivität in Form von Lernen, Spielen, Rennen/Fußball oder auch Reden. Mit Freunden beziehungsweise Freundinnen zu reden, wird im Gegensatz zu Schulhaus A in einigen Aufsätzen explizit als Aktivität in der Schule beschrieben.

Den Wechsel zwischen verschiedenen Sequenzen und Tätigkeiten in der Schule beschreiben die Kinder auch in dieser Klasse vor allem bei der Frage was sie in der Schule machen: „Spielen, Lernen, Freunde treffen, Malen, Basteln, Singen, Pause geniessen." Neben alltäglichen Beschäftigungen erwähnen sie jedoch auch Besonderheiten wie „Mich freut das Lesenacht, Sporttag". Diese Aktivitäten und Beschäftigungen werden auch hier durchweg positiv erfahren.

Im Zusammenhang mit alternativen Sinngebungen kann bei den Aufsätzen dieser Klasse nochmals auf den hohen Stellenwert von Peer-Beziehungen hingewiesen werden (siehe oben). So erhält Schule zum Beispiel ihre Bedeutung explizit durch den Aufbau und die Pflege von Freundschaften: „Die Schule bedeutet mir Freunde kennen zu lernen." beziehungsweise „Die Schule bedeutet mir die Freundschaft." Darüber hinaus werden keine alternativen Sinngebungen geäußert.

Auseinandersetzungen mit dem Ort Schule sind im Gegensatz zu Schulhaus A nicht durchweg negativ. Zwar wird die Aufteilung in zwei getrennte Schulgebäude von einigen Kindern kritisiert, das Gelände an sich und seine Spielmöglichkeiten werden jedoch hauptsächlich positiv wahrgenommen: „Mir ist an der Schule der Spielplatz wichtig. Auf dem Spielplatz klettere ich an der Kletterwand." oder auch „Mir gefällt, dass die Schule viel Natur hat."

Inwiefern Schule auch Freizeitort für die Kinder ist, wird in den Aufsätzen unterschiedlich dargestellt. „Ich treffe mich gerne auf der Schule mit Freunde. Und spiele dort auch gerne." Während Schule hier explizit als begehrter Freizeitort erscheint, werden Schule und Freizeit von anderen Kindern strikt getrennt: „Ich persönlich arbeite alles in der Schule und spiele lieber im Park." Daneben wird in einem Aufsatz aber auch die Möglichkeit, das Schulgelände außerhalb der Schulzeit nutzen zu können, sehr geschätzt: „Mich freut es, dass man hier bleiben darf auch wenn wir keine Schule haben."

Zusammenfassung

Wird Schule mit einem rationalen zukunftsgerichteten Sinn belegt, benennen die Kinder diesen Sinn sehr konkret als Qualifizierung (Arbeit, Job, Oberstufe). Was in der 3. Klasse von Schulhaus A im „wichtig" verborgen bleibt, wird in der 3. Klasse von Schulhaus B hingegen konkret benannt.

Eine besondere Stellung geben die Kinder der Schule bei der Entstehung und Pflege von Freundschaften. Diese Stellung geht sogar so weit, dass in manchen Aufsätzen Peer-Beziehungen als alternativer Sinn von Schule erscheinen beziehungsweise Schule ihre Bedeutung hauptsächlich über das Erleben von Freundschaften erhält. Dies findet sich auch unter den beschriebenen Aktivitäten wieder, indem die Kinder dieser Klasse das Reden mit Freunden oder Freundinnen als Aktivität in der Schule explizit benennen.

Den Rahmen von Schule thematisieren die Kinder weniger über Hausaufgaben wie in der 3. Klasse von Schulhaus A, sondern eher über bestimmte Unterrichtsfächer beziehungsweise Tätigkeiten, die in den Aufsätzen zumeist negativ bewertet werden. Auch die Tatsache von Schule an sich beziehungsweise die Regelmäßigkeit von Schule werden kritisiert.

Wie in Schulhaus A setzen sich auch hier die Kinder mit dem Ort Schule auseinander. Zwar wird die Aufteilung in Neu- und Altbau kritisiert, das Schulgelände und seine Spielmöglichkeiten werden jedoch mehrheitlich positiv gesehen und erfahren zum Teil auch als explizite Freizeitorte Wertschätzung.

Nicht angesprochen werden in den Aufsätzen dieser Klasse die Kategorien Autoritäten, effektives Lernen, das Erleben einer Gemeinschaft über direkte Freunde hinaus und Selbstkonzepte.

Schulhaus B, 6. Klasse

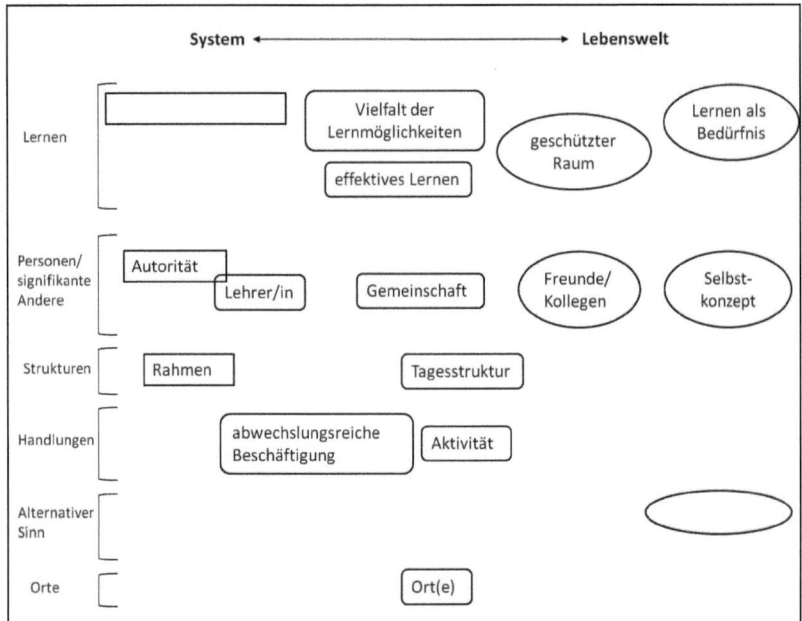

Abbildung 26: Themenfigur der 6. Klasse in Schulhaus B.

Im Gegensatz zu allen anderen Klassen wird Schule in den Aufsätzen dieser 6. Klasse nicht mit einem rationalen zukunfts- bzw. zweckgerichteten Sinn verknüpft. Die Kinder thematisieren in ihren Aufsätzen also weder Formen der Qualifizierung durch Schule noch räumen sie dem Lernen eine besondere Wichtigkeit ein.

Allerdings wird in einigen Aufsätzen gefordert die Vielfalt der Lernmöglichkeiten auszunutzen. So schlägt ein Junge zum Beispiel vor, dass in der Schule Kurse beziehungsweise Teams für verschiedene Sportarten und andere Freizeitbeschäftigungen existieren sollten. Weiterhin kritisieren einige Kinder den Umgang mit neuen Medien. So werden generell mehr Computer gefordert, die mangelnde Aktualität der Schul-Internetseite wird kritisiert und eine eigene Internetlektion vorgeschlagen.

Auch zur Kategorie effektives Lernen lassen sich einige Aussagen finden, in denen die Kinder hauptsächlich Verbesserungsvorschläge anbringen. Diese reichen von dem Vorschlag kleinerer Klassen beziehungsweise der Teilung in Mädchen- und Jungenklassen über die Ausstattung (Forderung nach mehr

Gruppenräumen, Computern, Schließfächern, eigenes Pult, bequeme Stühle), bis zur Forderung nach mehr Platz beziehungsweise einem Platz, „wo ich gut konzentrieren kann" (siehe auch geschützter Raum).

Auffällig ist, dass sich in sehr vielen Aufsätzen dieser Klasse Aussagen zur Kategorie geschützter Raum finden lassen. Die Äußerungen sind sowohl positiv wie negativ einzuschätzen. Positive Äußerungen thematisieren Arrangements, die eine Handlung ermöglichen („es gefällt mir, dass wir lang spielen können.", „Mich freut es, dass wir ungestört hier Velofahren dürfen.", „Es gefallen mir die vielen Einzelpulte."). Negative Äußerungen thematisieren hingegen Arrangements, in denen die Kinder eine Störung von außen wahrnehmen beziehungsweise Handlungen verunmöglicht werden („Wenn jemand hereinplatzt und das Spiel kaputt macht."). Dabei thematisieren einige Mädchen vor allem das Verhältnis der Jungen und Mädchen zueinander. In diesen Äußerungen werden die Jungen als Störung beschrieben beziehungsweise konkreter als „laut", „aggressiv" und „nervend". In einigen Aussagen werden in diesem Zusammenhang explizit getrennte Klassen für Jungen und Mädchen beziehungsweise „ein Platz wo ich gut konzentrieren kann", gefordert. Ebenfalls als Störung von außen erscheint die Lautstärke in der Klasse, die sowohl als negativer als auch verbesserungswürdiger Aspekt beschrieben wird.

In anderen Aufsätzen beschreiben die Kinder hingegen Spielsituationen, in denen sie sich von Anderen gestört fühlen („Mir gefällt nicht, wenn wir Fussball spielen, kommen immer andere Kinder und nehmen unseren Ball weg."). Konflikte in Form von Schlägereien und Streit zwischen verschiedenen Kindern werden in mehreren Aufsätzen erwähnt, wobei in einem Aufsatz ausdrücklich „mehr Pausenaufsicht" gefordert wird, während sich ein anderes Kind wünscht „Alle halten Frieden".

In den anderen drei Klassen wird innerhalb der thematischen Gruppe *Lernen* Schule entweder mit einem rationalen Sinn belegt, für den Lernen eine zentrale Rolle spielt, oder Lernen wird als persönliches Bedürfnis stark gemacht. Wie oben schon erwähnt, verbinden die Kinder dieser Klasse Schule jedoch nicht mit einem rationalen Sinn. Darüber hinaus sprechen sie aber auch nur sehr vage von Lernen als einem Bedürfnis beziehungsweise davon, dass Lernen ihnen Spaß macht („Das was ich dazu lerne, freut mich.").

Autoritäten werden von den Kindern dann angesprochen, wenn sie sich mit konkreten Materialitäten oder sozialen Regeln auseinandersetzen. Kritik ernten diese abstrakt bleibenden Autoritäten für die Gestaltung, Instandhaltung oder Reparatur der Schulgebäude oder auch einiger Spielgeräte (Fußballtore, Netze). Ebenfalls meist kritisch sehen die Kinder einige soziale Regelungen, die entweder für die einzelne Klasse gelten, oder sich auf das ganze Schulhaus beziehen. So wünscht sich zum Beispiel ein Kind, aufs WC gehen zu dürfen, ohne die Lehrerin fragen zu müssen, während ein anderes Kind generell fordert: „Man sollte den Kindern mehr zuhören und mehr respektieren." Lehrpersonen werden von den Kindern sowohl positiv als auch negativ beschrieben. Die konkrete Klassenlehrerin wird in den Aufsätzen nur positiv erwähnt, während andere zum Teil nicht konkret benannte Lehrpersonen auch kritisch gesehen werden (kritisch erwähnt wird zum Beispiel auch die Schulleitung).

Formen von Gemeinschaft erleben die Kinder sowohl positiv als auch negativ – einige damit zusammenhängende Aspekte sind auch schon unter *geschützter Raum* angesprochen worden. Beziehen sich die Kinder in ihren Aufsätzen auf das Erleben von Gemeinschaft, sprechen sie entweder konkrete Klassenverbände an (meist in kritischer Art), oder beziehen sich auf eine abstrakte Gruppe („Alle").

Im Vergleich zu den anderen Klassen wird in dieser 6. Klasse Schule als Ort von Freundschaften nur vereinzelt thematisiert. Die Kinder berichten zwar auch davon, Freundinnen und Freunde in der Schule zu haben beziehungsweise mit diesen in der Pause zu spielen, jedoch scheint Schule als Ort, an dem Freundschaften geschlossen beziehungsweise gepflegt werden, nicht annähernd die zentrale Stellung zu besitzen, wie in den anderen Klassen (und vor allem wie in der 3. Klasse des selben Schulhauses).

Hinweise auf die Wahrnehmung der eigenen Rolle (Selbstkonzept) in Beziehung zur Schule finden sich bei einem Kind, das in seinem Aufsatz der Schule eine Unterstützungs- bzw. Ermöglichungsfunktion zuschreibt: „Mir gefällt, dass ich das machen darf was ich will."

Den Rahmen von Schule thematisieren die Kinder vor allem unter den Aspekten Hausaufgaben und frühes Aufstehen. In einem Aufsatz werden zum Beispiel im Zuge der Schilderung einer „Traumschule" Hausaufgaben und Spaß explizit als Gegenpole gegenübergestellt („Es gibt nie Hausaufgaben, nur Spass."). Hinsichtlich der Hausaufgaben bestehen in dieser Klasse eher Ähnlichkeiten zur 3. Klasse von Schulhaus A. Die Kritik am frühen Aufstehen findet sich hingegen vor allem auch in der 3. Klasse desselben Schulhauses. Während sich jedoch in der 3. Klasse die Kinder sehr stark mit bestimmten Schulfächern auseinandersetzen, thematisieren die Kinder der 6. Klasse dies kaum.

Einige Kinder beschäftigen sich zudem mit ihrer konkreten Tagesstruktur. Auch hier wird die Länge der Pausen als zu kurz kritisiert, auch wenn sich ein Kind generell positiv über die Existenz von Pausen äußert. Einiger Kinder äußern zudem den Wunsch, über Mittag in der Schule bleiben zu dürfen, und dort zu Mittag essen zu können. Dieser Aspekt wurde in allen anderen Klassen nicht erwähnt.

Schule als Ort der Aktivität nimmt in den Aufsätzen im Vergleich zu den anderen Klassen keine zentrale Rolle ein. Jedoch wird zum Beispiel die subjektive Wahrnehmung bestimmter Aktivitäten angesprochen („beim Lernen: muss man sich anstrengen, konzentrieren."). Dass die Kinder Schule als Ort abwechslungsreicher Beschäftigung mit unterschiedlichen Sequenzen (zum Beispiel Lernen, Spielen, Spaß haben) erleben, wird in den Aufsätzen dieser Klasse ebenfalls kaum angesprochen. Hier werden lediglich Lernspiele und der Sportunterricht als positive Formen beschrieben.

Hingegen nehmen Auseinandersetzungen mit dem konkreten Ort Schule eine relativ zentrale Rolle in den Aufsätzen ein. Die Kinder äußern Kritik oder sprechen Verbesserungen der vorhandenen Spielmöglichkeiten an, wobei sich sowohl eher allgemeine als auch sehr differenzierte Äußerungen finden lassen. So fordert ein Kind zum Beispiel"...grösserer Kletterturm, Tore mit Netz, Tore auf dem Rasen, grösserer Sandkasten, Kletterwand, mehr Spiele auf dem Pausenplatz." Fußball- bzw. Hartplatz werden in den Aufsätzen positiv gesehen. Auch die Schulgebäude an sich werden thematisiert, allerdings immer in negativer Art und Weise, die sich vor allem auf den baulichen Zustand bezieht (diese Thematisierung könnte mit einer kurz zuvor stattgefundenen Renovierung zusammenhängen).

Neben Auseinandersetzungen mit dem konkreten Ort Schule finden sich auch Aussagen zum Stellenwert von Schule als Freizeitort. So nutzen einige Kinder zum Beispiel das Schulgelände beziehungsweise den angrenzende Fußballplatz auch als Freizeitorte: „Ich spiele gerne im Schulhaus B mit Kollegen."

Jedoch werden in einigen Aufsätzen Schule und Freizeit mitunter auch als entgegengesetzte Welten beziehungsweise Gegenkonstrukte verstanden. Ein Mädchen berichtet zum Beispiel davon, dass ihre (älteren) Freunde schon in ein anderes Schulhaus gehen, welches auch für sie als Treffpunkt dient: „Ich und meine Freunde laufen einfach herum, es gibt verschiedene Orte." Ein anderes Mädchen spricht davon, dass sie in ihrer Freizeit „ungestört" ist und sich „gut ausruhen" kann.

Zusammenfassung

Die Kinder belegen Schule nicht mit einem rationalen auf Zukunft gerichteten Sinn. Sie verbinden Schule nicht mit Formen der Qualifizierung und weisen auch dem Lernen keine besondere Wichtigkeit zu. Dies ist ein zentraler Unterschied zu allen anderen Klassen.

Jedoch fordern einige Kinder, die Vielfalt der Lernmöglichkeiten auszunutzen; sie benennen dabei aus ihrer Perspektive konkrete Schwachpunkte der Schule und führen Verbesserungsvorschläge an. Ebenfalls kritisch beziehungsweise mit konkreten Verbesserungsvorschlägen äußern sie sich zu Situationen und Arrangements, die ein effektives Lernen behindern. Hauptkritikpunkte sind hier die Ausstattung der Schule, die Klassenzusammensetzung oder auch allgemeine Raumarrangements („Platz zum Konzentrieren").

Mit Raumarrangements beziehungsweise dem Vorhandensein oder Fehlen geschützter Räume setzen sich die Kinder recht intensiv auseinander. Dabei entsteht der Eindruck, dass viele Kinder Störungen wahrnehmen, die sie entweder im Klassenzimmer verorten (andere Kinder, Ausstattung), oder anderen nicht näher bestimmten Personen (jemand) zuschreiben. Allerdings wird von einigen Kindern auch auf ermöglichende geschützte Räume hingewiesen.

Auch Lernen als Bedürfnis wird in den Aufsätzen kaum thematisiert, was ebenfalls eine Besonderheit im Vergleich zu den anderen Klassen darstellt.

Setzen sich die Kinder mit Autoritäten auseinander, werden diese meist nicht konkret benannt, sondern bleiben im „sie" oder „man" verborgen. Ist jedoch von Lehrpersonen die Rede, werden diese meist direkt benannt.

Ein weiterer markanter Unterschied liegt in der marginalen Thematisierung von Freundschaften, deren Erleben in den anderen Klassen sehr intensiv mit Schule verbunden worden ist.

Allerdings thematisieren einige Kinder das Erleben einer mehr oder weniger abstrakt bleibenden Gemeinschaft in der Schule.

In Zusammenhang mit dem Rahmen von Schule werden als Hauptkritikpunkte die Hausaufgaben und der frühe Beginn von Schule genannt. Auch die durch Schule beeinflusste Tagesstruktur ist Thema bei den Kindern. Hier sind es die Pausenlängen und die Regelungen über die Mittagszeit, bei denen die Kinder Verbesserungsmöglichkeiten sehen. Zu beiden Punkten gibt es aber auch vereinzelt positive Aussagen.

Aktivität und abwechslungsreiche Beschäftigung werden wiederum kaum angesprochen. Ebenso wenig werden mit Schule alternative Sinngebungen verknüpft.

Die Kinder setzen sich hingegen intensiv mit dem Ort Schule auseinander. Dabei sehen sie zwar einige Punkte positiv (Fußballplatz, Hartplatz), meist äußern sie jedoch Kritik oder bringen Verbesserungsvorschläge hinsichtlich der Spielmöglichkeiten an.

Während von einigen Kindern Schule und Freizeit als Gegenkonstrukte entworfen werden, die sich auch auf örtlicher Ebene nicht überschneiden, gibt es jedoch auch Aufsätze, in denen Schule explizit als Freizeitort in Erscheinung tritt.

4.3.3 Vergleichende Perspektiven

Die oben differenzierende Sicht auf die Repräsentation der Themen in den einzelnen Schulklassen wird hier nun abschließend in vergleichender Perspektive betrachtet, um Übereinstimmungen und Unterschiede zwischen den Klassen und Schulhäusern zu verdeutlichen sowie sie für die Diskussion im fünften Kapitel zu pointieren.

Vor allem in Schulhaus A verbinden die Kinder Schule mit einem rationalen und auf Zukunft gerichteten Sinn. Dies bleibt bei den jüngeren Kindern noch eher abstrakt und wird bei den älteren konkreter ausformuliert beziehungsweise Schule wird als zweckgerichtete oder zweckungerichtete Qualifizierungsinstitution wahrgenommen. Im Schulhaus B verweisen hingegen nur die jüngeren Kinder auf einen rationalen Sinn von Schule, dafür aber in sehr konkreter Art und Weise. Hier sehen mehrere Kinder eine zweckgerichtete Qualifizierung für eine spätere Erwerbsarbeit. Dieser rationale Sinn beziehungsweise die Funktion der Qualifizierung wird von den älteren Kindern des Schulhauses B überhaupt nicht thematisiert. Was sich im Schulhaus A zwischen den Altersstufen zunehmend konkretisiert, verliert sich zwischen den Altersstufen des Schulhauses B.

Ähnliches lässt sich für alternative Sinngebungen festhalten. In beiden Klassen von Schulhaus A wird Schule auch mit alternativen Sinngebungen belegt, wobei die jüngeren Kinder Schule eher mit Spaß verbinden, die älteren Kinder hingegen auch auf die Bedeutung persönlicher Erfolgserlebnisse im Zusammenhang mit guten Noten verweisen. Im Schulhaus B hingegen verlieren sich solche alternativen Sinngebunden wiederum zwischen den Altersstufen. Vereinzelt äußern die Jüngeren Freundinnen und Freunde beziehungsweise Freundschaft als zentrale Bedeutung von Schule. Die Älteren sehen Freundschaften nicht als zentralen Teil von Schule und formulieren auch keine Alternativen. Die älteren Kinder aus Schulhaus B verbinden Schule demnach weder mit Formen der Qualifizierung (rationaler Sinn) noch mit alternativen Sinngebungen. Es scheint fast so, als wäre ihnen nicht klar, wohin Schule für sie führt bzw. führen kann.

Hingegen beschäftigen sich die älteren Kinder in Schulhaus B intensiv mit dem tatsächlichen (lebensweltlichen) Erleben von Schule beziehungsweise mit den Ermöglichungen und Behinderungen, die sie in der Schule oder durch Schule wahrnehmen. Dies zeigt sich in den Auseinandersetzungen mit der Vielfalt der Lernmöglichkeiten oder in ihren Vorschlägen für effektives Lernen (Ausstattung, Klassenzusammensetzung, Raumarrangements). Hinzu kommen intensive Beschäftigungen mit geschützten Räumen, die sie in der Schule entweder vermissen und einfordern oder auch erleben, sowie ihre Auseinandersetzungen mit dem Ort Schule, den sie sowohl auf materieller wie funktioneller Ebene thematisieren. Auf materieller Ebene stehen verschiedene Spielgeräte oder die Schulgebäude im Zentrum der meist kritischen Aussagen, während Aussagen auf funktioneller Ebene den Ort Schule entweder auch als Freizeitort beschreiben oder ihn kategorisch als solchen ausschließen. In solchen Aussagen sind es andere Orte der Stadt, die in der Freizeit aufgesucht werden. Schule als Freizeitort wird in dieser Klasse demnach ambivalent gesehen. Im Schulhaus A scheint der Ort Schule hingegen als Freizeitort durchaus akzeptiert zu sein. Aussagen, die ihn als Freizeitort kategorisch ausschließen, gibt es nicht.

Die Lehrpersonen in Schulhaus A werden von den Kindern durchweg positiv geschildert, bleiben dabei aber auf einer abstrakten Stufe. Die Kinder beschreiben nicht ihre persönliche Beziehung zu diesen Lehrpersonen, etwa wie sie diese erleben, sondern sie bleiben in ihrer Beschreibung auf einer distanzierten Funktionsebene (die Lehrperson erscheint nicht persönlich mit Namen, sondern nur als Lehrerin bzw. Lehrer): „Mich freut es wie die Lehrer den Kindern das Lernen beibringen.", „Die Lehrerin ist lustig.". So wird zwar deutlich, was eine gute Lehrperson ausmacht, in der Distanzierung bleiben die Lehrpersonen aber austauschbar.

Hingegen zeichnen sich vor allem Aussagen der 6. Klasse in Schulhaus B dahingehend aus, dass sie einen persönlichen Bezug zu den Lehrpersonen herstellen: „Ich lerne sehr viel von Frau Meier.", „Mir gefällt, dass Frau Meier nicht nur auf die anderen Kinder schaut, sondern auch auf mich.", „Ich hasse wenn Herr Müller Striche gibt.". Hier kommt zum Ausdruck, inwiefern für das jeweilige Kind das positive oder negative Erleben von Schule mit einer konkreten Lehrperson verknüpft ist, wie wichtig also für Kinder dieser Klasse die Qualität des pädagogischen Verhältnisses ist. Lehrpersonen werden nicht in erster Linie über ihre Funktion wahrgenommen, sondern über die Art und Weise der Interaktion mit den Kindern bzw. darüber, inwiefern die Kinder die Lehrperson als sie fördernd erleben.

5   Quartier macht Schule – Schlussdiskussion

In diesem Schlusskapitel werden die im vierten Kapitel dargestellten Befunde in den Zusammenhang mit der zentralen Fragestellung gebracht, welche Beziehungen nämlich zwischen den zwei Welten Schule und Quartier bestehen. Neben dieser Kontextualisierung werden darüber hinaus die Konsequenzen abgeleitet, die sich vor dem Hintergrund der geschilderten Ergebnisse für die professionelle Arbeit mit oder für Kinder in ihren Quartieren ergeben. Wohlgemerkt: die Perspektive, auf die es sich auch in der Diskussion zu beziehen gilt, ist die der Kinder – ihr Erleben und Deuten von Schule und Quartier ernst nehmen, fordert einen respektvollen Umgang mit ihrem Eigenwillen und ihre Anerkennung als Subjekte (Andresen/Hurrelmann 2010, S. 24). Auf der Handlungsebene begründet sich daraus, partizipative Ansätze zu entwickeln, Kinder konsequent einzubeziehen und an Schul- und Quartierentwicklungen zu beteiligen.

Bei der Analyse der subjektiven Landkarten und der Interpretation der Aufsätze wurden in den Beschreibungen der Kinder immer wieder Aspekte von Aneignung und Ermöglichung deutlich – nicht als Kategorien, die sich aus dem empirischen Material ergeben haben, sondern auf einer allgemeineren Ebene der Betrachtung. Dies im Sinn eines Blickes, der sich im Lauf der Untersuchung – während der Rekonstruktion des empirischen Materials – entwickelt hat, in einem Prozess, in dem die Eindrücke des Materials theoretische Positionen (re)aktiviert haben. In der folgenden Darstellung werden diese beiden Perspektiven eine entsprechend tragende Rolle einnehmen, wenn es darum geht, die Beziehung zwischen Quartier und Schule sowie ihre Bedeutung für Kinder zu erklären.

Aneignung muss dabei theoretisch in der Tradition der Aneignungstheorie des sowjetischen Psychologen Alexejew Nikolajew Leontjew[1] (1973) verstanden werden, indem davon ausgegangen wird, dass die menschliche Entwicklung nicht eine ‚Adaptation an die Umwelt' bedeutet. Vielmehr kann ein Mensch sich im Gegenteil auch dahin entwickeln, „dass er den Rahmen seiner begrenzten Natur verlässt, dass er sich ihr nicht anpasst, weil er durch sie daran gehindert wird, den Reichtum echter menschlicher Züge und Fähig-

---

1   Der tätigkeitstheoretische Ansatz des Aneignungskonzeptes von Klaus Holzkamp gilt allgemein als Wurzel des Aneignungsansatzes. Es hat seine Grundlage in den Arbeiten aus der von Lev Semenovich Vygotskii gegründeten so genannten kulturhistorischen Schule der sowjetischen Psychologie (wie z.B. von Alexejew Nikolajew Leontjew und Anderen).

keiten voll zu entfalten" (Leontjew 1973, S. 232f.). Damit meint Aneignung sehr allgemein das Erschließen, „Begreifen", Verändern, Umfunktionieren und Umwandeln der räumlichen und sozialen Umwelt. Aneignung impliziert das aktive Handeln des Subjektes, seine Auseinandersetzung mit der räumlichen und sozialen Umwelt (Reutlinger 2003), eine Handlungsperspektive von Kindern, welche auch in der vorliegenden Studie verfolgt wurde.

„Aneignung betont eine für Kinder und Jugendliche typische Entwicklungsdimension: ihr gut zu beobachtendes und besonders ausgeprägtes Verlangen, sich ihre Lebenswelten zu erschließen, deren Bedeutungen zu verstehen, sich Räume anzueignen, eigene Sozial-Räume zu definieren, ihren Handlungsraum zu erweitern, und damit immer wieder neu in erweiterten und sich verändernden sozial-räumlichen Bezügen zu agieren. „Räume" sind für uns deshalb untrennbar mit dem handelnden Subjekt verbunden: Kinder und Jugendliche lernen in sozial-räumlichen Kontexten, ihr Leben findet in vielfachen und zunehmend auch virtuellen Raumbeziehungen statt. „Soziale Aneignungs-Räume" stellen für Kinder und Jugendliche sowohl Lern- und Erfahrungs- als auch Gestaltungsmöglichkeiten dar" (Deinet/Reutlinger 2005, S. 295).

Eine Bedingung für das Aneignungshandeln lässt sich in der Dimension der Ermöglichung aufschließen, indem Ermöglichung aus einer pädagogischen Perspektive mit einer bestimmten Absicht stattfindet. Sie ist funktional auf einen Erziehungs- beziehungsweise Bildungsprozess gerichtet, mit dem Ziel, etwas Bestimmtes anzuregen oder zu erreichen. Physisch-materielle und personale, aber auch sozial-strukturelle Gegebenheiten im öffentlichen und privaten Raum spielen dabei zusammen. Ermöglichung ist nicht die Kehrseite von Aneignung, aber eine herausragende Perspektive, mit der sich die Aneignenden auseinandersetzen. Als sozialpädagogisches Konzept soll es darum gehen, über soziale und individuelle Ermöglichungsprozesse Strukturen zu schaffen, in denen „der Mensch sich selbst entwickelt" (Schicho 2003, S. 11).

Solche ermöglichenden Strukturen beschränken sich nicht nur örtlich auf den physisch-materiellen Raum. Vielmehr gilt es, sozialpädagogische Ermöglichungsstrukturen auf allen möglichen Ebenen und mit den verschiedensten Formen aufzubauen. Als sozialpädagogisches Konzept eröffnet der Ermöglichungsgedanke neue Gestaltungsperspektiven, indem er für Menschen mit ganz unterschiedlichen individuellen und sozialen Ressourcen nicht nur sozialintegrative, sondern auch systemintegrative Perspektiven aufmachen kann (Reutlinger 2008, S. 239). Bezogen auf die Frage der Stadtteilorientierung bedeutet dies, dass versucht wird, dass die Orte der Ermöglichung sich eben nicht nur auf das Quartier und die Quartierbevölkerung beziehen, sondern auch Orte außerhalb zugelassen und mit in die pädagogischen Überlegungen einbezogen werden. Eine so verstandene Ermöglichung kann Aneignung unterstützen. An konkreten Orten in der Schule oder im Stadtteil, aber auch darüber hinaus in der gesamten Stadt, in medial hergestellten Räumen oder in Phantasiewelten von Kindern.

In dieser Arbeit wurden zwei recht unterschiedliche Stadtteile und darin liegende Primarschulhäuser untersucht. Das Zusammenspiel von Quartier und Schule – das zeigt sich theoretisch wie empirisch – ist komplex. Die Anregungen, die sich aus dieser Untersuchung für die Quartierarbeit zur Gestaltung von Ermöglichungsräumen (jenseits eines territorialen Verständnisses, Aneignung ermöglichend, Handlungsoptionen eröffnend) ergeben, schlüsseln wir in der folgenden Darstellung nicht im Einzelnen für die jeweiligen Akteursgruppen auf. Diejenigen AkteurInnen, die Interesse an dieser Thematik haben können, beziehungsweise in die Entwicklungsfragen involviert sind, sind vielfältige: neben den Kindern spielen bezogen auf den Stadtteil zumindest Quartierarbeit, Jugendarbeit, Schulsozialarbeit ebenso wie Vereine, insbesondere der Quartierverein, wie auch die Schulleitung und einzelne Lehrpersonen eine wichtige Rolle. Aber auch AkteurInnen, die auf der gesamtstädtischen Bühne – um nur eine zweite Ebene anzusprechen – agieren, wie Schulamt, Stadtplanung/entwicklung, Sozialplanung und andere, sind mit diesen Prozessen mehr oder weniger direkt konfrontiert. Das Anliegen dieser Arbeit ist es, für diese komplexen Prozesse zu sensibilisieren. Entsprechend werden hier keine Lösungen präsentiert, sondern aus der Perspektive Sozialer Arbeit mit dem Fokus der Unterstützung der Selbstbestimmungsperspektive der Kinder sollen Denkanstöße bzw. ein Reflexionsangebot für eine fachliche Weiterentwicklung im Sinne einer reflexiven räumlichen Haltung gegeben werden: zur aktiven Gestaltung sozialer Zusammenhänge unter der Prämisse der Erweiterung von Handlungsoptionen der Menschen (Kessl/Reutlinger 2010).

5.1 Wenn alles gut scheint – Quartier macht Schule und Schule macht Schule

Das Bild, das sich mit der Auswertung des empirischen Materials vom Schulhaus A vermittelt, ist zunächst das einer Schule, die der Zeit etwas entrückt ist: Sie funktioniert in einer recht traditionellen Logik, indem sie sich wie im industriekapitalistischen Modell von Schule darauf konzentriert, Schule zu machen, also die Lebensorte von Kindern voneinander entflechtet und getrennt zu betrachten und ihre wesentliche Aufgabe darin sieht, sich als Ort des Unterrichts zu begreifen und Wissen zu vermitteln. Damit verbunden ist auch, die gesellschaftliche Funktion von Schule in den Mittelpunkt zu stellen und eine bestimmte damit einhergehende Vorstellung von Qualifizierung, Chancengleichheit und Bildung. Gleichzeitig tritt eine Orientierung an den individuellen Interessen der Schülerinnen und Schüler in den Hintergrund (Giesecke 1996). Das Quartier ist aus der Sicht von Schule keine relevante Größe, es spielt in ihrer Organisation, in ihrem – zwar nicht verschriftlichten aber doch als Schulhauskultur bestehenden und verinnerlichten – Leitbild und im Unterricht keine Rolle. Im Schulhaus A geht es darum, Wissen zu vermitteln und die Schülerinnen und Schüler auf die weiterführenden Schulen und das spätere Leben vorzubereiten. In diesem Schulhaus spiegeln sich die klassischen gesellschaftlichen Funktionen von Schule wider: Qualifikation für spätere Lebensanforderungen, Selektion bzw. Allokation und damit Zuweisung einer sozialen Position, Legitimation durch die Vermittlung gesellschaftlicher Grundwerte sowie Sozialisation zu einem gesellschaftlich erwünschten Verhalten (Fend 1981). Der Schein trügt insofern, als dass sich die Lehrpersonen des Schulhauses A sehr wohl mit den Herausforderungen durch das recht kleine Entwicklungsgebiet am Rand des Stadtteils auseinandergesetzt haben. Wenige Jahre bevor die hier vorliegende Untersuchung stattgefunden hat, gab es einige Schülerinnen und Schüler, die den Lehrpersonen durch nichtkonformes Verhalten und Leistungsprobleme auffielen. Die Auseinandersetzung mit den Eltern blieb anscheinend folgenlos. Doch die Forderung nach sozialarbeiterischer Intervention musste nicht explizit formuliert werden. Die Stadt hatte in dem Entwicklungsgebiet Quartierarbeit eingerichtet: ein eigener Quartierverein entstand ebenso wie ein Quartiertreff. Unter anderem wurden Angebote für Kinder umgesetzt (Kindergruppe, Spielplatz) und der Erwerb der deutschen Sprache für Frauen durch ein Kursangebot unterstützt. Das Primarschulhaus hat sich pragmatisch mit dem Entwicklungsgebiet auseinandergesetzt, mit dem Ziel, außerschulische Problemursachen oder Probleme möglichst auch außerhalb des Schulhauses zu bearbeiten und sie gar nicht erst zu Schulproblemen werden zu lassen. Dank der Quartierarbeit wurde dem Erfolg beschieden, denn es gelingt in dem Schulhaus anscheinend – die Forschungsergebnisse lassen diesen Schluss zu – die zahlenmäßig kleine Gruppe von Schülerinnen und Schüler aus dem Entwicklungsgebiet zu integrieren. Sie scheinen von ihrer Leistung her nicht abzufallen – und stören auch ansonsten das Regelwerk der Schule nicht, übernehmen gar den Geist der Mittelschichtsmehrheit. Schule wirkt normalisierend. Zumindest innerhalb des Schulareals und der Schulzeit. Probleme bleiben tatsächlich außerhalb der Schule – und wenn nicht, dann reicht es aus, sie zu individualisieren und eventuell zu triagieren beziehungsweise zu therapeutisieren. Schule macht Schule. Im Umkehrschluss bedeutet dies, dass die Belange des Quartiers im Quartier verbleiben, beziehungsweise die Wohnbevölkerung punktuell durch professionelle AkteurInnen der Sozialen Arbeit unterstützt wird.

Die befragten Kinder nehmen diese Perspektive, die klare Ausrichtung von Schule auf Lernen und damit auf den Erwerb formaler Bildung an. Die älteren Schülerinnen und Schüler thematisieren den rationalen Sinn von Schule, ihre Qualifizierungsfunktion, und konkretisieren dies zum Teil mit dem Verweis auf eine spätere Erwerbsarbeit. Zur Tragfähigkeit dieser Orientierung trägt sicher nicht unerheblich bei, dass jüngere wie ältere Schülerinnen und Schüler sich in ihrer Schule Freude am Lernen bewahren und ihnen Lernen ein Bedürfnis ist. Spaß an Schule zu haben ist eine altersübergreifende alternative Sinngebung. Für die Älteren ist es zudem wichtig persönliche Erfolgserlebnisse, insbesondere in Form guter Noten, zu haben. Lernen wird dabei gestützt von den Interaktionen, die die Kinder in ihrem Schulalltag erfahren: Lehrpersonen, die unterstützend wahrgenommen werden – aber vor allem das Zusammensein mit anderen Kindern, die sie in der Schule zum Teil kennenlernen, mit denen sie Freundschaften schließen und die über den Ort der Schule hinaus von Bedeutung sind. Mit dieser Ermöglichungsstruktur wird Schule als konkreter Bildungsort von ihren Schülerinnen und Schülern als wertvoll angesehen. Auch die Schülerinnen und Schüler wollen ihr Schulhaus wohl so, wie es ist. Kritik wird nicht am Unterricht, sondern lediglich an der Gestaltung des Ortes geübt. Die Art und Weise der Vermittlung von Lernstoff, also der den Kindern eröffnete Ermöglichungsraum für ihre Aneignung von Wissen, der zur Verfügung gestellte Raum für ihre Bildungserlebnisse, wird grundsätzlich positiv aufgenommen. In diesem Schulhaus wird den Schülerinnen und Schülern anscheinend ein Schutz- oder Schonraum geboten: Ihr Bildungsbedürfnis wird insofern ernst genommen, als dass es gelingt, Unterricht so anzulegen, dass die Schülerinnen und Schüler sich lustvoll darauf einlassen können, dass ihr Lernbedürfnis erhalten bleibt und Unterricht sich ganz auf seine klassischen Funktionen konzentrieren kann. Der schulische Aneignungsraum der Kinder ist jedoch stark beschränkt auf die Aneignung formeller Bildung. Dieses Korsett scheint die Schülerinnen und Schüler jedoch nicht zu stören.

Damit Schule so funktionieren kann, braucht sie eine bestimmte Rahmung. Und diese ist durch das Quartier gegeben. Der Stadtteil zeichnet sich aus durch eine Vielzahl von Orten, die ermöglichenden Charakter besitzen. Orte, die anregen und fördern, wie die Badi, Fußballfelder, die Eislaufbahn und andere, an denen Kinder ihren Interessen nachgehen und mit ihren Peers interagieren können. Dort, wo es an dieser Ermöglichung mangelt, im kleinen Entwicklungsgebiet am Rand des Stadtteils, sorgt Quartierarbeit durch Unterstützungsangebote für die Eltern (z.B. Deutschkurse für Mütter) und für die Kinder (z.B. Kindertreff), ganz allgemein durch Aktivierungsangebote zur Verbesserung der Lebenssituation, für die soziale Aufwertung des Quartiers und für die Möglichkeit zur Systemintegration. Quartier macht Schule – durch

Orte und Angebote der Ermöglichung außerhalb von Schule. Allerdings liegt insbesondere in dem Angebot von Quartierarbeit im Entwicklungsgebiet auch eine Form der Verunmöglichung, da durch sie die räumliche Ausdehnung der Kinder und damit ihre lebensweltliche Erfahrung auf den Stadtteil beziehungsweise auf die Grenzen des Entwicklungsgebietes verwiesen ist.

Grundsätzlich sind die Kinder in ihrer Aneignung jedoch nicht allein auf die an den oben genannten Orten gebotenen Möglichkeiten beschränkt – auch wenn sie diese Ermöglichung intensiv nutzen. Auch Orte außerhalb der „Zone für öffentliche Bauten, Anlagen und Grünflächen" (Abb.2, Kap. 4.1.1) werden zu Treffpunkten, bieten Interaktionsmöglichkeiten mit den Peers – werden ebenso zu Aneignungsräumen (Deinet 2010) der Kinder. Der Brunnen, das Bushaltehäuschen, der Parkplatz neben dem Coop als einige Beispiele sind nicht monofunktional, sondern bieten den Kindern Möglichkeiten, ihre Freizeitinteressen, ihr Kindsein im Quartier zu leben – insbesondere die älteren Kinder finden im Quartier so Orte zum Chillen, Rumhängen und Relaxen. Die Kinder haben ein Quartier – sie finden Raum sich zu entfalten, sich in Interaktion mit ihren Peers zu entwickeln und sind in ihrer Freizeit nicht darauf angewiesen, dass das Schulhausareal in irgendeiner Weise auf ihre außerschulischen Bedürfnisse eingeht oder Lehrpersonen über den Unterricht an ihrem Alltag teilhaben. Die Kinder entwickeln keine solche Anspruchshaltung. Die große Mehrheit der Schülerinnen und Schüler ist mit dem Status quo zufrieden.

In einem derart strukturierten Stadtviertel gibt es zunächst einmal keinen Handlungsbedarf, das Verhältnis von Schule und Quartierarbeit zu verändern. Eine Quartierentwicklungsperspektive ist vor allem darauf angewiesen, die Stimmen derer zu hören und aufzugreifen, die von diesem Stadtteil und seinen Institutionen nicht (mehr) profitieren. Im Sinne einer bereits oben angesprochenen reflexiven räumlichen Haltung hieße dies, die Dilemmata der Homogenisierung (als das zentrale Dilemma), der Prävention, der Vernetzung und der Milieus (Kessl/Reutlinger 2010, S. 122ff.) reflexiv zu bearbeiten. Es geht dabei insbesondere darum, Prozesse und Dynamiken der Reproduktion bestehender Verhältnisse in Frage zu stellen und im Hinblick auf ihre destruktiven Komponenten Strategien der Veränderung zu entwickeln, also Lösungen zu erarbeiten, die für die Betroffenen Perspektiven eröffnen. Konkretisieren ließe sich das beispielsweise im Hinblick auf das Ziel des Schulhauses, formale Bildungsabschlüsse zu vermitteln mit der Frage, ob benachteiligte Schülerinnen und Schüler die Bildungsübergänge erfolgreich und nachhaltig hinbekommen – langfristig müsste sich dies in einer erhöhten sozialen Durchlässigkeit erweisen. Konkretisieren ließe sich das auch bezüglich der Quartierarbeit im Entwicklungsgebiet des Stadtteils A und dem Aufgreifen der bereits oben angesprochenen Frage, inwieweit Aspekte der Verunmöglichung zur Einschränkung der lebensweltlichen Erfahrung der dort lebenden Kinder führen. Dies könnte der eigentlich emanzipatorischen Absicht der Quartierarbeit entgegenlaufen und sich langfristig eher kolonialisierend auswirken.

5.2 Wenn Differenz alltäglich wird – Quartier macht Schule und Schule macht soziale Gestaltung

Das Schulhaus B sah sich konfrontiert mit einem schlechter werdenden Image des Stadtteils, mit der Folge des Wegzugs von Familien der traditionellen schweizerischen Mittelschicht, auch um ihren Kindern bessere Bildungsmöglichkeiten zu bieten. Langfristig führt das zu einer nicht gewollten sozialen Homogenisierung, bezogen auf den sozio-ökonomischen Status der Bevölkerung des Stadtteils, mit dem Effekt, dass die Folgen sozialer Ungleichheit, die soziale Benachteiligung oder soziale Ausgrenzung der Rest- und Neubevölkerung des Stadtteils sich direkt im Schulhaus und dem Schulunterricht bemerkbar machen. Bei dem großen Anteil zentral gelegener Entwicklungsfläche im Stadtteil lässt sich auch durch den Zuschnitt des Schulkreises für das Schulhaus kein ernsthafter Effekt erwarten, der dem entgegenwirken könnte. Die Lebenslagen der Schülerinnen und Schüler sowie die aus diesen Lebenslagen entstehenden Probleme für das Funktionieren eines tradierten Schulunterrichts, wie er im Schulhaus A stattfindet, können hier nicht delegiert werden. Probleme können nicht als individuelle Probleme mit einer Verweisungspraxis beispielsweise an Schulsozialarbeit gelöst werden. Sie müssen als eine gesellschaftliche Lebensrealität wahrgenommen werden, als die Normalität dieses Schulhauses, die antizipiert werden muss und die zur Voraussetzung des Unterrichtens wird – und der konzeptionell entsprochen werden muss. Das merken nicht nur die Lehrpersonen und die Schulleitung im Schulhaus B. Auch in den Äußerungen der Kinder wird deutlich, dass sie den Sozialraum Schule mit konstituieren. Sie wollen, dass es ihr Schulhaus wird – ein Schulhaus, mit dem sie sich identifizieren können. Sie bringen ihre vielfältigen Anliegen zum Ausdruck und beanspruchen, dass das Schulhaus ihre Vorstellungen aufnimmt. Das Schulhaus wird zu ihrem, wenn – so zeigt es sich konkret im empirischen Material – es ein schönes Schulhaus ist und es über einen gelungenen Internetauftritt verfügt, in ihm aber auch guter Unterricht angeboten wird, für den genügend Computer zur Verfügung gestellt werden, in dem die Kinder nicht in ihrer Konzentration gestört werden, in dem sie Anerkennung finden, statt bloßgestellt zu werden etc. Bei manchen Schülerinnen und Schülern stößt die Art und Weise der Umsetzung allerdings auf Ablehnung. Ihre strikte Trennung von Schul- und Freizeitbereich hat vor allem Gründe, die im Unterricht zu suchen sind, in den Lehr-Lern-Arrangements beziehungsweise in den Enttäuschungen der Schülerinnen und Schüler, wie auf ihre Vorstellungen von guter Schule und der Gestaltung des Sozialraums Schule eingegangen wird. In der Tat sind diese jedoch vielfältig. Dass sie überhaupt relativ klar – und insbesondere durch die Schülerinnen und Schüler der 6. Klasse – thematisiert werden, scheint vor allem im Vergleich mit der Zurückhaltung der Kinder aus dem Schulhaus A bei dieser Thematik ein Hinweis darauf zu sein, dass sich Schule bereits zum Alltag der Kinder geöffnet hat, dass deren Lebenswelt ernstgenommen wird oder werden soll. Die Öffnung zum Quartier hin zeigt sich in der Zusammenarbeit mit der Quartierarbeit, der Offenheit gegenüber der Schulsozialarbeit sowie den Kursen und Vereinsaktivitäten, die im Schulhaus angeboten werden. Aus der Kinderperspektive geht das aber nicht weit genug: die Anspruchsvollsten unter ihnen erwarten eine Schule, mit der sie sich identifizieren können. In der Konsequenz müsste die Schule dann auch Sinn bieten – eine Perspektive, die sich bei diesen Kindern in unserer Untersuchung jedoch nicht rekonstruieren ließ. In Ansätzen wird deutlich, dass nicht nur eine Öffnung für Kinder, sondern eine Öffnung mit den Kindern erwartet wird. Eine Öffnung für die Lebenswelt der Kinder, die die kindliche Diversität antizipiert und die Kinder vor allem an den Lehr-Lern-Prozessen beteiligt. Diese Partizipation zu konkretisieren, ist sicher eine große Herausforderung für Schulentwicklungsprozesse. Sicher aber müssen die Kinder sich als Subjekte erleben, oder wie es Thiersch (1992, S. 27) ausdrückt, sie müssen sich als Subjekte ihrer eigenen Lebenspraxis erleben können und damit die Erfahrung von Sinn, Geborgenheit, Produktivität und Selbstzuständigkeit machen.

Damit Schule diese Ermöglichungsstruktur anbieten kann, braucht sie sowohl interne, wie auch externe Veränderungs- bzw. Öffnungsprozesse. Während sich die internen Prozesse auf eine veränderte Schulhauskultur oder eine Leitbildentwicklung hin zu einer Quartierschule beziehen, braucht es extern eine bestimmte Rolle, die sich aus ihrem Verhältnis zum Quartier ergibt, insbesondere im Hinblick auf die Lebenslagen der Bewohnerinnen und Bewohner sowie ihrer Spielräume (Chassè 1999) zur Lebensgestaltung. Neben dieser zentralen Rolle für die Ermöglichung von Aneignung ist anzumerken, dass selbstverständlich auch andere Akteursgruppen, wie bspw. Stadtplanung oder Jugendarbeit bei der Bereitstellung bzw. Ausgestaltung von Ermöglichungsorten eine zentrale Rolle spielen und Schule ergänzen müssen. Im Stadtteil B lässt sich diesbezüglich zunächst ein Mangel an Ermöglichung konstatieren. Aus der Kinderperspektive wird deutlich, dass das Quartier für Kinder kaum Orte der Ermöglichung bereithält. Der Quartierspielplatz bietet die einzige Ausnahme – in doppelter Hinsicht, denn er wird nicht monofunktional erlebt. Die Kinder finden in diesem Ort einen Aneignungsraum, an dem für sie viel mehr möglich ist, als von ihm in ermöglichender Absicht zu erwarten wäre. Letzteres auch, indem sie sich über Vorschiften hinwegsetzen und möglichen Ärger mit Erwachsenen in Kauf nehmen; insbesondere, wenn sie auf dem Spielplatz Fußball spielen. Abgesehen von der Nachbarschaft der einzelnen Kinder und dem Schulhausareal (beides aber vor allem für die jüngeren Kinder) bleiben alle anderen Orte monofunktional, und da die meisten keine Orte für Kinder sind, werden sie auch nicht zu Aneignungsräumen. Warum aber beispielsweise ein Bushaltestellenhäuschen im Stadtteil A der Aneignung kindlicher Lebenswelt dient, nicht aber im Stadtteil B, lässt sich mit dem empirischen Material nicht beantworten. Vielleicht wird das Quartier als zu klein und zu übersichtlich erlebt, die Kinder fühlen sich vielleicht beobachtet oder kontrolliert. Solche Überlegungen sind jedoch spekulativ. Wenn „Aneignung der Lebenswelt heute bedeutet, Räume zu schaffen (…) und sich nicht nur vorhandene gegenständlich anzueignen" (Deinet 2010, S. 38), dann findet Aneignung bei den Kindern aus dem Schulhaus B nur sehr eingeschränkt in ihrem Quartier statt. Sie suchen Orte in benachbarten Stadtvierteln oder der Innenstadt, um sich diese Räume zu schaffen – und ein Teil der jüngeren Schülerinnen und Schüler nutzt das Schulhaus B, das Schulhaus ihres Quartiers. Das liegt eigentlich nahe, denn das Areal des Schulhauses ist ein attraktiv gestalteter Ort mit einigen Spiel- und Sportmöglichkeiten. Aber es gibt auch Kinder, denen dieser Ort keine Ermöglichung bietet, da die konkrete Erfahrung dessen, was sie im Schulunterricht erleben, dies verunmöglicht.

Der Mangel an Aneignungsräumen im Quartier geht einher mit der oben geschilderten sozialen Benachteiligung. Zwar thematisieren die Schülerinnen und Schüler selbst die alltägliche Differenzerfahrung nicht – im Kontext von Schule und Schulamt wird diese aber wahrgenommen. Schule wird durch eine solche Rahmung in eine Krise gestürzt, in ihrer tradierten Form funktioniert sie nicht mehr, sie *muss* sich verändern. Das betrifft den Unterricht ebenso wie alle anderen Prozesse im Schulhaus. Im konkreten Unterricht und bei den unterrichtenden Lehrpersonen zeigt sich diese Krise unmittelbar. Die Anforderungen an die Lehrpersonen ändern sich und die Schülerinnen und Schüler melden konkret zurück, welche Lehrpersonen sie unterstützend wahrnehmen und welchen sie kritisch oder ablehnend gegenüber stehen. Lehrpersonen sind nicht in erster Linie als Protagonistinnen und Protagonisten des Systems und dabei als Wissensvermittler gefragt, sondern als MittlerInnen zwischen System und Lebenswelt (für die Soziale Arbeit: Hamburger 2003). Neben dem Bildungsauftrag sei daher, so Rolf Dubs (2002, S. 5f.), ein Caring gefragt: Lehrpersonen müssen in der Lage sein, Schülerinnen und Schüler richtig einzuschätzen, sie mit ihren Problemen ernst zu nehmen, sie zu ermuntern und Lernen individuell so zu gestalten, dass das Selbstkonzept der Lernenden gestärkt wird. Im

Endeffekt geht es darum, im Kind zunächst den Menschen zu sehen, „der sich selbst klar werden sollte, was er will und der sich für seine Interessen einsetzen muss und dabei zu bedenken hat, wie viel ihm die Verwirklichung eines Ziels wert ist" (Krappmann 2002, S. 47) und die Lehr-Lern-Prozesse daran zu orientieren, diese Ausbildung von Individualität als Ermöglichung der Entfaltung von Selbstständigkeit, Mündigkeit und Urteilsfähigkeit zu unterstützen (Gerecht 2010, S. 35). Dazu bedarf es der Förderung „in allen Dimensionen des Lernens, sei es in kognitiven, motorischen, praktischen, ästhetischen, sozial-moralischen, emotionalen oder volitionalen Bereichen" (ebd., S. 36).

Mit dieser Veränderung, dem Aufgreifen des Differenzerlebens ihrer Schülerinnen und Schüler, das sich in ihren Erwartungen an Schule konkretisiert, mit dem Aufgreifen der Alltagsfragen der Kinder, wird Schule selbst zur Akteurin der sozialen Gestaltung.

5.3 Abschließende Überlegungen

Die Rekonstruktion des Sozialraums Schule aus Kinderperspektive, wie sie in dieser Untersuchung vorgenommen wurde, zeigt auf, dass die Kinder den Ort Schule und die dort stattfindenden sozialen Interaktionen (bezogen auf formelle Bildungsprozesse) – und die Orte, die sich außerhalb des Schulhauses befinden, und denen aus einer traditionellen Perspektive eher informelle und non-formelle Bildungsprozesse zugesprochen werden, nicht per se als zwei getrennte Welten wahrnehmen, zwischen denen die Kinder hin- und herwechseln. D.h. die Zweiteilung zwischen der SchülerInnenrolle und der Freizeitrolle findet so nicht statt.

Allerdings zeigen die Ergebnisse ebenfalls, dass Schule und Quartier auch nicht per se einer gemeinsamen Sphäre angehören beziehungsweise überhaupt zusammen gedacht werden. Die Befunde verdeutlichen vielmehr, dass das Verhältnis von Schule und Quartier im Kinderleben vielfältig ist und eine kontextbezogene Bedeutung erhält: Während die Kinder des einen untersuchten Schulhauses Sozialraum Schule eher als eigene, von dem Leben und den Aktivitäten der Familie und Freizeit „abgetrennte Welt" wahrnehmen und schätzen, stellen die Kinder des anderen Schulhauses Schule vor die Herausforderung, sich ihren alltagsweltlichen Bedürfnissen stärker öffnen zu müssen und auch diese Bedürfnisse als Teil von Schule zu etablieren.

Angesichts dieser unterschiedlichen Bedeutungen von Schule können demnach an dieser Stelle keine allgemeingültigen Aussagen über ihre Rolle getroffen werden. Auch scheinen übergreifende Aussagen zu einem generellen Verhältnis von Quartier und Schule wenig hilfreich, um dritte Stadtteile beziehungsweise die darin lokalisierten Schulen darzustellen. Vielmehr besteht gerade die Herausforderung für Schule aber auch die Qualität von Schule darin, ihre jeweilige Rolle bzw. Bedeutung für die jeweiligen Kinder kontextbezogen zu erschließen.

Die Ergebnisse der Untersuchung regen zu einigen weiterführenden Überlegungen an, die im Folgenden angesprochen werden. Abschließend sollen einige mögliche Konsequenzen für verschiedene professionelle Perspektiven dargestellt werden.

Vieles deutet darauf hin, dass die „klassische", auf industriekapitalistische gesellschaftliche Verhältnisse zurückgehende räumlich-funktionale Trennung von Lebensorten von Kindern (siehe Einleitung) hinterfragt werden muss. Die Idee, dass „hier" Schule, „da" Familie und „dort" Freizeit stattfindet, dass morgens der Unterricht geschieht und nachmittags gespielt wird, sowie Schule Lernen bedeutet und Freizeit mit Spaß assoziiert wird, trifft in dieser Eindeutigkeit heute nicht mehr zu. Die bisher etablierten professionellen Unterstützungs- beziehungsweise Sozialisationssysteme beziehen sich nun genau auf diese klar voneinander abgegrenzten Lebensorte. Sie ziehen ihr Selbstverständnis aus beziehungsweise über diese eindeutigen Grenzen, die meist auch territorial fixiert sind, indem beispielsweise Schule für Lernen und Selektion, Jugendarbeit für Spaß im Stadtteil und der Sportclub für Spiel steht. Das anhand der Befunde aufgezeigte Aufbrechen dieser klaren Grenzen der einzelnen Welten, das Ineinanderfließen von ehemals für getrennte Bereiche konstitutiven Elementen, aber auch das daraus folgende Mitkonstituieren – indem beispielsweise Kinder ihre lebensweltlichen Probleme mit in den Schulunterricht hinein tragen – führt auf der Ebene der professionellen Arbeit dazu, auch die bisherigen Rollen zu hinterfragen.

Lehrerinnen und Lehrer werden nicht nur in Verbindung mit formeller Bildung oder Qualifizierung wahrgenommen, sondern ebenso als Ermöglichende non-formeller Bildungsprozesse in der Schule. In diesem Sinn tragen sie mit einem ganzheitlichen Verständnis ihrer Schülerinnen und Schüler – und insbesondere dadurch, dass sie deren Bedürfnisse oder besser Bedürftigkeiten (Böhnisch 2002) aufgreifen und unterstützend tätig sind – dazu bei, deren Individualität, und damit auch deren Selbstbestimmung und Selbstverantwortung zu stärken. Auf der anderen Seite ist auch die professionelle Arbeit außerhalb der Schule mit dieser Entgrenzung konfrontiert. JugendarbeiterInnen, MusiklehrerInnen oder FußballtrainerInnen müssen heute nicht nur die Freizeit gestalten, sondern belastete formelle Bildungsprozesse auffangen und ausgleichen. Des Weiteren verlassen die AkteurInnen der Jugendarbeit tendenziell ihre angestammten Orte, d.h. das Jugendhaus, und werden an Orten des öffentlichen Raums aktiv, an denen sie zunächst keine formal definierte Rolle einnehmen.

Aus diesem neuen Mix an unterschiedlichen Rollen und Ansprüchen entsteht die Notwendigkeit, die Grenzverläufe beziehungsweise Verzahnungen sowohl zwischen verschiedenen Bildungsorten (klassisch als formell, informell und non-formell beschrieben) als auch zwischen professionellen Positionierungen neu zu verhandeln – beziehungsweise aus der jeweiligen professionellen Perspektive sich durch eine entsprechende Fachlichkeit neu zu positionieren. Denn wie aus den empirischen Befunden hervorgeht, sind Lehrpersonen nicht nur als Wissensvermittler gefordert und das Quartier nicht nur als Gegenpol zu Schule. Hilfreich in dieser professionellen Positionierung könnte – so die abschließende These – eine reflexive räumliche Haltung sein.

Eine reflexive räumliche Haltung könnte AkteurInnen aus Schule (Lehrerinnen und Lehrer) und Sozialer Arbeit (Quartier- und Jugendarbeit sowie Schulsozialarbeit) dabei unterstützen, den Verzahnungen verschiedener Bildungsorte Rechnung zu tragen sowie eine Neubestimmung der jeweiligen fachlichen Positionierungen vorzunehmen.

Reflexive räumliche Haltung als Element fachlicher Positionierung

Die in der aktuellen Sozialraumarbeitsdiskussion eingebrachte Forderung nach einer reflexiven räumlichen Haltung geht davon aus, dass raumbezogene Soziale Arbeit immer im Feld bestehender Machtverhältnisse agiert und an deren (Re)Produktion beteiligt ist (siehe ausführlich Kessl/Reutlinger 2010). Dieser Verkopplung kann sie sich nicht entziehen. Um dennoch aktiv an der Gestaltung sozial-räumlicher Verhältnisse mitzuwirken, sind die AkteurInnen Sozialer Arbeit aufgefordert eine reflexive räumliche Haltung einzunehmen, also einen bewussten und geplanten Umgang mit ihrer Eingebundenheit in bestehende Machtverhältnisse anzustreben und somit aktiv an deren Gestaltung teilzuhaben. Über eine solche Haltung könnte raumbezogene Soziale Arbeit einen sozialpolitischen Anspruch einlösen, anstatt prä-reflexiv auf Stadtteilebene „gefangen" zu bleiben. Voraussetzung für die Einnahme einer solchen Haltung ist die „Kontextualisierung des jeweiligen Interventionsfeldes und -auftrages" (Kessl/Reutlinger 2007a, S. 127).

Versteht man die Ausbildung einer reflexiven räumlichen Haltung allgemeiner als „Realisierung einer reflexiven Professionalität im Fall raumbezogener Vorgehensweisen" (Kessl/Reutlinger 2010, S. 126) so erhält diese gleichermaßen Relevanz für AkteurInnen aus Sozialer Arbeit und Schule (siehe auch Einleitung).

Aus einer Schulperspektive würde die Einnahme einer reflexiven räumlichen Haltung sowohl die Auseinandersetzung mit dem eigenen Schulhaus und seinen unterschiedlichen Nutzer- bzw. Akteursgruppen mit sich bringen als auch eine Kontextualisierung dieser Auseinandersetzungen erfordern.

Schulentwicklung würde hier auch bedeuten, die von verschiedenen Seiten formulierten Ansprüche (z.b. durch Kommunalpolitik, Medien oder Eltern) zu reflektieren und *eigene* Gestaltungsspielräume sowie Grenzen zu bestimmen (z.b. im Zuge der Entwicklung von Leitbildern und Konzepten). Dazu würde auch eine reflexive Auseinandersetzung mit der er- und gelebten Schulhauskultur gehören. Weiterhin könnten die konkreten Schülerinnen und Schüler stärker in den Fokus rücken, indem beispielsweise nach ihren lebensweltlichen Ansprüchen und Bedürfnissen gefragt wird. Schließlich gelte es noch die Ebene des konkreten Ortes Schule mit einzubeziehen, indem Gestaltung und Aufbau sowie Lage und Verknüpfung mit dem Stadtteil beziehungsweise der Stadt in den Blick genommen werden.

In diesem Zusammenhang kann auch auf die Perspektive der Schulsozialarbeitenden verwiesen werden. Ihre Funktion als „Vermittler" zwischen dem System Schule und der Lebenswelt der Kinder und Jugendlichen birgt die Gefahr in sich, ihren Auftrag zur Garantierung eines „problemfreien Unterrichts" umzudeuten. Im Sinne einer reflexiven räumlichen Haltung könnten sie aber auch die Kinderperspektive in gewisser Weise fortführen und mit diesem klaren Bekenntnis zur Parteilichkeit eine Öffnung von Schule mit Kindern unterstützen.

Für AkteurInnen der Jugend- und Quartierarbeit stellt sich die Herausforderung kooperativ mit Schule zusammenzuarbeiten und trotzdem einer Parteilichkeit gegenüber den Kindern und Jugendlichen verpflichtet zu bleiben. Die Ergebnisse der Untersuchung weisen jedoch darauf hin, dass sich die Kinder und Jugendlichen auch nicht-pädagogisierte Räume schaffen und aneignen, die für sie von hoher Bedeutung sind. Für AkteurInnen der Quartier- und Jugendarbeit würde dies bedeuten, genau solche Raumbildungsprozesse auch zuzulassen oder sogar zu unterstützen (vgl. Kessl/Reutlinger/Fritsche 2011).

Im Sinne einer reflexiven räumlichen Haltung stellt sich sowohl für Quartierarbeit als auch für Quartierentwicklung die Frage, wie über Schule hinaus die Inszenierung von Ermöglichung innerhalb und außerhalb der administrativen Stadtteilgrenzen stattfinden kann. Dabei kann es nicht darum gehen die Aneignungsräume, die sich die Schülerinnen und Schüler außerhalb ihres Quartiers erschlossen haben zu untergraben; sie sind zu einem wichtigen Kapital der Kinder geworden. Nichtsdestotrotz fehlen den Kindern aber z.T. nahräumliche Aneignungsräume, Orte an denen sie Bildungserfahrung machen und durch die sie ihre Handlungsoptionen erweitern können. Für Entwicklungsprozesse stellt sich vielmehr die Frage, wie beides zu nutzen ist: welche Potentiale für Kinder in ihrem Quartier liegen können, welche Begrenzungen oder Verunmöglichungen für sie aber auch darin zu sehen sind, wenn die Stadtteilgrenzen als alleiniger Bezugspunkt für Bildungserfahrung gesetzt werden –

und welche Potentiale für Aneignung außerhalb des Quartiers liegen und auch nur dort liegen können. Für die Inszenierung von Ermöglichung muss letztlich die normative Orientierung an der Autonomie kindlicher Lebenspraxis handlungsleitend sowie die Anerkennung der Aneignungsstrategien und –räume der Kinder gegeben sein.

Jenseits dieser professionellen Perspektiven bleibt zu betonen, dass der Stadtteil, der Schulkreis oder das Entwicklungsgebiet zunächst administrative Größen sind, die leicht als abgeschlossene und in sich homogene Container erscheinen. Die Ergebnisse der Untersuchung weisen jedoch darauf hin, dass diesen Größen eher auf administrativer Ebene Geltung zugesprochen wird und *weniger* auf der Handlungsebene der Kinder und Jugendlichen (z.T. verbinden die Kinder jedoch Teile der Entwicklungsgebiete mit bestimmten Bevölkerungsgruppen und grenzen sich von diesen ab).

Viele Fragestellungen, die mit dem jeweiligen Container verknüpft werden, verweisen auf gesellschaftliche, strukturelle und politische Ebenen, die in die lokal fokussierte Diskussion mit einbezogen werden müssten. Dementsprechend läuft auch der Versuch ins Leere, diese Fragestellungen ausschließlich im jeweiligen Stadtteil oder der jeweiligen Schule bearbeiten zu wollen. In diesem Sinne ist es eben *nicht nur* das Quartier, das Schule macht.

Danksagung

Bekanntermaßen ist eine empirische Studie das Ergebnis Vieler.

Wir möchten diese Gelegenheit deshalb nutzen, um in erster Linie den beteiligten Kindern und Jugendlichen beider Schulhäuser für ihre Offenheit und Kreativität, ihren Mut und ihre Ehrlichkeit zu danken.

Daneben gilt unser Dank den Lehrpersonen, die sich auf das Forschungsprojekt eingelassen haben und den Personen aus Stadtverwaltung und -politik, Jugend- und Quartierarbeit sowie der Schulsozialarbeit, die uns in Gesprächen wichtige Informationen gegeben haben und auch unseren Blick für ihre Perspektiven sensibilisiert haben.

Das Forschungsprojekt konnte nur durch die finanzielle Unterstützung des Schweizerischen Nationalfonds/DORE durchgeführt werden, dem an dieser Stelle ebenfalls herzlich gedankt sei.

Schließlich bedanken wir uns insbesondere bei Bettina Brüschweiler für ihre engagierte Unterstützung.

Ursula Karasch und Jasmin Bischof danken wir zudem für ihre zuverlässige Arbeit „hinter den Kulissen".

Abbildungsverzeichnis

Literaturverzeichnis

Abeling, Melanie; Ziegler, Holger (2004): Governance des sozialen Raums. Räumlichkeit und soziales Kapital in der Sozialen Arbeit. In: Kessl/Otto (2004): S. 269-289

Ahrens, Daniela (2006): Zwischen Konstruiertheit und Gegenständlichkeit – Anmerkungen zum Landschaftsbegriff aus soziologischer Perspektive: In: Institut für Landschaftsarchitektur und Umweltplanung – Technische Universität Berlin (2006) (Hrsg.). Perspektive Landschaft. Berlin: S. 229-240

Albrow, Martin (1998): Auf Reisen jenseits der Heimat. Soziale Landschaften in einer globalen Stadt. In: Beck (1998): S. 288-314

Alheit, Peter; Dausien, Bettina (2010): Bildungsprozesse über die Lebensspanne. Zur Politik und Theorie lebenslangen Lernens. In: Tippelt/Schmidt (2010): S.713-736

Andresen, Sabine (2002): Kindheit. In: Schröer et al. (2002): S. 15-38

Andresen, Sabine (2003): Sozialpädagogische Kindheitskonzepte in der Weimarer Republik. In: Jahrbuch für historische Bildungsforschung, Bad Heilbronn: OBB Klinkhardt, Bd. 9: S. 249–268

Andresen, Sabine (2006): Sozialistische Kindheitskonzepte. Politische Einflüsse auf die Erziehung. München/Basel: Reinhardt

Andresen, Sabine; Hurrelmann, Klaus (2010): Kindheit. Weinheim: Beltz

Arbeitsstelle Bildungsforschung Primarstufe an der HdK (2001): Schule im sozialen Brennpunkt. Schulversuch „Verlässliche Halbtagsgrundschule" des Landes Berlin. 4. Zwischenbericht der Wissenschaftlichen Begleitung. Berlin: Freie Universität. (zuletzt geprüft am 23.3.2011)

Ariès, Philippe; Hentig, Hartmut von (1979): Geschichte der Kindheit. 2. Aufl. München: Deutscher Taschenbuch Verlag

Arnold, Helmut; Lempp, Theresa (Hrsg.) (2008): Regionale Gestaltung von Übergängen in Beschäftigung. Praxisansätze zur Kompetenzförderung junger Erwachsener und Perspektiven für die Regionalentwicklung. Weinheim: Juventa Verlag

Baacke, Dieter (1980): Der sozialökologische Ansatz zur Beschreibung und Erklärung des Verhaltens Jugendlicher. In: deutsche jugend, Heft 11/1980: S. 493-505

Baacke, Dieter (1999): Jugend und Jugendkulturen. Darstellung und Deutung (3. Aufl.). Weinheim/München: Juventa Verlag

Baier, Florian; Deinet, Ulrich (Hrsg.) (2010): Praxisbuch Schulsozialarbeit. Methoden, Haltungen und Handlungsorientierungen für eine professionelle Praxis. Opladen & Farmington Hills: Verlag Barbara Budrich

Bamler, Vera; Werner, Jillian; Wustmann, Cornelia (2010): Lehrbuch Kindheitsforschung. Grundlagen, Zugänge und Methoden. Weinheim: Juventa Verlag

Bastian, Johannes (1997): Pädagogische Schulentwicklung. Von der Unterrichtsreform zur Entwicklung der Einzelschule. In: Pädagogik 2 (1997): S. 6-11

Beck, Ulrich (Hrsg.) (1998): Kinder der Freiheit. Frankfurt am Main: Suhrkamp (Edition zweite Moderne).

Beck, Ulrich; Beck-Gernsheim, Elisabeth (Hrsg.) (1994): Riskante Freiheiten. Frankfurt am Main: Suhrkamp

Becker, Gerold; Bilstein, Johannes; Liebau, Eckart (Hrsg.) (1997): Räume bilden. Studien zur pädagogischen Topologie und Topographie. Seelze-Velber: Kallmeyer

Becker, Heidede (2003): „Besonderer Entwicklungsbedarf" – die Programmgebiete der Sozialen Stadt. In: Deutsches Institut für Urbanistik (difu) (Hrsg.) (2003): S. 56–73

Becker, Hellmut; Eigenbrodt, Joerg; May, Michael (1983): Der Kampf um Raum – Von den Schwierigkeiten Jugendlicher, sich eigene Sozialräume zu schaffen. In: Neue Praxis 13, Heft 2: S. 125-137

Becker, Hellmut; Eigenbrodt, Joerg; May, Michael (1984): Unterschiedliche Sozialräume von Jugendlichen in ihrer Bedeutung für pädagogisches Handeln. In: Zeitschrift für Pädagogik 30, Heft 4: S. 498-517

Beck-Gernsheim, Elisabeth (1992): Vorgeplantes Leben. Elternschaft zwischen sozialem und genetischem Risiko. In: Rauschenbach/Gängler (1992): S. 147-164

Beer, Ingeborg; Musch Reinfried (2002): „Stadtteile mit besonderem Entwicklungsbedarf – die soziale Stadt". Modellgebiet Kottbusser Tor, Berlin-Kreuzberg, Endbericht im Rahmen der Programmbegleitung- vor Ort, Berlin http://edoc.difu.de/orlis/DF6776.pdf (zuletzt geprüft am 30.3.2011)

Behnken, Imbke; Zinnecker, Jürgen (Hrsg.) (2001a): Kinder, Kindheit, Lebensgeschichte. Ein Handbuch. Seelze-Velber: Kallmeyer

Behnken, Imbke; Zinnecker, Jürgen (2001b) Gesellschaftliche Lagen und Räume – Bürger und Arbeiter. In: Behnken/Zinnecker (2001a): S. 910-911

Bendit, René; Erler, Wolfgang; Nieborg, Sima; Schäfer, Heiner (Hrsg.) (2000): Kinder- und Jugendkriminalität. Strategien der Prävention und Intervention in Deutschland und den Niederlanden. Opladen: Leske + Budrich

Benjamin, Walter (1991 [1927]) Berliner Kindheit um Neunzehnhundert. Frankfurt am Main: Suhrkamp

Berg, Christa (1998): Handbuch der deutschen Bildungsgeschichte. München: Beck

Berg-Laase, Günter; Berning, Maria; Graf, Ulrich; Jacob, Joachim (1985): Verkehr und Wohnumfeld im Alltag von Kindern – Eine sozialökologische Studie zur Aneignung städtischer Umwelt am Beispiel ausgewählter Wohngebiete in Berlin (West), Pfaffenweiler: Centaurus

Bielefelder Arbeitsgruppe 8 (Hrsg.) (2008): Soziale Arbeit in Gesellschaft. Wiesbaden: VS Verlag für Sozialwissenschaften

Birkhölzer, Karl (2000): Formen und Reichweite lokaler Ökonomien. In: Ihmig, (2000): S. 56-88

Bleckmann, Peter; Durdel, Anja (Hrsg.) (2009): Lokale Bildungslandschaften. Perspektiven für Ganztagsschulen und Kommunen. Wiesbaden: VS Verlag für Sozialwissenschaften

BMFSFJ (2005): Bericht über die Lebenssituation junger Menschen und die Leistungen der Kinder- und Jugendhilfe in Deutschland – Zwölfter Kinder- und Jugendbericht – Berlin

Bock, Karin (2010a): Feldnotizen über das Zustandekommen von Gesprächen mit Kindern oder: Die Ethnographin im Kinderbett. In: Heinzel et al. (2010): S. 85–94

Bock, Karin (2010b): Kinderalltag – Kinderwelten. Rekonstruktive Analysen von Gruppendiskussionen mit Kindern. Univ., Habil.-Schr. Kassel, 2007. Opladen & Farmington Hills: Verlag Barbara Budrich

Bock, Karin, Miethe, Ingrid (Hrsg.) (2010): Handbuch qualitative Methoden in der Sozialen Arbeit. Opladen: Barbara Budrich

Böhm, Ingrid et al. (Hrsg.) (1987): Konzeption der Stadt-als-Schule Berlin. Berlin: Eigendruck

Böhme, Christa; Becker, Heidede; Meyer, Ulrike; Schuleri-Hartje Ulla-Kristina; Wolf-Christian Strauss (2003): Handlungsfelder integrierter Stadtteilentwicklung. In: Deutsches Institut für Urbanistik (2003): S. 99-147

Böhme, Jeanette (2009): Schularchitektur im interdisziplinären Diskurs. Territorialisierungskrise und Gestaltungsperspektiven des schulischen Bildungsraums. Wiesbaden: VS Verlag für Sozialwissenschaften

Böhnisch, Lothar (2001): Sozialpädagogik der Lebensalter. Eine Einführung. 3., überarbeitete und erweiterte Auflage Weinheim: Juventa

Böhnisch, Lothar (2002). Räume, Zeiten, Beziehungen und der Ort der Jugendarbeit. In deutsche Jugend, 50. Jg., H. 2, S. 70-77

Böhnisch, Lothar; Funk, Heide (1989): Jugend im Abseits? Zur Lebenslage Jugendlicher im ländlichen Raum. Weinheim: Juventa

Böhnisch, Lothar; Münchmeier, Richard (1987): Wozu Jugendarbeit? Orientierung für Ausbildung, Fortbildung und Praxis. Weinheim: Juventa

Böhnisch, Lothar; Münchmeier, Richard (Hrsg.) (1990): Pädagogik des Jugendraums: zur Begründung und Praxis einer sozialräumlichen Jugendpädagogik. Weinheim: Juventa

Boller, Heike; Friebertshäuser, Barbara; Langer, Antje; Prengel, Annedore; Richter, Sophia (Hrsg.) (2010): Handbuch qualitative Forschungsmethoden in der Erziehungswissenschaft. 3., vollst. überarb. Aufl. (Neuausgabe). Weinheim: Juventa

Bollweg, Petra; Otto, Hans-Uwe (Hrsg) (2011): Räume flexibler Bildung. Bildungslandschaft in der Diskussion. Wiesbaden: VS Verlag für Sozialwissenschaften

Braun, Karl-Heinz (1997): Regionale Bildungslandschaften in komplexen Gesellschaften? In: Braun/Krüger (1997): S. 224-245

Braun, Karl-Heinz; Krüger, Heinz-Hermann (Hrsg.) (1997): Pädagogische Zukunftsentwürfe. Festschrift zum siebzigsten Geburtstag von Wolfgang Klafki. Leverkusen: Leske & Budrich

Bronfenbrenner, Urie (1976): Ökologische Sozialisationsforschung. Stuttgart: Klett

Bronfenbrenner, Urie (1981): Die Ökologie der menschlichen Entwicklung. Natürliche und geplante Experimente. Stuttgart: Klett

Bronfenbrenner, Urie (1990): Ökologische Sozialisationsforschung. In: Kruse et al. (1990): S. 76-79

Bruhns, Kirsten; Mack, Wolfgang (Hrsg.) (2001): Aufwachsen und Lernen in der sozialen Stadt. Opladen: Leske & Budrich

Bühler-Niederberger, Doris, Sünker, Heinz (2008): Theorie und Geschichte der Kindheit und des Kinderlebens. In: Sünker/Swiderek (2008) S. 5-46.

Buhren, Claus G. (2000): Community education: auch ein Konzept für interkulturelle Erziehung. Hagen: Fernuniversität

Buhren, Claus G.,Gerhardt, J. (Hrsg.) (1991): Von der Schule im Stadtteil zur Stadtteilschule? Institut für Schulentwicklungsforschung Dortmund: Werkheft 35, Dortmund

Bukow, Wolf-Dietrich; Yildiz, Erol (Hrsg.) (2002): Der Umgang mit der Stadtgesellschaft. Ist die multikulturelle Stadt gescheitert oder wird sie zu einem Erfolgsmodell? Opladen: Leske & Budrich

Bundesamt für Statistik (BFS) und Schweizerische Konferenz der kantonalen Erziehungsdirektoren (EDK) (2002): Für das Leben gerüstet? Die Grundkompetenzen der Jugendlichen. Nationaler Bericht der Erhebung PISA 2000. Neuchatel

Burkholz, Roland; Oevermann, Ulrich (Hrsg.) (2001): Materialität des Geistes. Zur Sache Kultur – im Diskurs mit Ulrich Oevermann. Weilerswist: Velbrück

Chassé, Karl August (1999): Soziale Arbeit und Lebenslage. Zur Einführung in das Lebenslage-Konzept. In: Treptow/Hörster (1999) S. 147-154.

Chombart de Lauwe, Marie-José (1977): Kinder-Welt und Umwelt Stadt. In: Arch+ 34: S. 24-29

Chombart de Lauwe, Paul-Henry (1977) Aneignung, Eigentum, Enteignung. In: Arch+ 34: S. 2-6

Coelen, Thomas (2002): Kommunale Jugendbildung. Raumbezogene Identitätsbildung zwischen Schule und Jugendarbeit. Frankfurt am Main: Lang

Coelen, Thomas (in Druck): Was ist Kinder- und Jugendbildung? Definitionsversuche und Einführung ins Themenfeld. Weinheim: Juventa

Coelen, Thomas; Oelerich, Gertrud; Prüß, Franz (2008): Jugendhilfe und Schule. In: Bielefelder Arbeitsgruppe 8: (2008) (Hrsg.): S. 373–379

Coelen, Thomas; Otto, Hans-Uwe (Hrsg.) (2008): Grundbegriffe Ganztagsbildung. Das Handbuch. Wiesbaden: VS Verlag für Sozialwissenschaften

Coradi Vellacot, Maja; Hollenweger, Judith; Nicolet, Michel; Wolter, Stefan C. (2003): Soziale Integration und Leistungsförderung. Thematischer Bericht der Erhebung PISA 2000. Hg. v.

Bundesamt für Statistik (BFS) und Schweizerische Konferenz der kantonalen Erziehungsdirektoren (EDK). Neuchatel

Dahme, Heinz-Jürgen; Wohlfahrt, Norbert (2005): Recht und Finanzierung. In: Kessl et al. (2005): S. 263-278

Dangschat, Jens S. (Hrsg.) (1999): Modernisierte Stadt – Gespaltene Gesellschaft. Ursachen von Armut und sozialer Ausgrenzung. Opladen: Leske & Budrich

Daum, Egbert (1990): Orte finden, Plätze erobern. Räumliche Aspekte der Kindheit. In: Praxis Geographie Jg. 20, Nr. 6: S. 18-22

Daum, Egbert (2010): Subjektive Landkarten – Raumerfahrung. In: Duncker et al. (2010): S. 254-256

Deinet, Ulrich (1990): Raumaneignung in der sozialwissenschaftlichen Theorie. In: Böhnisch/Münchmeier, (1990): S. 57-70

Deinet, Ulrich (1991): Das Aneignungskonzept: Eine pädagogische Praxistheorie für die offene Kinder- und Jugendarbeit. In: Deutsche Jugend Heft 6: S 253-265

Deinet, Ulrich (1992): Das Konzept „Aneignung" im Jugendhaus. Neue Impulse für die offene Kinder- und Jugendarbeit. Opladen: Leske & Budrich

Deinet, Ulrich (Hrsg.) (2001): Kooperation von Jugendhilfe und Schule. Ein Handbuch für die Praxis, Opladen.: Leske & Budrich

Deinet, Ulrich (2005a): Sozialräumliche Jugendarbeit. Grundlagen, Methoden und Praxiskonzepte. 2. überarbeitete Auflage. Wiesbaden: VS Verlag für Sozialwissenschaften

Deinet, Ulrich (2005b): Für integrierte Bildungsangebote im Stadtteil – Anforderungen an die Qualifizierung und Erfahrungen mit neuen Konzepten. In: Regiestelle E&C (2005): S. 19-25

Deinet, Ulrich (2005c): Kooperation von Jugendarbeit und Schule. In: Deinet/Sturzenhecker (2005): S. 573-585

Deinet, Ulrich (2006): Schulsozialarbeit in der Kooperation von Jugendhilfe und Schule. In: Deinet/Icking (2006): S. 103-118

Deinet, Ulrich (2010): Aneignungsraum. In: Reutlinger et al. (2010): S. 35-44

Deinet, Ulrich; Icking, Maria (Hrsg.) (2006a): Jugendhilfe und Schule. Analysen und Konzepte für die kommunale Kooperation. Opladen: Budrich

Deinet, Ulrich; Icking, Maria (Hrsg.) (2006b): Einleitung. In: Deinet/Icking (2006a): S. 7-10

Deinet, Ulrich; Krisch, Richard (2002): Der sozialräumliche Blick der Jugendarbeit. Methoden und Bausteine zur Konzeptentwicklung und Qualifizierung. Opladen: Leske & Budrich

Deinet, Ulrich; Krisch, Richard (2009): Subjektive Landkarten. (http://www.sozialraum.de/subjektive-landkarten.php, Zugriff: 06.02.2011)

Deinet, Ulrich; Reutlinger, Christian (Hrsg.) (2004): "Aneignung" als Bildungskonzept der Sozialpädagogik. Beiträge zur Pädagogik des Kindes- und Jugendalters in Zeiten entgrenzter Lernorte. Weinheim: VS Verlag für Sozialwissenschaften

Deinet, Ulrich; Sturzenhecker, Benedikt (Hrsg.) (2000): Jugendarbeit auf dem Land. Opladen: Leske & Budrich

Deinet, Ulrich; Sturzenhecker, Benedikt (Hrsg.) (2005): Handbuch offene Kinder- und Jugendarbeit. 3., völlig überarb. und erw. Aufl. Wiesbaden: VS Verlag für Sozialwissenschaften

Deutsches Institut für Urbanistik (Difu) (2003): Stategien für die Soziale Stadt. Erfahrungen und Perspektiven. Umsetzung des Bund-Länder-Programms „Stadtteile mit besonderem Entwicklungsbedarf – die soziale Stadt" http://www.sozialestadt.de/veroeffentlichungen/endbericht/pdf/DF7136-00.pdf (zuletzt geprüft am 04.04.2011)

Diefenbach, Heike (2010): Kinder und Jugendliche aus Migrantenfamilien im deutschen Bildungssystem. Erklärungen und empirische Befunde 3. Auflage. VS Verlag für Sozialwissenschaften

DJI, Deutsches Jugendinstitut (Hrsg.) (1992): Orte für Kinder. Weinheim und München: DJI.

DJI, Deutsches Jugendinstitut (Hrsg.) (1992): Was tun Kinder am Nachmittag? Weinheim/München: DJI

Drilling, Matthias (2002): Städte und Exklusion: Eine Analyse von Risikolagen sozialhilfebeziehender junger Erwachsener in Basel. In: Sedlacek (2002): S. 32-43

Drilling, Matthias (2004a): Young urban poor. Abstiegsprozesse in den Zentren der Sozialstaaten. Wiesbaden: VS Verlag für Sozialwissenschaften

Drilling, Matthias (2004b): Schulsozialarbeit. Antworten auf veränderte Lebenswelten. 3. aktualisierte Auflage. Bern/Stuttgart/Wien: Haupt

Drilling, Matthias (2006): Soziales Kapital. Unveröffentlichte Projektpapiere NF 54. Basel

Dubs, Rolf (2002): Der Rückzug der Schule und der Lehrkräfte auf ihre Kernkompetenzen – eine berechtigte Forderung, ein neues Schlagwort oder ein korrigierender Pendelschlag? In Zeitschrift für Berufs- und Wirtschaftspädagogik. 98. Band. H. 1. S. 1-7.

Dücker von, Uwe (Hrsg.) (2001): Straßenkids, Neu lernen in der „Freiburger StrassenSchule". Freiburg im Breisgau: Lambertus

Duncker, Ludwig et al. (Hrsg.) (2010): Bildung in der Kindheit. Das Handbuch zum Lernen in Kindergarten und Grundschule. Seelze: Klett

EDK (Hrsg.) (2001): Leistungsförderung und Bildungschancen. Qualitätssicherung in sprachlich, kulturell und sozialheterogenen Klassen und Schulen. Bern

Eidgenössisches Departement des Innern EDI (2009): Jugend und Gewalt Wirksame Prävention in den Bereichen Familie, Schule, Sozialraum und Medien http://www.news.admin.ch/NSB-Subscriber/message/attachments/15741.pdf (zuletzt geprüft 30.3.2011)

Eisner, Manuel (1997): Das Ende der zivilisierten Stadt? Die Auswirkungen von Modernisierung und urbaner Krise auf Gewaltdelinquenz. Frankfurt am Main: Campus Verlag

Eisner, Manuel; Ribeaud, Denis; Bittel Stéphanie (2006): Prävention von Jugendgewalt. Wege zu einer evidenzbasierten Präventionspolitik. Eidgenössische Ausländerkommission

Elsen, Susanne (2000): Zivile Gesellschaft gestalten. Gemeinwesen als Lern- und Handlungsort nachhaltiger Entwicklung. In: Elsen, Susanne et al. (2000): S. 94-125

Elsen, Susanne; Ries, Heinz A.; Löns, Nikola (Hrsg.) (2000): Sozialer Wandel gestalten – Lernen für die Zivilgesellschaft. Neuwied: Luchterhand

Engelbert, Angelika; Herlth, Alois (2010): Sozialökologische Ansätze. In: Krüger/Grunert (2010) : S. 103-124

Essed, Philomena (1996): Diversity: gender, colour and culture. University of Massachusetts Press

Esser, Florian (2010): Imaginationen kindlicher Selbsttätigkeit in pädagogischen Entwürfen um 1900. In: Diskurs Kindheits- und Jugendforschung, H. 3: S. 283–294

Fauser, Peter (1989): Nachdenken über pädagogische Kultur. In. Die Deutsche Schule 81 (1989) 1: S. 122-132

Feldtkeller, Andreas (2001): Stadtentwicklung und Soziale Arbeit – Aufgaben der kommunalen Planung. In: Bruhns et al. (2001): S. 73-88

Fend, Helmut (1981): Theorie der Schule. 2., durchgesehene Auflage. München: Urban & Schwarzenberg

Fend, Helmut (2006): Neue Theorie der Schule. Einführung in das Verstehen von Bildungssystemen : [Lehrbuch]. Wiesbaden: VS Verlag für Sozialwissenschaften

Franke, Thomas; Grimm, Gaby (2001): Quartiermanagement: Systematisierung und Begriffsbestimmung. Arbeitspapier zum Netzwerkknoten Quartiermanagement, Berlin/Essen http://www.sozialestadt.de/veroeffentlichungen/quartiermanagement_systematisierung.phtml (zuletzt geprüft am 30.3.2011)

Frey, Oliver (2007): Sozialintegrative Stadtpolitik in Frankreich als Antwort auf städtische Jugendgewalt. In: Reutlinger et al. (2007): S. 138-158

Friedemann, Hans-Joachim; Schroeder, Joachim (2000): Von der Schule ... ins Abseits? Untersuchungen zur beruflichen Eingliederung benachteiligter Jugendlicher. Ulm-Langenau: Vaas

Fritsche, Caroline; Lingg, Eva; Reutlinger, Christian (2010): Raumwissenschaftliche Basics – eine Einleitung. In: Reutlinger et al. (2010): S. 11–25

Froschauer, Ulrike/Lueger, Manfred (2003): Das qualitative Interview. Zur Praxis interpretativer Analyse sozialer Systeme. Stuttgart: UTB.

Fuhrer, Urs; Quaiser-Pohl, Claudia (1997): Ökologisch-kulturbezogene Entwicklungspsychologie und neue soziologische Kindheitsforschung. In: Zeitschrift für Sozialisationsforschung und Erziehungssoziologie 17 (2): S. 178–183

Fuhs, Burkhardt (2001): Räume der Kinder – Platz für Kinder. In: Bruhns/Mack (2001): S. 131-146

Fülbier, Paul; Münchmeier, Richard (Hrsg.) (2001a): Handbuch Jugendsozialarbeit, Band II, Münster: Votum Verlag

Fülbier, Paul; Münchmeier, Richard (Hrsg.) (2001b): Sozialräumliches Verständnis von Jugend und sozial-räumliche Ansätze. In: Fühlbier/Münchmeier (2001a): S. 847-861

Furck, Carl-Ludwig (1998): Das Schulsystem. Primarbereich: Die Grundschule. In: Berg (1998): S. 282-287

Fürstenau, Sara; Gomolla, Mechtild (Hrsg.) (2009a): Migration und schulischer Wandel: Unterricht. Wiesbaden: VS Verlag für Sozialwissenschaften

Fürstenau, Sara; Gomolla, Mechtild (2009b): Einführung: Migration und Schulischer Wandel. In: Fürstenau/Gomolla (2009a): S. 13–20

Gerecht, Marius (2010): Schul- und Unterrichtsqualität und ihre erzieherischen Wirkungen. Münster u.A.: Waxmann

Gerhard Rainer; Fennekohl, Etta (2000): Gemeinschaftsgrundschule Roncallistrasse – Stadtteilkonferenz: Ein Stadtteil hilft seinen Kindern: In: Bendit et al. (2000): S. 277

Gesemann, Frank; Roth, Roland (Hrsg.) (2009): Lokale Integrationspolitik in der Einwanderungsgesellschaft. Migration und Integration als Herausforderung von Kommunen; [Arbeitstagung am 3. September 2007 in Berlin]. Wiesbaden: VS Verlag für Sozialwissenschaften

Gestring, Norbert; Janssen, Andrea; Polat, Ayça (2006): Prozesse der Integration und Ausgrenzung. Wiesbaden: VS Verlag für Sozialwissenschaften

Giddens, Anthony (1995): Konsequenzen der Moderne. Frankfurt am Main: Suhrkamp

Giesecke, Hermann (1996): Wozu ist die Schule da? Die neue Rolle von Eltern und Lehrern. Stuttgart: Klett-Cotta-Verlag.

Ginsheim von Gabriele; Meyer, Dorit (Hrsg.) (2001): Gender Mainstreaming. Neue Perspektiven für die Jugendhilfe. Berlin: Stiftung SPI

Gläser, Johannes (1920): Vom Kinde aus. Arbeiten des Pädagogischen Ausschusses der Gesellschaft der Freunde des vaterländischen Schul- und Erziehungswesens zu Hamburg. Hamburg

Gogolin, Ingrid (2005): Integrierte Bildungsangebote im Stadtteil – Erfahrungen mit neuen Konzepten und Qualifikationserfordernisse In: Regiestelle E&C (2005): S. 15-18

Göhlich, Michael (Hrsg.) (1997): Offener Unterricht. Community Education. Alternativschulpädagogik. Reggiopädagogik. Die neuen Reformpädagogiken. Geschichte, Konzeption, Praxis. Weinheim/Basel: Beltz

Gomolla, Mechthild (2005): Schulentwicklung in der Einwanderungsgesellschaft. Strategien gegen institutionelle Diskriminierung in England, Deutschland und in der Schweiz. Münster: Waxmann

Grimm, Gaby (2005): Zukunftsschulen als Stadtteil- und Bildungszentrum im Wohnquartier. http://www.stadtteilarbeit.de/themen/sozkultinfrastruktur/schule-stadtteil/204-zukunftsschulen-im-quartier.html (zuletzt geprüft am 30.3.2011)

Grundmann, Matthias (2006): Sozialisation. Skizze einer allgemeinen Theorie. Konstanz: UVK-Verlags-Gesellschaft

Guerra, Luigi (1997): Die erziehende Stadt. In: Becker et al. (1997): S. 221-232

Günzel, Stephan (Hrsg.) (2009): Raumwissenschaften. Frankfurt am Main: Suhrkamp

Hamburger, Franz (2003): Einführung in die Sozialpädagogik. Stuttgart: Kohlhammer Verlag.

Hamburger, Franz; Badawia, Tarek; Hummrich, Merle (Hrsg.) (2005): Migration und Bildung. Über das Verhältnis von Anerkennung und Zumutung in der Einwanderungsgesellschaft. Wiesbaden: VS Verlag für Sozialwissenschaften

Hard, Gerhard (1988:) Spurenlesen im Gärtnergrün. In: Kunst + Unterricht. H. 124: S. 15-17

Harms, Gerd; Preissing, Christa; Richtermeier, Adolf (1985): Kinder und Jugendliche in der Grossstadt. Berlin: Fortbildungsinst. für die Päd. Praxis

Häußermann, Hartmut (2001): Aufwachsen im Ghetto? In: Bruhns/Mack (2001): S. 38–52

Häußermann, Hartmut (2009): Behindern „Migrantenviertel" die Integration? In: Gesemann (2009): S. 235-246

Heinzel, Friederike (2000): Methoden der Kindheitsforschung. Weinheim: Juventa

Heinzel, Friederike (2010): Zugänge zur kindlichen Perspektive – Methoden der Kindheitsforschung. In: Boller et al. (2010): S. 707-722

Heinzel, Friederike; Thole, Werner; Köngeter, Stefan; Cloos, Peter (Hrsg.) (2010): «Auf unsicherem Terrain». Ethnographische Forschung im Kontext des Bildungs- und Sozialwesens. Wiesbaden: VS Verlag für Sozialwissenschaften GWV Fachverlage GmbH, Wiesbaden

Heitmeyer, Wilhelm; Dollase, Rainer; Backes, Otto (Hrsg.) (1998) : Die Krise der Städte. Frankfurt am Main: Suhrkamp

Hengst, Heinz; Kelle, Helga (Hrsg.) (2003a): Kinder – Körper – Identitäten. Theoretische und empirische Annäherungen an kulturelle Praxis und sozialen Wandel. Jahrestagung der Sektion „Soziologie der Kindheit" in der Deutschen Gesellschaft für Soziologie. Weinheim: Juventa-Verlag

Hengst, Heinz; Kelle, Helga (2003b): Kinder, Körper, Identitäten Zur Einführung. In: Hengst/Kelle (2003a): S. 7-14

Herrenknecht, Albert (2000): Jugend im regionalen Dorf. In: Deinet/Sturzenhecker (2000): S. 47-64

Herzberg, I., Gemeinwesenschule, in: betrifft: Erziehung 5/1974: S. 18-21

Hildeschmidt, Anne; Schnell Irmtraud (1998): Integrationspädagogik: auf dem Weg zu einer Schule für alle. Weinheim: Juventa Verlag

Hiller, Gotthilf Gerhard (1994): Jugendtauglich. Konzept für eine Sekundarstufe. Langenau-Ulm: Vaas

Hinte, Wolfgang (2004): Sozialraumorientierung, Budgetierung und die Praxis integrierter Erziehungshilfen. In: Peters/Koch (2004): S. 57-74

Hitzler, Ronald; Honer, Anne (Hrsg.) (1997): Sozialwissenschaftliche Hermeneutik. Eine Einführung. Opladen: Leske & Budrich

Hochbaudepartement der Stadt Zürich; ETH Zürich ETH Wohnforum; Schul- und Sportdepartement der Stadt Zürich; Pädagogische Hochschule Zürich (Hrsg.) (2004): Schulhausbau. Der Stand der Dinge School Buildings. The State of Affairs. Der Schweizer Beitrag im internationalen Kontext. Basel: Birkhäuser

Holzkamp, Klaus; Schurig, Volker (1973): Zur Einführung in Alexejew Nikolajew Leontjews „Probleme der Entwicklung des Psychischen". In: Leontjew, (1973): S. XIff

Honegger, Claudia (1978): Die Hexen der Neuzeit. Analysen zur Anderen Seite der okzidentalen Rationalisierung. Berlin: Suhrkamp

Honegger, Claudia (2001): Deutungsmusteranalyse reconsidered. In: Burkholz/Oevermann (2001): S. 107-136

Honig, Michael-Sebastian (Hrsg.) (2009): Ordnungen der Kindheit. Problemstellungen und Perspektiven der Kindheitsforschung. Weinheim: Juventa

Honig, Michael-Sebastian; Lange, Andreas; Leu, Hans Rudolf (1999): Aus der Perspektive von Kindern? Zur Methodologie der Kindheitsforschung. Weinheim: Juventa Verlag

Honig, Michael-Sebastian; Leu, Hans Rudolf; Nissen, Ursula (Hrsg.) (1996a): Kinder und Kindheit. Soziokulturelle Muster – sozialisationstheoretische Perspektiven. Weinheim: Juventa Verlag

Honig, Michael-Sebastian; Leu, Hans Rudolf; Nissen, Ursula (1996b): Kindheit als Sozialisationsphase und als kulturelles Muster. Zur Strukturierung eines Forschungsfeldes. In: Honig et al. (1996a) : S. 9–29

Hübner-Funk, Sibylle; Müller, Hans-Ulrich; Gaiser, Wolfgang (1983): Sozialisation und Umwelt. München: DJI

Hummrich, Merle (2009): Bildungserfolg und Migration. Biografien junger Frauen in der Einwanderungsgesellschaft 2., überarbeitete Auflage. Aus der Reihe: Studien zur Schul- und Bildungsforschung Bd. 33. Wiesbaden: VS Verlag für Sozialwissenschaften

Hurrelmann, Klaus (1983): Das Modell des produktiv realitätsverarbeitenden Subjekts in der Sozialisationsforschung. Anmerkungen zu neueren theoretischen und methodologischen Konzeptionen. In: Zeitschrift für Sozialisationsforschung und Erziehungssoziologie (3 (1)): S. 91–103

Hurrelmann, Klaus; Grundmann, Matthias; Walper, Sabine (Hrsg.) (2008): Handbuch Sozialisationsforschung. 7., vollst. überarb. Weinheim/Basel: Beltz

Hurrelmann, Klaus; Ulich, Dieter (1980): Handbuch der Sozialisationsforschung. Weinheim, Basel: Beltz

Hüttenmoser, Marco; Degen-Zimmermann, Dorothee (1995): Lebensraum für Kinder. Empirische Untersuchung zur Bedeutung des Wohnumfeldes für den Alltag und die Entwicklung der Kinder. In: Bericht 70 des Nationalforschungsprojektes ‚Stadt und Verkehr'. Zürich

Ihmig, Harald (Hrsg.) (2000): Wochenmarkt und Weltmarkt. Kommunale Alternativen zum globalen Kapitalismus. Bielefeld: Kleine Verlag

Itard, Jean (1972 [1801-1807]): Gutachten und Bericht über Victor von Aveyron. In: Malson et al. (1972): S. 205–220

Jonkman, Harrie B.; Vergeer, Mieke (2007): Communities that Care: Das Prinzip, die Grundlagen und das Ziel. In: Reutlinger et al. (2007): S. 104-124

Kessl, Fabian; Otto, Hans-Uwe (Hrsg.) (2004): Soziale Arbeit und soziales Kapital. Zur Kritik lokaler Gemeinschaftlichkeit. Wiesbaden: VS Verlag für Sozialwissenschaften

Kessl, Fabian; Otto, Hans-Uwe (Hrsg.) (2007): Territorialisierung des Sozialen. Regieren über soziale Nahräume. Opladen: Budrich

Kessl, Fabian; Reutlinger, Christian (2007a) : Sozialraum. Eine Einführung. 1. Auflage. Wiesbaden: VS Verlag für Sozialwissenschaften

Kessl, Fabian; Reutlinger, Christian (2007b): „Sozialhilfeadel oder Unterschicht?" Sieben Einwände gegen die territoriale Manifestation einer „neuen Unterschicht", In: Kessl et al. (2007): S. 53-55

Kessl, Fabian; Reutlinger, Christian (2008): Schlüsselwerke der Sozialraumforschung. Traditionslinien in Text und Kontexten. Wiesbaden: VS Verlag für Sozialwissenschaften

Kessl, Fabian; Reutlinger, Christian (2010): Sozialraum. Eine Einführung. 2., durchgesehene Auflage. Wiesbaden: VS Verlag für Sozialwissenschaften

Kessl, Fabian; Reutlinger, Christian (2011): Sozialraum. In: Otto/Thiersch, (2011): S. 1508–1516

Kessl, Fabian; Reutlinger, Christian; Fritsche, Caroline (im Druck): Spiel- und Handlungsräume von Jugendlichen und Jugendbildung – zum Verhältnis von Raumbildung und Bildungsräumen. In: Coelen, Thomas (im Druck)

Kessl, Fabian; Reutlinger, Christian; Maurer, Susanne; Frey, Oliver. (Hrsg.) (2005): Handbuch Sozialraum. Wiesbaden: VS Verlag für Sozialwissenschaften

Kessl, Fabian; Reutlinger, Christian; Ziegler, Holger (Hrsg.) (2007): Erziehung zur Armut? Soziale Arbeit und die "neue Unterschicht". Wiesbaden: VS Verlag für Sozialwissenschaften

Key, Ellen (2006 [1902]): Das Jahrhundert des Kindes. Studien. 2. Aufl., unveränderter. Nachdruck der Ausgabe 1992. Weinheim: Beltz

Kirchhöfer, Dieter (2005): Grenzen der Entgrenzung. Lernkultur in der Veränderung. Frankfurt am Main: Lang

Kraimer, Klaus (2010): Objektive Hermeneutik. In Bock/Miethe (2010): S. 205-213.

Krappmann, Lothar (2002): Bildung als Ressource der Lebensbewältigung. In: Münchmeier/Otto/ Rabe-Kleberg (2002): Bildung und Lebenskompetenz. Kinder- und Jugendhilfe vor neuen Aufgaben. Opladen: Leske+Budrich. S. 33-47

Krisch, Richard (2008): Sozialräumliche Methodik der Jugendarbeit. Aktivierende Zugänge und praxisleitende Verfahren. Weinheim: Juventa

Kruckmeyer, Frauke (1988:) Unalltägliche Blicke auf Trampelpfade. In: Kunst + Unterricht. H. 124: S. 18-22

Krüger, Heinz-Hermann; Grunert, Cathleen (Hrsg.) (2002): Handbuch Kindheits- und Jugendforschung. Wiesbaden: VS Verlag für Sozialwissenschaften

Krüger, Heinz-Hermann; Grunert, Cathleen (Hrsg.) (2010): Handbuch Kindheits- und Jugendforschung. 2., aktualisierte und erweiterte Auflage. Wiesbaden: VS Verlag für Sozialwissenschaften

Kruse, Lenelis; Graumann; Carl Friedrich; Lantermann, Ernst-Dieter (1990) (Hrsg): Ökologische Psychologie. Ein Handbuch in Schlüsselbegriffen. München: Psychologie-Verl.-Union.

Lang, Sabine (1985): Lebensbedingungen und Lebensqualität von Kindern. Frankfurt/Main/New York: Campus

Lange, Andreas (2000): Aufwachsen in Zeiten der Unsicherheit. Kultur und Alltag im postmodernen Kinderleben. In: Lange/Lauterbach (2000): S. 209–240

Lange, Andreas; Lauterbach, Wolfgang (Hrsg.) (2000): Kinder in Familie und Gesellschaft zu Beginn des 21sten Jahrhunderts. Stuttgart: Lucius & Lucius (Der Mensch als soziales und personales Wesen, 18)

Lauterbach, Wolfgang; Lange, Andreas (2000): Kinder, Kindheit und Kinderleben: Ein interdisziplinärer Orientierungsrahmen. In: Lange/Lauterbach (2000): S. 5–28

Le Corbusier (1988 [1942]): Die Charta von Athen (1942). Thilo Hilpert (Hrsg.): Kritische Neuausgabe. Braunschweig; Wiesbaden: Vieweg

Leontjew, Alexejew Nikolajew (Hrsg.) (1973): Probleme der Entwicklung des Psychischen. Berlin: Volk und Wissen Volkseigener Verlag

Lindenberg, Michael; Ziegler, Holger (2005): Prävention. In: Kessl et al. (2005): S. 609-625

Lingg Eva; Reutlinger, Christian; Fritsche Caroline (2010): Landschaft. In: Reutlinger et al. (2010): S.119-128

Lippitz, Wilfried; Rittelmeyer, Christian (Hrsg.) (1989): Phänomene des Kinderlebens, Beispiele und methodische Probleme einer pädagogischen Phänomenologie. Bad Heilbrunn: Klinkhardt

Lohre, Wilfried (2005): Entwicklung regionaler Bildungslandschaften. Ein Auftrag des Projektes

Löw, Martina (2001): Raumsoziologie. Frankfurt am Main: Suhrkamp.

Lüders, Christian; Meuser, Michael (1997): Deutungsmusteranalyse In: Hitzler/Honer (1997): S. 57-79

Mack, Wolfgang (2008): Bildungslandschaften. In: Coelen/Otto (2008): S. 741ff.

Mack, Wolfgang; Raab, Erich; Rademacker, Hermann (2003): Schule, Stadtteil, Lebenswelt. Eine empirische Untersuchung. Opladen: Leske & Budrich

Mack, Wolfgang; Schroeder, Joachim (2005): Schule und lokale Bildungspolitik. In: Kessl et al. (2005): S. 337-353

Malson, Lucien; Itard, Jean; Mannoni, Octave (Hrsg.) (1972): Die wilden Kinder. 3. Aufl. Frankfurt am Main: Suhrkamp

Marie-Meinerhofer-Institut (Hrsg.) (1993): Alleine Unterwegs. „und Kinder", Nr 47. Zürich

Marie-Meinerhofer-Institut (Hrsg.) (1994): Verschaukelte Kinder. „und Kinder", Nr 49. Zürich

Marie-Meinerhofer-Institut (Hrsg.) (1996): Abschied vom gelobten Land. „und Kinder", Nr 54. Zürich

Markefka, Manfred; Nauck, Bernhard (1993): Handbuch der Kindheitsforschung. Neuwied: Luchterhand

Meusburger, Peter (1999): Handlungszentrierte Sozialgeographie. Benno Werlens Entwurf in kritischer Diskussion. Erdkundliches Wissen. Heft 130. Stuttgart: Franz Steiner

Meuser, Michael; Sackmann, Reinhold (Hrsg.) (1992a): Analyse sozialer Deutungsmuster. Beiträge zur empirischen Wissenssoziologie. Pfaffenweiler: Centaurus-Verlag

Meuser, Michael; Sackmann, Reinhold (1992b): Deutungsmusteransatz und empirische Wissenssoziologie. In: Meuser/Sackmann (1992a): S. 9-37

Meyer, Ulrike; Schuleri-Hartje, Ulla-Kristina (2003): Schwerpunkt: Schule und Bildung im Stadtteil. In: Soziale Stadt – info 12, Der Newsletter zum Bund-Länder-Programm Soziale Stadt, Deutsches Institut für Urbanistik (Difu), Berlin, S. 2-8

Monzel, Sylvia (1995): Kinderfreundliche Wohnumfeldgestaltung!?: eine sozialgeographische Untersuchung als Orientierungshilfe für Politiker und Planer. Anthropogeographische Schriftenreihe, Bd. 13, Zürich: Geographisches Institut der Universität Zürich.

Muchow, Martha; Muchow, Hans Heinrich (1998 [1935]): Der Lebensraum des Großstadtkindes. Reprise. Weinheim: Juventa

Münchmeier, Richard; Otto, Hans-Uwe; Rabe-Kleberg, Ursula (Hrsg.) (2002): Bildung und Lebenskompetenz. Kinder- und Jugendhilfe vor neuen Aufgaben. Opladen: Leske + Budrich

Münder, Johannes (2005): Sozialraumkonzepte auf dem rechtlichen Prüfstand. In: Zentralblatt für Jugendrecht, 92(3): S. 89- 98

Mutzeck, Wolfgang (2009): Stadtteil und Schule. In: Mutzeck et al. (2009): S. 93-101

Mutzeck, Wolfgang; Pallasch, Waldemar; Popp, Kerstin (Hrsg.) (2009): Erziehungshilfe konkret: Prävention, integration und Rehabilitation bei Schülern mit besonderem Förderungsbedarf im emotionalen und sozialen Erleben und Handeln. Weinheim/Basel: Beltz

Nicolet, Michel (2001): Die Grenzen einer auf die Mittel ausgerichteten Politik: Der Fall der pädagogisch prioritären Zonen in Frankreich. In: EDK (2001): S. 37-40

Nissen, Ursula (1990): Räume für Mädchen. Geschlechtsspezifische Sozialisation in öffentlichen Räumen. In: Preuss-Lausitz et al. (1990): S. 148-160

Nissen, Ursula (1998): Kindheit, Geschlecht und Raum. Sozialisationstheoretische Zusammenhänge geschlechtsspezifischer Raumaneignung. Weinheim: Juventa

Oehler, Patrick; Drilling, Matthias (2010): Quartier. In: Reutlinger/Fritsche/Lingg (2010): S. 201-209.

Oelkers, Jürgen (2002): Bildungspolitik und Schulentwicklung nach PISA. Vortrag auf der Tagung „Blickpunkt – Zukunft der Schule" veranstaltet von der CDU Nordrhein-Westfalen am 29. Juni 2002 im Wasserwerk Bonn

Oevermann, Ulrich (2001): Die Struktur sozialer Deutungsmuster – Versuch einer Aktualisierung. In: Sozialer Sinn, Heft 1, 2001: S. 35-82

Olejniczak, Claudia; Schaarschmidt, Maike (2005): Schule im Stadtteil. Fallstudie im Rahmen der Evaluation des integrierten Handlungsprogramms „Soziale Stadt NRW". Hannover

Otto, Hans-Uwe; Thiersch, Hans (Hrsg.) (2011): Handbuch Soziale Arbeit. München: Ernst Reinhardt Verlag

Otto, Hans-Uwe; Ziegler, Holger (2004): Sozialraum und sozialer Ausschluss. Die analytische Ordnung neo-sozialer Integrationsrationalitäten in der Sozialen Arbeit (Teil 1). In: Neue Praxis, 34(2): S. 117-135

Peters, Friedhelm; Koch, Josef (Hrsg.) (2004): Integrierte erzieherische Hilfen. Flexibilität, Integration und Sozialraumbezug in der Jugendhilfe. Weinheim: Juventa

Peters, Lutz; Coelen, Thomas; Mohr, Elisabeth (Hrsg.) (2003): Kommune heute. Lokale Perspektiven der Pädagogik. Frankfurt am Main: Lang

Pfeil, Elisabeth (1955): Das Grossstadtkind. Stuttgart: Klett

Pfeil, Elisabeth (1972): Grossstadtforschung. Entwicklung und gegenwärtiger Stand. 2., neubearb. Hannover

Preuss-Lausitz, Ulf et al. (1983/1990): Kriegskinder, Konsumkinder, Krisenkinder. Zur Sozialisationsgeschichte seit dem Zweiten Weltkrieg. Weinheim: Beltz

Preyer, William T. (1882): Die Seele des Kindes: Beobachtungen über die geistige Entwicklung des Menschen in den ersten Lebensjahren: L. Fernau

Pries, Ludger (2010): Transnationalisierung. Theorie und Empirie grenzüberscheitender Vergesellschaftung. Wiesbaden: VS Verlag für Sozialwissenschaften

Projekt(gruppe) „Netzwerke im Stadtteil" – Wissenschaftliche Begleitung E&C (2005): Kinder- und Jugendhilfe in sozialen Brennpunkten. Ergebnisse einer Befragung von Leiterinnen und Leitern von Einrichtungen der Kinder- und Jugendhilfe in 12 Modellgebieten. München

Projekt(gruppe) „Netzwerke im Stadtteil" (2005): Grenzen des Sozialraums. Kritik eines Konzepts – Perspektiven für Soziale Arbeit. Wiesbaden

Projektgruppe Schulsozialarbeit (1986): Schule in der Stadt. DJI Materialien, Reihe Materialien zur Schulsozialarbeit Band 15. München

Rabe-Kleberg, Ursula; Zeiher, Helga (1984): Kindheit und Zeit. In: Zeitschrift für Sozialisationsforschung und Erziehungssoziologie 4: S. 29-43

Radtke, Frank-Olaf; Rathgeb, Kerstin (2003): Lokales Bildungs- und Integrationsmanagement. In: Soziale Stadt info 12, S. 9-10

Radtke, Frank-Olaf; Hullen, Maren (2004): Fünf Jahre „Soziale Stadt" in Hessen. Auswertung der der Selbstdarstellungen und –präsentationen im Rahmen der Bilanzworkshops 2004 aus Perspektive der Wissenschaftlichen Begleitung zum Thema „Bildung und Migration". Frankfurt

Radtke, Frank-Olaf; Hullen, Maren; Rathgeb Kerstin (2005): Lokales Bildungs- und Integrationsmanagement. Bericht der wissenschaftlichen Begleitforschung im Rahmen der Hessischen Gemeinschaftsinitiative Soziale Stadt (HEGISS). Themenschwerpunkt Migration und Bildung. Frankfurt am Main: Institut für Sozialpädagogik und Didaktik

Rahn, Peter; Reutlinger, Christian; Sommer, Antje; Schöne Mandy: (2010): „Armut und Bildungslandschaften". Wissenschaftliche Recherche zu Ungleichheit als übergangene Dimension im bildungspolitischen Modediskurs. IFSA FHS St. Gallen. Unveröffentlichtes Manuskript

Rauschenbach, Brigitte; Wehland, Gerhard (1989): Zeitraum Kindheit. Heidelberg: R. Asanger

Rauschenbach, Thomas; Gängler, Hans (Hrsg.) (1992): Soziale Arbeit und Erziehung in der Risikogesellschaft. Neuwied: Luchterhand

Regiestelle E&C (Hrsg.) (2005): Fachforum Orte der Bildung im Stadtteil. Dokumentation zur Veranstaltung am 16. und 17. Juni 2005 in Berlin. http://www.eundc.de/pdf/36000.pdf (zuletzt geprüft am 26.4.2011)

Reiß, Wolfgang (2000): Zur Produktion und Analyse von Kinderzeichnungen. In: Heinzel (2000): S. 231-244.

Reutlinger, Christian (2002): Stadt. Lebensort für Kinder und Jugendliche. In: Schröer et al. (2002): S. 255-271

Reutlinger, Christian (2003): Jugend, Stadt und Raum. Sozialgeographische Grundlagen einer Sozialpädagogik des Jugendalters. Opladen: Leske & Budrich

Reutlinger, Christian (2005a): Gespaltene Stadt und die Gefahr der Verdinglichung des Sozialraums – eine sozialgeographische Betrachtung. In: Projekt „Netzwerke im Stadtteil" (Hrsg.) (2005): S. 87-108

Reutlinger, Christian (2005b): Urbane Lebenswelten. In: Deinet/Sturzenhecker (2005): S. 408-415

Reutlinger, Christian (2006): Raum, Soziale Entwicklung und Ermöglichung. Eine Diskursperspektive für die Sozialpädagogik. Habilitationsschrift an der Fakultät Erziehungswissenschaften der Technischen Universität Dresden

Reutlinger, Christian (2007): Territorialisierung und Sozialraum. Empirische Grundlagen einer Sozialgeographie des Jugendalters. In: Werlen (2007): S. 135-164

Reutlinger, Christian (2008a): Sozialisation in räumlichen Umwelten. In: Hurrelmann et al. (2008): S. 333-350

Reutlinger, Christian (2008b): Region, Regionalisierung, Regionalität. Vom Suchen und Finden neuer räumlicher Einheiten in der Global-Lokal-Dynamik. In: Arnold/Lempp (2008): S. 61-83

Reutlinger, Christian (2009a): Erziehungswissenschaft. In: Günzel (2009): S. 93-108

Reutlinger, Christian (2009b): Bildungslandschaften: eine raumtheoretische Betrachtung. In: Böhme (2009): S. 119-139

Reutlinger, Christian (2011): Bildungsorte, Bildungsräume und Bildungslandschaften im Spiegel von Ungleichheit – Kritischer Blick auf das „Räumeln" im Bildungsdiskurs. In: Bollweg/Otto (2001): S. 51-70

Reutlinger, Christian; Fritsche, Caroline; Lingg, Eva (Hrsg.) (2010): Raumwissenschaftliche Basics. Eine Einführung für die Soziale Arbeit. Wiesbaden: VS Verlag für Sozialwissenschaften

Reutlinger, Christian; Kessl, Fabian; Maurer, Susanne (2005): Die Rede vom Sozialraum – eine Einführung. In: Kessl et al. (2005): S. 11-27

Reutlinger, Christian; Mack, Wolfgang; Wächter, Franziska; Lang, Susanne (Hrsg.) (2007): Jugend und Jugendpolitik in benachteiligten Stadtteilen in Europa. Wiesbaden: VS Verlag für Sozialwissenschaften

Reutlinger, Christian; Sommer Antje (2010): Schulsozialarbeit in Kooperation und Vernetzung. Von der fallbezogenen Triage zum quartierbezogenen/sozialraumbezogenen Vernetzungsgefüge. In: Baier/Deinet (2010): S. 369-387

Reutlinger, Christian; Wigger Annegret (Hrsg) (2010): Transdisziplinäre Sozialraumarbeit. Grundlegungen und Perspektiven des St. Galler Modells zur Gestaltung des Sozialraums. Berlin: Frank & Timme

Richter, Helmut (1998): Sozialpädagogik – Pädagogik des Sozialen. Grundlegungen – Institutionen – Perspektiven der Jugendbildung. Frankfurt am Main: Lang

Richter, Helmut (2001): Kommunalpädagogik. Studien zur interkulturellen Bildung. Frankfurt am Main: Lang

Röhner, Charlotte (2000): Freie Texte als Selbstzeugnisse des Kinderlebens. In: Heinzel (2000): S. 205-215.

Rolff, Hans-Günter; Zimmermann, Peter (1990): Kindheit im Wandel. Eine Einführung in die Sozialisation im Kindesalter. Weinheim/Basel: Beltz

Rose, Lotte (2001): Überlegungen zur Verankerung der Kategorie Gender im Mainstream einer sozialräumlichen Jugendhilfe. In: Ginsheim/Meyer (2001): S. 109-120

Rosenberg Sonja (2001): Handlungsvorschläge zur Förderung der Lernleistungen und Bildungschancen. In: EDK (2001): S. 26-34

Rösner, Ernst, Rolff, Hans-Günter (1991): Stadtteilschule als Perspektive? In: Buhren/Gerhardt (1991): S. 13-23

Rousseau, Jean-Jacques; Rang, Martin; Sckommodau, Eleonore (2009 [1762]): Emile oder über die Erziehung. Stuttgart: Reclam

Rüesch, Peter (1999): Gute Schulen im multikulturellen Umfeld. Ergebnisse aus der Forschung zur Qualitätssicherung. Zürich: Orell Füssli

Rüesch, Peter (2001): Aktuelle Debatten zur Qualität in kulturell heterogenen Schulen. In: EDK (2001), S. 11-18

Rülcker, Tobias (Hrsg.) (1998): Politische Reformpädagogik. Bern: Lang

Sauer, Karin Elinor (2007): Integrationsprozesse von Kindern in multikulturellen Gesellschaften. Wiesbaden: VS Verlag für Sozialwissenschaften

Schelle, Carla (2005): Migration als Entwicklungsaufgabe in der Schule und im Unterricht. In: Hamburger et al. (2005): S. 41-54

Schneider, Armin (2009): Forschungsperspektiven in der Sozialen Arbeit. Schwalbach/Ts.: Wochenschau Verlag.

Schöffel, Joachim; Kemper Raimund (2010): Lebensraum. In: Reutlinger et al. (2010): S. 129-140

Schön, Elke (2004): Selbstorganisiertes Handeln von Mädchen im städtischen öffentlichen Frei(Raum). In: Deinet/Reutlinger (2004): S. 235-248

Schroeder, Joachim (1999): Farbenblind im Kunterbunt? Interkulturelle Erziehung in Schule und Bibliothek. In: Schulbibliothek Aktuell, 2 (1999): S. 121-132

Schroeder, Joachim (2002a): Bildung im geteilten Raum: Schulentwicklung unter Bedingungen von Einwanderung und Verarmung. Münster: Waxmann

Schroeder, Joachim (2002b): Schulentwicklung und die Grammatik des Zusammenlebens: Das Beispiel Hamburg-Wilhelmsburg, In: Bukow/Yildiz (2002): S. 113-130

Schröer, Wolfgang; Struck, Norbert; Wolff, Mechthild (Hrsg.) (2002): Handbuch Kinder- und Jugendhilfe. Weinheim: Juventa

Schümer, Gundel (2004): Zur doppelten Benachteiligung von Schülern aus unterprivilegierten Gesellschaftsschichten im deutschen Schulsystem. In: Schümer, et al. (2004): S. 73-116

Schümer, Gundel; Tillmann, Klaus-Jürgen; Weiss, Manfred (Hrsg.) (2004): Die Institution Schule und die Lebenswelt der Schüler. Vertiefende Analysen der PISA-2000-Daten zum Kontext von Schülerleistungen. Wiesbaden: VS Verlag für Sozialwissenschaften

Schweizer, Herbert (2007): Soziologie der Kindheit. Verletzlicher Eigen-Sinn. Wiesbaden: VS Verlag für Sozialwissenschaften

Sedlacek, Peter (Hrsg.) (2002): Wirtschaft – Region – Entwicklung: Beiträge zum zehnten Jahrestag des Wiederaufbaus der Geographie an der Friedrich-Schiller-Universität Jena. Jena: Selbstverlag Friedrich-Schiller-Univ. Jena

Seibert, Norbert (Hrsg.) (1997): Anspruch Schulkultur. Interdisziplinäre Darstellung eines neuzeitlichen schulpädagogischen Begriffs. Bad Heilbrunn: Klinkhardt

„Selbständige Schulen" in Nordrhein-Westfahlen. Berlin: S. 15 – 20. www.eundc.depdf/42006.pdf (zuletzt geprüft am 26.3.2011)

Solga, Heike; Sandra Wagner (2001): Paradoxie der Bildungsexpansion: Die doppelte Benachteiligung von Hauptschülern. Zeitschrift für Erziehungswissenschaft 4 (1): S. 107-127

Sommerfeld, Peter (2000): Soziale Stadtentwicklung oder der Beitrag der Sozialen Arbeit zur Bildung nachhaltiger sozialer Ressourcen. In: VeSaD (2000): S. 37-78

Sommerfeld, Peter (2002): Die Siedlungen KraftWerk1 und Regina-Kägi-Hof. Begleitstudien und Vergleich von zwei innovativen Wohnsiedlungen in der Stadt Zürich. Olten: FHSO

Steffen, Gabriele (1994): Gute Schulen in schlechten Zeiten. Das Sekundarschulkonzept: Ein ermutigendes Beispiel für den Umbau der Stadtpolitik. In: Hiller (1994): S. 11-15

Stern, Clara; Stern, William (1907): Die Kindersprache: Eine psychologische und sprachtheoretische Untersuchung. University of Michigan: J.A. Barth

Stern, William (1925): Anfänge der Reifezeit. University of Michigan: Quelle & Meyer

Stienen, Angela (Hrsg.) (2006): Integrationsmaschine Stadt? Interkulturelle Beziehungsdynamiken am Beispiel von Bern. Bern: Haupt

Stuber, Michael (2004): Diversity: das Potenzial von Vielfalt nutzen – den Erfolg durch Offenheit steigern. München, Unterschleissheim: Luchterhand

Sünker, Heinz; Swiderek, Thomas (Hrsg.) (2008): Lebensalter und Soziale Arbeit. Band 2. Kindheit. Baltmannsweiler: Schneider Verlag Hohengehren

Thiersch, Hans (1992): Lebensweltorientierte soziale Arbeit. Aufgaben im sozialen Wandel. Weinheim: Juventa.

Thomas, Inge (1979): Bedingungen des Kinderspiels in der Stadt. Stuttgart: Metzler

Tiedemann, Dietrich (1897): Beobachtungen über die Entwicklung der Seelenfähigkeiten bei Kindern. University of Wisconsin – Madison: Bonde

Tippelt, Rudolf; Schmidt, Bernhard (Hrsg.) (2010): Handbuch Bildungsforschung. 3., durchges. Wiesbaden: VS Verlag für Sozialwissenschaften

Trenkler, Manuela (2010): Die ‚Jabezgeneration' – soziale Ungleichheit und das Prinzip des Auslesens an deutschen Schulen. Hamburg: Diplomica Verlag

Treptow, Rainer; Hörster, Reinhard (Hrsg.) (1999): Sozialpädagogische Integration. Entwicklungsperspektiven und Konfliktlinien. Weinheim: Juventa

Treß, Helga (2002): Prävention und Sozialraumorientierung. In: Schröer et al. (2002): S. 925-943

Truniger Markus (2005): „Qualität in multikulturellen Schulen (QUIMS)" als Aufgabe der Schulentwicklung. In: Pädagogisches Forum (33): S. 79-82

Ullrich, Heiner (1998): Ursprungsdenken vom Kinde aus. Über widersprüchliche Modernität des Reformpädagogischen Grundmotivs. In: Rülcker (1998): S. 241-259

VeSaD (Hrsg.) (2000): Symposium Soziale Arbeit. Neuere Forschungsarbeiten in der sozialen Arbeit. Bern: Edition Soziothek

Walter, Heinz (1980): Ökologische Ansätze in der Sozialisationsforschung – eine Problemskizze. In: Hurrelmann/Ulich (1980): S. 285-298

Weiß, Manfred (1989): Zum Konzept der Magnet-Schule in den USA. In: Zeitschrift für internationale erziehungs- und sozialwissenschaftliche Forschung, 6/1: S. 3-28

Werlen, Benno (1995): Zur Sozialgeographie der Kinder. In: Monzel (1995): S. I-VI

Werlen, Benno (1997): Sozialgeographie alltäglicher Regionalisierungen. Band 2: Globalisierung, Region und Regionalisierung. Erdkundliches Wissen. Stuttgart: Franz Steiner

Werlen, Benno (2000): Sozialgeographie. Eine Einführung. Bern/Stuttgart/Wien: Haupt

Werlen, Benno (Hrsg.) (2007): Sozialgeographie alltäglicher Regionalisierungen. Band 3: Ausgangspunkte und Befunde empirischer Forschung. Stuttgart: Steiner Verlag

Werlen, Benno (2010): Geographie. In: Reutlinger et al. (2010): S. 71-80

Werlen, Benno; Reutlinger, Christian (2005): Sozialgeographie. In: Kessl et al. (2005): S. 49-66

Wittmann, Bernhard: Stadtteilschule oder Schule im Stadtteil. In: Neue Dt. Schule. 42 (1990) 22: S. 25-27

Zeiher Hartmut J.; Zeiher, Helga (1994): Orte und Zeiten der Kinder. Soziales Leben im Alltag von Großstadtkindern. Weinheim: Juventa

Zeiher, Helga (1983): Die vielen Räume der Kinder. Zum Wandel räumlicher Lebensbedingungen seit 1945. In: Preuss-Lausitz et al. (1983/1990): S. 176-194

Zeiher, Helga (1994): Kindheitsräume. Zwischen Eigenständigkeit und Abhängigkeit. In: Beck/Beck-Gernsheim (1994): S. 353-375

Zeiher, Helga (2009): Ambivalenzen und Widersprüche der Institutionalisierung von Kindheit. In: Honig (2009): S. 103-126.

Zimmer, Jürgen; Niggemeyer Elisabeth (1986): Macht die Schule auf, lasst das Leben rein. Von der Schule zur Nachbarschaftsschule. Weinheim/Basel: Beltz

Zinnecker, Jürgen (1978): Recherchen zum Lebensraum des Großstadtkindes. In: Muchow/Muchow (1998 [1935]): S. 1-62

Zinnecker, Jürgen (1979) Straßensozialisation. In: Zeitschrift für Pädagogik, 25. Jg.: S. 727-746

Zinnecker, Jürgen (2000): Kindheit und Jugend als pädagogische Moratorien. Zur Zivilisationsgeschichte der jüngeren Generation im 20. Jahrhundert. In: Zeitschrift für Pädagogik, 42. Beiheft: S. 36-68

Lehrbücher Soziale Arbeit

Karl-Heinz Braun / Konstanze Wetzel
Sozialreportage
Einführung in eine Handlungs- und
Forschungsmethode der Sozialen Arbeit
2010. 288 S. Br. EUR 22,95
ISBN 978-3-531-16332-1

Karl August Chassé
Unterschichten in Deutschland
Materialien zu einer kritischen Debatte
2010. 210 S. Br. EUR 16,95
ISBN 978-3-531-16183-9

Christina Hölzle / Irma Jansen (Hrsg.)
**Ressourcenorientierte
Biografiearbeit**
Einführung in Theorie und Praxis
2009. 341 S. Br. EUR 19,90
ISBN 978-3-531-16377-2

Fabian Kessl / Melanie Plößer (Hrsg.)
**Differenzierung,
Normalisierung, Andersheit**
Soziale Arbeit als Arbeit mit den Anderen
2010. 267 S. Br. EUR 19,95
ISBN 978-3-531-16371-0

Michael May
**Aktuelle Theoriediskurse
Sozialer Arbeit**
Eine Einführung
3. Aufl. 2010. 321 S. Br. EUR 29,95
ISBN 978-3-531-17071-8

Harald Christa
Grundwissen Sozio-Marketing
Konzeptionelle und strategische
Grundlagen für soziale Organisationen
2010. 326 S. Br. EUR 22,95
ISBN 978-3-531-17010-7

Andrea Friedrich
**Personalarbeit in
Organisationen Sozialer Arbeit**
Theorie und Praxis
der Professionalisierung
2009. 146 S. Br. EUR 14,95
ISBN 978-3-531-16557-8

Brigitta Michel-Schwartze (Hrsg.)
Methodenbuch Soziale Arbeit
Basiswissen für die Praxis
2., überarb. u. erw. Aufl. 2009. 346 S.
Br. EUR 19,90
ISBN 978-3-531-16163-1

Wolfgang Widulle
**Handlungsorientiert Lernen
im Studium**
Arbeitsbuch für sozialpädagogische
Berufe
2009. 254 S. Br. EUR 24,90
ISBN 978-3-531-16578-3

Erhältlich im Buchhandel oder beim Verlag.
Änderungen vorbehalten. Stand: Juli 2010.

www.vs-verlag.de

VS VERLAG

Abraham-Lincoln-Straße 46
65189 Wiesbaden
Tel. 0611.7878-722
Fax 0611.7878-400

Soziale Passagen –
Journal für Empirie und Theorie Sozialer Arbeit

Soziale Passagen

_ sind ein interaktives Projekt, das sich den durch gesellschaftliche Veränderungen provozierten Herausforderungen stellt und sich dezidiert als wissenschaftliche Publikationsplattform zu Fragen der Sozialen Arbeit versteht.

_ stehen für eine deutlich konturierte empirische Fundierung und die ‚Entdeckung' der Hochschulen, Forschungsprojekte und Forschungsinstitute als Praxisorte. Sie bieten einen diskursiven Raum für interdisziplinäre Debatten und sind ein Forum für empirisch fundierte und theoretisch elaborierte Reflexionen.

_ enthalten in jeder Ausgabe einen Thementeil und ein Forum für einzelne Beiträge. Einen weiteren Schwerpunkt bilden Kurzberichte aus laufenden Forschungsprojekten. Die inhaltliche Qualität ist über ein peer-review-Verfahren gesichert.

_ richten sich an Mitarbeiterinnen, Mitarbeiter und Studierende an Universitäten, Fachhochschulen und Instituten sowie an wissenschaftlich orientierte Leitungs- und Fachkräfte in der sozialpädagogischen Praxis.

2. Jahrgang 2010 – 2 Hefte jährlich

www.sozialepassagen.de

Erhältlich im Buchhandel oder beim Verlag.
Änderungen vorbehalten. Stand: Juli 2010.

VS-JOURNALS.DE

Abraham-Lincoln-Straße 46
65189 Wiesbaden
Tel. 0611.7878-722
Fax 0611.7878-400

If you have any concerns about our products,
you can contact us on
ProductSafety@springernature.com

In case Publisher is established outside the EU,
the EU authorized representative is:
**Springer Nature Customer Service Center GmbH
Europaplatz 3, 69115 Heidelberg, Germany**

Printed by Libri Plureos GmbH
in Hamburg, Germany